미국 영화비평의 혁명가들

1940년대 평론가들은 미국 영화 문화를 어떻게 변화시켰는가

■ 영화의전당 시네마테크총서 2 ■

미국 영화비평의 혁명가들

1940년대 평론가들은
미국 영화 문화를 어떻게 변화시켰는가

데이비드 보드웰 지음
옥미나 옮김 · 허문영 감수

산지니

모름지기 독서의 과정은 몰입과 향유의 과정이어야 한다. 흐뭇하게 책을 바라보고, 몰아 상태로 탐독하고, 정독이 끝난 다음에는 마음속에서 변화무쌍하게 춤추는 이미지에 취해 잠을 잘 수도, 연속적인 사고를 할 수도 없는 상태에 놓여야 한다.

— 로버트 루이스 스티븐슨

Contents

서론 　슈퍼스타로서의 비평가 —— 9

1　랩소드 —— 27

2　더 새로운 비평 —— 45

3　오티스 퍼거슨 —— 73

4　제임스 에이지 —— 113

5　매니 파버 —— 153

6　파커 타일러 —— 201

7　사후 —— 241

감사의 말 —— 259

옮긴이 후기 —— 261

찾아보기 —— 265

일러두기

- 영화명은 국내 개봉작인 경우 기존 제목을 따랐고, 그 외 번역하거나 독음을 적었다.
- 영화, 음악, 웹사이트를 포함한 매체명은 〈 〉로, 도서명은 『 』, 기사, 논문은 「 」로 묶었다.
- 본문에서 인용구의 구체적인 단어 및 구조를 논의하는 경우 인용구절의 원문을 병기했다.
- 인명, 지명, 작품명, 단체명은 외래어 표기법을 따르되, 관용적인 표기와 동떨어진 경우 절충하여 실용적인 표기를 따랐다.
- " " 및 이텔릭체는 원문 표기를 따랐다.

서론
슈퍼스타로서의 비평가

순전히 규모로만 따지면, 영화 비평은 전례 없는 호황이다. 신문업계의 악전고투에도 불구하고, 뉴욕, 로스앤젤레스에서 디트로이트, 피닉스에 이르는 모든 대도시들에서 저널리스트 리뷰어들이 활약하고 있다. 비평가들critics이 무리 지어 우리의 스크린을 누비며, 온라인 잡지에 기고하거나, 팟캐스트와 유튜브에서 수다를 떨거나, 트위터에 실시간으로 자신의 반응을 올린다. 온라인 필름 크리틱스 소사이어티The Online Film Critics Society 멤버는 2014년에 250명을 넘어섰다. 가장 공격적인 〈로튼 토마토〉와 〈메타크리틱〉에 이런 비평가들이 상당수 포진해 있고, 수백 명에 이르는 열정적인 아마추어 및 전문가를 꿈꾸는 이들이 개인 웹사이트에 영화에 대한 자신의 온갖 생각을 채우고 있다. 영화 리뷰가 흔한 것이 될수록 개인 리뷰어의 존재 자체는 덜 중요해지는 것 같다.

비록 몇몇 엘리트 비평가들이 여전히 무시할 수 없는 권위를 유지하고 있지만 1960년대와 1970년대를 풍미했던 위대한 이들의 명성에는 미치지 못한다. 앤드류 새리스Andrew Sarris, 폴린 케일Pauline Kael, 로저 에버트Roger Ebert는 그들이 논했던 영화보다

더 유명했고, 그들의 부고는 어지간한 감독의 타계 소식보다 더
애도와 추모의 대상이 되었다.

그들은 시네필의 기억 속에 영화 비평이 문학으로 추앙받
던 시절의 상징으로 남아 있다. 몇십 년 전에는 바첼 린지Vachel
Lindsay, H. D, 칼 샌드버그Carl Sandburg, 그레이엄 그린Graham Greene이
영화평을 시도했는데, 다른 분야에서 이미 명성을 쌓은 다음이
었다. 그러나 폴린 케일, 앤드류 새리스, 스탠리 카우프만Stanley
Kauffmann을 비롯한 몇몇은 영화 비평을 한낱 개봉작품의 소개가
아니라 작가의 감수성을 보여줄 기회로 삼았다. 드와이트 맥도
날드Dwight Macdonald, 존 사이먼John Simon, 수잔 손택Susan Sontag 등은 예
술에 대해 글을 썼지만, 그들의 명성은 영화 비평에서 비롯됐다.

사람들은 "신작이 궁금한 게 아니라, 그 비평가가 매우 뛰
어난 필자라서 그의 영화평을 읽었다"라고 말했다. (〈뉴욕 타임
즈〉에 기고했던 보슬리 크로우더Bosley Crowther는 논쟁을 즐기는 싸움꾼이
었지만, 카리스마 부족으로 결국 실패했다. 무엇보다 그는 〈우리에게 내
일은 없다Bonnie and Clyde〉를 혹평했다.)

새로운 영화 비평가들은 주간 혹은 월간 혹은 계간지에 실
리는 글에서 허세를 부리거나 위험천만한 논쟁에 뛰어드는 일
에 몰두했고, 신작 영화는 뒷전으로 밀려났다. 영화 비평은 개
인 숭배의 장이 되기 시작했으며, 엘리트 브랜딩elite branding이 되
었다. 1965년, 내가 소속된 학교에 케일과 새리스가 방문했는
데, 그들은 영화의 예술적 지위에 대한 '토론'에 착수했다. 10년
뒤, 영화평론가로서는 최초로 에버트가 퓰리처상을 수상했다.

모든 허영, 헛소동, 시대적 개념의 혼란 속에서도, 오래 남
을 만한 비평적 성과는 있었다. 이를테면 조지 버나드 쇼George

Bernard Shaw가 음악과 연극에 대해 저술한 것처럼, 1960년대 작가들은 저널리즘 영화 비평journalistic film criticism이 독특하고 친숙한 글쓰기가 될 수 있다는 사실을 보여 주었다. 영화 비평가도 그를 지지하는 팬과 명성을 얻을 수 있었다. 「워렌 부인의 직업 Mrs. Warren's Profession」(역주-조지 버나드 쇼의 작품)을 쓰지 않아도 가능했다.

새로운 세대의 출발점을 꼽으라면, 나는 1955년 5월 16일을 선택할 것이다. 바로 그날 제임스 에이지James Agee가 뉴욕 택시 안에서 돌연 심장마비를 일으켰다. 2년 후, 『가족의 죽음A Death in the Family』이 출판되었다. 미완성 원고임에도 불구하고, 엄청난 호평을 받았고 퓰리처상을 수상했다. 에이지의 새로운 명성 덕분에 1958년 『에이지의 영화론: 리뷰와 코멘트Agee on Film: Reviews and Comments』가 출판되었다. 이 책은 지식인들을 위한 진보적 주간지 〈네이션The Nation〉과 일반 대중을 대상으로 하는 〈타임Time〉 양쪽에 매주 영화 리뷰를 기고하는 데 소중하고 창조적인 시간을 보내느라 문단에서는 거의 인정받지 못했던 문필가의 존재를 마침내 드러냈다.

대중들은 개봉 영화를 품평하는 주간지 기사도 우아한 스타일과 탐색적인 사고를 보여줄 수 있다는 사실을 갑자기 깨달았다. 1964년 『에이지의 영화론』 중판이 인쇄됐고, W. H. 오든W. H. Auden은 에이지의 기사를 일컬어 "문학으로서 보존 가치가 있는 신문 기사"이며, "현재 저널리즘에서 가장 놀라운 간행물 원고"라는 찬사를 보냈다.

이 책에 대해 〈뉴욕 타임즈〉는 에이지의 영화에 대한 열렬한 애정의 결과 "영화 매체의 본질에 대한 깊은 통찰을 얻었으며, 길버트 셀데스Gilbert Seldes를 제외한 어떤 미국인보다 훨씬 더 뛰어나다"고 선언했다. 〈더 새터데이The Saturday〉의 평가는 그 이상이었다. "그는 우리나라 역사상 가장 위대한 영화평론가다."

요란한 빨간색 표지의 묵직한 페이퍼백을 얼마나 많은 10대와 20대가 읽고 또 읽었을지 알 수 없다. 우리는 에이지가 거론하는 대부분의 영화가 무엇인지도 모르면서 게걸스럽게 그의 글을 읽었다. 우리를 사로잡은 것은 문장에 넘치는 감수성, 익살스러운 유머, 〈살인광 시대Monsieur Verdoux〉에 대한 3부작 에세이, 〈라이프〉에 실린 「코미디의 위대한 시대Comedy's Greatest Era」, 존 휴스턴John Huston에 관한 「감독될 수 없는 감독Undirectable Director」 등 특정 작품을 논하는 그의 스타일이 두드러지는 글이었다. 사춘기의 치기로 몇몇 비평가들을 무시하긴 했지만 어떤 거리낌도 없었다. 무엇보다 우리는 부끄러움 없이 하트 크레인Hart Crane, 토머스 울프Thomas Wolfe, 제롬 데이비드 샐린저J. D. Salinger를 읽고 있었다. 우리 중 몇몇은 언젠가는 이런 방식으로, 이렇게 잘 쓰기를 꿈꿨을 것이다.

에이지 책의 출간은 시의적절했다. 지식인들이 영화에 관심을 보이면서 1960년대 영화 비평의 지위가 치솟고 있었다. 대학에 진학하는 숫자가 늘어났고, 몇몇은 외국 감독들(베리만Bergman, 안토니오니Antonioni, 구로사와Kurosawa, 고다르Godard, 트뤼포Truffaut) 및 새로운 미국 영화(〈닥터 스트레인지러브Dr. Strangelove〉, 〈졸업The Graduate〉, 〈우리에게 내일은 없다Bonnie and Clyde〉, 〈이지 라이더Easy Rider〉)에 매혹되었다. 이처럼 흔치 않은 영화들은 해설뿐 아니라 토론의 요구로 이어졌다. 바로 이때, 본격적인 영화 리뷰 혹은 문학장르로 존중받을 만한 좀 더 긴 분량의 논의가 등장했다.

　1940년대 영국을 대표하는 비평가는 제임스 에게트James Agate 와 C. A. 르죈C. A. Lejeune이었는데, 이들은 자신의 영화 저널리즘을 책으로 묶어냈고, 마크 반 도렌Mark Van Doren, 존 메이슨 브라운John Mason Brown 등 미국 평론가들 역시 그들의 영화 리뷰를 문학 에세이와 함께 편찬했다. 그러나 에이지는 제임스 내어모어James Naremore가 지적한 바와 같이, 당시 미국 문단에서 영화를 비평하는 가장 유명한 인물이었다. 사후에 발간된 그의 작품집은 그의 입지를 공고히 만들었을 뿐 아니라, 영화 저널리즘에 새로운 지위를 부여했다. 일반 대중을 위한 정기간행물, 정치 잡지, 문학 계간지(〈캐니언 리뷰Kenyon Review〉, 〈스와니 리뷰Sewanee Review〉, 〈서던 리뷰Southern Review〉, 〈허드슨 리뷰Hudson Review〉 등)는 영화에 관한 글을 싣기로 결정했고, 새로운 작가세대가 등장했다.

　출판업자들이 시장가능성을 인식하기까지는 시간이 좀 더 걸렸지만, 결국 비평집이 장르의 형태를 갖게 되었다. 『에이지의 영화론』을 모델로 삼은 폴린 케일의 『나는 영화관에서 그것을 잃어버렸다Lost It at the Movies』(1965)는 성공적인 베스트셀러가 되었다. 1960년에서 1973년까지, 케일과 홀리스 앨퍼트Hollis Alpert, 존 사이먼, 스탠리 카우프만, 레이먼드 더그냇Raymond Durgnat, 주디스 크리스트Judith Crist, 레나타 아들러Renata Adler, 드와이트 맥도널드, 앤드류 새리스, 허만 웨인버그Herman G. Weinberg, 그레이엄 그린, 리처드 시켈Richard Schickel, 윌리엄 S. 펙터William S. Pechter, 렉스 리드Rex Reed, 버논 영Vernon Young이 출간한 영화 리뷰 모음집은 20권에 이른다. 이는 수잔 손택, 페넬로프 질리엇Penelope Gilliatt, 윌프레드 시드Wilfred Sheed 등이 저술한 책, 즉 영화와 문학이 합쳐진 문집을 포함하지 않은 숫자다.

모음집의 대성공은 에이지와 같은 시대를 살았던 두 인물의 존재도 드러냈다. 파커 타일러Parker Tyler와 매니 파버Manny Farber는 1940년대에 업계에 뛰어들었고, 그 이후 활동을 멈춘 적이 없었다. 타일러는 1950년대와 1960년대 내내 많은 책을 저술했고, 에이지의 문집에 이어 1960년 『영화의 세 가지 얼굴The Three Faces of the Film』 컬렉션을 출판했다. 그리고 뒤이어 다른 모음집인 『영화 속의 섹스, 프시케, 그 밖의 것들Sex Psyche Etcetera in the Film』(1969)을 내놓았다. 보다 중요한 것은 1970년에 재출간된 타일러의 첫 번째와 두 번째 영화평론집 『할리우드의 환각The Hollywood Hallucination』(1944)과 『영화의 마술과 신화Magic and Myth of the Movies』(1947)이다. 타일러와 동시대를 살았던 매니 파버는 1950년대와 1960년대에 작성된 글을 모아 『부정적 공간Negative Space』(1971)을 출판했다. 에이지의 책이 없었다면 아마 타일러나 파버도 명성을 얻지 못했을 것이다. 그들과 거의 동년배였던 오티스 퍼거슨Otis Ferguson은 전사했지만, 영화 관련 서적이 붐을 이루면서 그의 평판 역시 되살아났고, 그의 리뷰 모음집은 1971년에 등장했다. 에이지의 타계 덕분에, 퍼거슨 역시 당시에는 널리 알려지지 못했지만 대중 영화 해설을 뛰어난 수준으로 끌어올린 핵심 인물 중의 하나였다는 사실이 밝혀졌다. 이 네 명의 작가들은 영화 비평을 일시적인 관찰이나 취향 공개 수단 이상의 것으로 만들었다. 비평은 할리우드 영화의 작동 방식에 대한 진지하고 활기 넘치는 연구가 되곤 했다.

이 책은 에세이 형태를 빌려 1940년대 미국의 가장 중요한 비평가들인 퍼거슨, 에이지, 파버, 타일러의 비평 작업을 분석한다. 다른 예술 분야의 동년배들과는 확연히 구분되는 작업을 통하여 그들은 미국 영화에서 발견한 감동, 예술성, 실망을 때로는 분석적으로, 때로는 시적으로 포착하고자 노력했다. 제도권 문화Official culture에 의해 대부분 무시되었지만, 수십 년 후 영화비평이 예술 저널리즘의 정당한 영역으로 부상하자, 그들의 명성은 널리 알려졌다. 1960년대의 유명 영화평론가들은, 지금의 최고 평론가나 블로거 부대와 마찬가지로 이 네 사람에게 큰 빚을 지고 있다. 그들이 1960년대 르네상스의 토대를 마련했다.

그들은 영화사의 결정적인 순간에 글을 썼다. 그들은 1930년대 중반에서 1950년대 초반에 이르는 할리우드 황금기를 추적했는데, 당시 할리우드 시스템은 한마디로 영화The Movies 그 자체였다. 퍼거슨이 작업을 시작하던 무렵, 스튜디오는 토키를 갓 터득한 참이었고, 그는 비주얼 스토리텔링의 새로운 전통이 실제와 똑같은 대화, 일상과 대공황 시대의 관계를 흡수하는 과정에 매혹되었다. 에이지와 파버는 전쟁의 새로운 리얼리즘과 도시 멜로드라마를 평가하면서 스튜디오 전쟁 영화의 연대기를 작성했다. 에이지가 후방 드라마the home front drama 및 코미디에 동조하는 동안, 파버는 후에 프랑스에서 필름 누아르로 명명된 잔인한 액션 영화에 몰두했다. 같은 시기 할리우드에서는 진지하게 혹은 가볍게 꿈, 정신분석, 신화 등을 이야기에 결합시키기 시작했고, 타일러는 이 변화에 집중했다. 모든 것을 종합해보면, 이 평론가들은 우리에게 할리우드를 노스텔지어 없이 혁신, 이윤 추구, 정체성 확립을 위해 좌충우돌해 갔던 현상으로 제시한다.

지나간 역사에 대해서만 말하려는 건 아니다. 이 1940년대

의 작가들은 여전히 우리에게 많은 것을 가르쳐 준다. 그들은
현재 영화평론을 쓰는 이들 그 누구보다 훨씬 더 도발적이고
날카로웠다. 그들은 산문으로 글을 쓴 훌륭한 예술가들이다.
만약 중요한 평론가가 필연적으로 특출한 작가라면, 나의 네
평론가들은 그 기준에 부합된다. 그들은 당시에 지배적이었던
가볍고 과장된 언어와 구분되는 그들만의 독특한 표현들을 만
들었다. 'snaf(대혼란)', 'hokum(질 낮은 싸구려 영화)', 'hen fruit(달
걀)', 'Ameche(전화기. 1941년 〈교수와 미녀Ball Of Fire〉에서 수가르푸스
오셔Sugarpuss O'Shea가 설명하듯, 돈 아매치Done Ameche가 전화를 발명했기
때문)' 같은 단어들이다. 이 평론가들의 언어는 단순한 과시가
아니었다. 그들은 퍼거슨이 간결하게 표현한 당대의 상황을 변
화시키려 했다. "영화평론은 따분하고 알려주는 것도 별로 없으
며, 시급하고 심원한 주제에는 적합하지 않다."

  1934년부터 1942년까지 〈뉴 리퍼블릭New Republic〉에 기고했
던 퍼거슨이 우리 이야기의 자연스러운 출발점이다. 매주 리뷰
를 하는 동안 그는 할리우드 유성 영화를 환영하기 위해 몇몇
용어들을 내놓았다. 그의 생각에 잘 다듬어진 영화는 "매끈하
고, 빠르게 움직이고, 자연스러운 것smooth, fast-moving, effortless"이었
다. 이것은 사람들이 어떻게 행동하는가에 대한, 특히 사람들의
노동에 대한 정직하고 꾸밈없는 자연주의를 드러낸다. 이것이
묘사된 디테일과 감정적 순간들을 통합해 물리적으로나 드라
마적으로 모두 깔끔하고 설득력 있는 액션으로 이끄는 것이다.

  퍼거슨은 1942년 상선해병Merchant Marine이 되면서 영화평론
을 관두었고, 2차대전 초반에 사망했다. 1940년대부터 글을 쓰
기 시작한 세 명의 평론가들은 각자의 색다른 열정으로 그의

길을 이었다. 에이지, 파버, 타일러가 작성한 평론은 신랄했고, 속어가 많았으며, 창의적으로 문법을 파괴했다. 그들은 마이너 장르의 장점을 받아들였으며, 고상한 취향highbrow tastes을 적극적으로 공격했다. 그들에게는 캐릭터와 현실의 질감을 전달하는 테크닉에 대한 특별한 안목이 있었다. 그들은 결점과 아름다움faults-and-beauties이라는 기존 평론의 수사법을 파라독스(파버), 판단에 대한 정밀성의 추구(에이지), 이성의 경계를 넘어서려는 과묵한 의지(타일러)를 통해 새롭게 만들었다.

첫 번째 장에서는 시를 읊조리다 신에 의해 추방된 고대인과의 유사성에 의거하여 4명의 평론가를 랩소드Rhapsodes(고대 그리스의 가수이자 음유시인)로 명명한다. 이 꼬리표는 그들이 사용했던 독특하고 풍부한 산문을 강조하기 위한 것이다. 당연히 그들은 추방되지 않았고 온전히 책임을 다했다. 그들은 영화의 충격을 전달하는 동안에도 각자의 개성을 통해 차이를 모색했다. 글로 관심을 끄는 것을 넘어, 그들은 우리에게 1940년대 미국 영화 문화의 가능성과 문제점을 펼쳐 보였다. 매주 개봉작을 찬양하고 비난하면서 이 영민한 이들은 영화가 무엇이었고, 무엇이며, 무엇이 되리라고 생각했을까. 그들에게 할리우드 영화의 예술적 전망은 무엇이었을까?

사상가이자 산문 예술가로서 그들은 당대의 세련된 게이트키퍼들뿐 아니라 지적인 잡지에 기고하는 작가들과 결별했다. 이 잡지들은 스탈린주의의 악몽이 알려지면서 소련이 아방가르드 예술의 땅이 아니라는 자각을 우울하게 보도하기 시작하고 있었다. 이제 예술이 품을 수 있는 가장 큰 희망은 하이 모더니즘high-modernism의 계승자에 몰두하는 문화였다. 따라서 진지한 엘리트들에게 할리우드 영화는 대중문화의 가장 위협적인 얼굴이었다. 대량 생산을 거쳐, 부주의한 대중들의 머리에 욱여넣어지는 영화는 민중 예술folk art의 정통성과 아방가르드의 혁명적 힘 양쪽 모두를 외면하는 예술의 배신자였다. 그 결과, 필연적으로 영화는 오직 키치kitsch일 수밖에 없었다.

두 번째 장에서 나는 대중문화에 대한 논쟁을 랩소드들이 능숙하게 우회했음을 설명하고자 한다. 그들은 대중 예술을 논의할 새로운 방법을 찾아냈다. 이 시기 문학 연구, 음악학, 예술사에서는 "자세히 읽기close reading"라는 새로운 방법이 부각되었다. 영화비평가들은 그들의 "텍스트"를 다른 매체를 다루는 비평가처럼 자세히 검토하지 못했던 게 사실이다. 홈 비디오는커녕, 영상 재생이 가능한 기계로 개봉작에 접근할 방법도 없었다. 그러나 시간의 제약에도 불구하고, 이 비평가들은 영화를 정밀 조사 대상으로 삼았다. 특정 쇼트와 씬에 대한 그들의 탐구는 〈파르티잔 리뷰Partisan Review〉 일파들이 일삼던 애매모호한 비난에 대한 강력한 반격이었다.

첫 번째 장벽은 영화를 유효한 대중예술로 인식하는 것이었다. 이미 할리우드의 몇몇 찬미자들은 스토리를 중심에 두고 가식 없는 코미디와 멜로드라마가 가장 활기 넘치는 영화라고 인식하고 있었다. 이른바 고급스런 영화들, 특히 문학을 각색한 영화들은 활기를 갖기 힘든 것이었다. 퍼거슨의 주장에 의하면 활기를 가능하게 만드는 것은 사려 깊은 기법의 문제였다. "당신이 알아차리지 못하는 것에는 나름 타당한 이유가 있다. 찰나의 깜빡임으로만 등장하는 카메라 때문이며 혹은 효과를 자각하지 못한 채 스토리만을 당신이 따라온 유일한 것으로 의식하기 때문이다. 오직 스토리만!"

비록 이 매커니즘은 관객에게 보이지 않는 것이었지만, 퍼거슨은 비평가들이 더 호기심을 품어야 한다고 생각했다. 이 지점에서 그는 대부분의 동년배들과 결별했다. 그는 비평가는 호사가가 되어서는 안 된다고 주장했다. 비평가는 "무슨 일이 있었는지, 어떻게 되었는지 샅샅이 알고자 하는 꾸준하고 겸손한 열정"을 갖춰야 한다. 재즈 비평가로서 엔터테인먼트 업계와 가까웠던 덕에 얼마간의 수혜를 누렸던 그는 후일 할리우드를 방문하여 윌리엄 와일러William Wyler와 프리츠 랑Fritz Lang의 작업 현장을 지켜보았다. 현장의 직접적인 관찰이야말로 작품의 진가를 알아보는 방법이었다. "카메라의 길은 어려운 길이다.The camera way is the hard way." 기획 및 제작 관련 작업에 대한 관심이 그를 자세히 읽기의 초기 형태로 이끌었는데, 이에 관련된 내용은 3장에서 다룰 것이다.

퍼거슨의 또래들은 다른 길을 찾았다. 에이지는 유년시절부터 순전히 기교를 과시하기 위해 가상의 시나리오를 작성하던 영화 팬이었다. 이런 습작이 영화 창작에 대한 그의 감각을 날카롭게 다듬어 주었다. 화가 교육을 받았던 파버는 작품에 대한 섬세한 접근, 회화적 디자인에 대한 감각, 감성적인 표현력을 영화에 대한 사고로 가져왔다. 초현실주의 시인이었던 파커 타일러는 덧없이 사라지는 세부요소에 대한 심미안을 갖고 있었고, 덕분에 이미지 혹은 스토리의 영역에서부터 놀라운 함축의 지점에까지 시야를 확장할 수 있었다.

네 번째 장에서 다룰 에이지는, 낭만주의적인 감수성에 사로잡혀 있었다. 그는 영화의 표면에 드러난 외형뿐 아니라, 내부에 잠재한 시적 드러냄poetic revelations의 순간을 포착하려 했다. 신중에 신중을 거듭한 탐사를 통해 그런 순간을 찾아내는 것의 지난함을 극화했다. 그는 허구fiction와 르포르타주reportage를 통해 "체현의 환영the illusion of embodiment"과 예리한 감정의 순간을 찾으려 했고, 이 두 가지는 영화가 이따금 제공할 수 있는 것들이었다. 1940년대 〈네이션〉에 실렸던 짧은 리뷰는 이런 자질에 대한 힌트만 보여 줬지만, 보다 긴 글을 통해 그는 그 가능성을 발전시켰다. 그는 찰리 채플린의 〈살인광 시대Monsieur Verdoux〉에 대한 새로운 비평적 해석 및 존 휴스턴의 비주얼 전략을 논하는 에세이를 남겼다.

에이지와 동시대 인물이자 이따금 경쟁자였던 매니 파버는 당시 가장 섬세한 회화적 감성을 가진 평론가로 유명세를 얻었고, 모더니스트 회화에 대한 그의 관심은 영화와 관련되어 있었다. 그러나 이런 일반적인 관점에는 보완이 필요하며 이에 대해 5장에서 논한다. 하나만 짚고 넘어가자면, 1940년대가 동조했던 모던 회화(클레멘트 그린버그Clement Greenberg가 찬사를 보낸 추상화가 대부분이었다)는 파버의 예술 리뷰에서 전적인 지지를 받지 못했다. 나는 파버가 추상 외에도 온갖 종류의 재현예술의 방법을 수용했다는 사실을 밝힐 것이다. 더 중요한 것은, 그가 감성적 표현에 몰두하는 전통적 비평가의 측면을 갖고 있었다는 사실이다. 그린버그와 반대로 파버는 연재만화를 포함한 대중적 그래픽 아트popular graphic art의 등장을 환영했다.

영화로 갓 넘어왔던 시기부터 파버는 에이지보다 영화의 시각적 요소에 더 정확히 집중할 수 있는 능력이 있었다. 〈뉴리퍼블릭〉에 몇 년간(1942~1946) 리뷰를 기고하면서, 그는 영화가 공간을 생생하게 환기하는 것에 대해 관심을 갖게 된다. 그러나 이런 관심이 모더니스트 회화의 이데올로기를 반영한 것은 아니라고 나는 생각한다. 파버는 할리우드가 유연한 스토리텔링에 전념한다는 퍼거슨의 주장에 동의했다. 따라서 그는 영화가 "환영주의illusionism"와 "일러스트레이션illustration"의 적절한 거처라고 믿었고, 이는 그린버그 학파의 비난의 대상이 되었다.

할리우드를 모던 회화가 수렴되는 곳으로 파버가 인식한 것은 나중의 일이었고, 그는 그 유행을 불쾌하게 여겼다. 1950년에 그는 이렇게 기록했다. "감독들은 스크린을 평면화하고 프레이밍 및 중심화된 액션을 폐기하며 배우의 중요성을 희미하게 만든 영화로, 거의 개인적이고 흉포한 폭력처럼 관객을 난타했다." 에이지를 상대로 새도 복싱을 했던 파버는 존 휴스턴이 자주 사용한, 자의식이 드러나는 프레임 구조에 반대했다. 이 무렵 파버는 스토리텔링이 그 자체로 주의를 끌어서는 안 된다는 퍼거슨의 미학을 신봉했다.

파커 타일러는 스토리텔링이 유연하든 말든 별로 신경 쓰지 않았다. 대신, "비이성적인 확장irrational enlargement"이라는 초현실주의 전통을 기반으로 『할리우드의 환각』(1944) 및 『영화의 마술과 신화』(1947)를 통해 할리우드 내레이션의 반짝이는 표면에 존재하는 균열을 점검했다. 플롯을 구분하고 쪼개는 방법을 통해서, 그는 가장 일상적인 영화 속에서 신화적 요소와 프로이트의 영향을 추적했다. 또한 성소수자로서, 서슴없이 자신이 본 모든 작품의 젠더 관련성에 대해 논했다.

진지한 사상가들은 할리우드를 꿈의 공장이라고 불렀지만, 타일러는 한발 더 나아갔다. 그는 스크린에 있었던 것을 다시 꿈꾸었다. 그는 스타가 가진 "바로크적 에너지와 변화무쌍한 상징baroque energy and protean symbolism"(샤레이드 연기자charade performers), 스토리(형상화 및 매혹적인 관습적 마무리를 지닌), 특수효과(원시적 마술의 매력을 소환하는)를 찬양했다. 6장에서는 할리우드의 오락적 가치를 모색하던 타일러가 어떻게 감성을 기반으로 영화를 면밀히 검토하게 되었는지 에이지 및 파버의 작업과 비교하여 분석한다. 그는 단행본 분량의 작업을 통해 다른 리뷰어들보다 훨씬 더 폭넓게 할리우드의 환각 그 자체에 대한 자신의 주장을 적절히 발전시켰다. 동시에 그가 비평을 통해 보여 준 스프레차투라sprezzatura(역주—이탈리아어로 '경멸하다'. 르네상스를 거치면서 어려운 것을 아주 쉬운 척, 무심하고 우아하게 처리하는 방식을 의미하게 되었다)는 그를 미국 문학계의 동시대인 중에서 단연 돋보이는 마술사로 만들어 주었다.

마지막 장에서는 나의 네 비평가들이 남긴 유산이 어떤 반향을 일으켰는지 살펴본다. 퍼거슨과 에이지는 1960년대의 영화세대 혹은 유명 평론가들의 등장을 볼 때까지 살지 못했다. 그러나 파버와 타일러는 각자 독특한 방법으로 새로운 영화 문화에 참여했다. 각기 젊은 시절 중요하게 여겼던 분야에 대한 관심을 이어나가, 파버는 1940년대 액션 영화를 찬양했고, 타일러는 시적인 아방가르드의 정당성을 꾸준히 주장했다.

보다 일반적으로, 이 창의적인 비평가들의 글을 다시 읽는 행위를 통해 우리는 우리에게 남아 있는 미국 영화라는 개념의 기원에 대해 알 수 있다. 1940년대, 많은 지식인들은 "매스 컬처mass culture"라는 폄하의 명명을 통해 대중문화popular culture에 대한 불신의 타당성을 젊은 세대에게 제공했다.(역주—일반적으로, 매스 컬처mass culture는 대중사회에서 매스미디어에 의해 형성된 문화를 의미한다. 이 용어에는 대중mass이 비합리적 집단이라는 경멸적 뉘앙스가 반영되어 있으며, 대량 복제와 같은 문화의 생산과정에 주목하는 반면, 대중문화popular culture는 다수의 사람들이 향유하는 문화를 지칭하며 문화 소비 혹은 수용 과정에 초점을 맞춘다.) 이 지식인들은 스탈린주의의 충격과 미국 예술 및 문학의 상업화 이후, 하이 모더니즘high modernism을 고수했다. 그들은 할리우드가 본질적으로 로우브로우 컬처lowbrow culture(나쁜)이며 미들브로우 컬처middlebrow culture(더 나쁜)이라고 개탄했다. 지식인 중 또 다른 일부는 양극단의 교량 역할을 맡았는데, 이들은 할리우드를 미국의 이상, 불안, 분위기의 무의식적인 반영으로 해석하려 했다.

오늘날 하이-로우-미들브로우 컬처high-low-middlebrow culture를 둘러싼 전쟁은 끝났다. 1950년대 초반 헤럴드 로젠버그Harold Rosenberg가 "그 키치와 삶이 하나의 거대한 사지limb로 결합되면서, 이것이 아마 영화 스크린에서 존재의 비밀을 읽을 수 있다는 새로운 착각의 기저가 될 것이다."라고 불평한 무렵에 끝났을 것이다. 그러나 대중 영화를 시대 정신의 반영으로 읽어내는 40년대 몇몇 지식인들의 전략은 여전히 번성하고 있다. 당신이 즐겨 보는 신문이나 영화 웹사이트만 찾아봐도 충분할 것이다.

나의 비평가들은 좀처럼 이 문제들에 대한 명시적인 논쟁을 하지 않았다. 현장의 미학자로서 그들은 할리우드 영화를 예술 형식으로 이해하는 작업에 열중했다. 퍼거슨은 할리우드 고유의 미학에 대한 근거로 내러티브의 명료성, 감성적 공감, 익숙한 이야기를 듣는 즐거움을 제시했다. 에이지는 그에 동의

하면서도 한발 더 나아가 할리우드가 종종 퍼거슨이 찬사를 보냈던 뼈아픈 진실보다 더 깊은 인간의 가능성을 엿보게 만드는 순간을 포착한다고 주장했다.

반대로 파버에게 감성적으로 섬세하게 표현된 가장 훌륭한 영화의 스토리텔링은 추상 회화의 신봉자들이 거부했던 일종의 회화적 지식으로 강화된 것이었다. 타일러는 할리우드를 다른 방식으로 이해했다. 할리우드 영화는 슈퍼아트super-art로서, 윤기나는 표면surface sheen과 추진력 있는 드라마를 내세우지만, 그 이면에서 탈구dislocation의 창조를 즐긴다는 주장이었다. 그는 퍼거슨과 달리, (영화라는) 놀이play는 그렇게 진중한 것이 아니라고 주장했다. 스토리, 스타, 장르, 스펙터클, 유혹적인 소재를 주제와 혼합하는 시도를 통해 할리우드 영화는 혼돈에서 뭔가를 끌어냈다. 통렬할 수도, 사악할 수도 있는 책략artifice의 게임이다.

이들의 관점은 우리 시대까지 여전히 이어지는 성과다. 대중 시장을 겨냥하는 영화mass-market cinema가 강력한 예술적 전통을 창조할 것이라는 퍼거슨-에이지-파버의 관점은 사실상 대중영화 비평과 학계의 영화연구 양쪽의 근간이 되었다. 할리우드의 환각을 쾌락과 전치dépaysement로 읽어낸 타일러는 영화를 신화적 장치와 정신분석의 역학으로 연구하는 학자들을 후계자로 삼게 되었다. 이른바 나쁜 영화들Bad Movies, 길티 플레저Guilty Pleasure, 다양한 종류의 캠프Camp의 열광자들은 타일러의 노력을 이어나갔다.

이 책은 미국에서 성장한 이 작가들의 비평적 감수성과 같은 시기 파리에 등장한 이들과의 관계를 살펴보는 것으로 마무리된다. 앙드레 바쟁으로 대표되는 프랑스 시네필은 대중적으로, 학술적으로 현대 영화 비평을 설립하는 데 공헌을 세웠다. 내 작업의 일부는, 우리가 조금만 살펴본다면 이들 랩소드들도 그들 못지않다는 것을 보여 주는 데 있다.

1 랩소드

1942년 2월, 오티스 퍼거슨은 새로운 세대의 비평가들이 영화에 대한 대중의 사고방식에 활력을 불어넣을 수 있을 것이라고 예견했다.

책을 읽는 사람들보다 영화를 보러 가는 사람들이 더 많으며, 막대한 영화 관객들의 가장 상위에 있는 사람들은 문학 독자의 최상위층 못지않게 까다로운 취향과 기준을 갖고 있다…. 영화를 매우 자연스러운 것으로 받아들이고, 영화로 자신을 과시할 필요를 느끼지 못하는 분위기 속에서 성장한 젊은이들이 수없이 많다. 이들은 영화 속 이야기에서 무엇이 마음에 들었는지 말할 수 있을 만큼 영민한 사람들이다.

〈뉴 리퍼블릭〉에 「더 케이스 오브 크리틱스The Case of the Critics」가 등장할 무렵, 퍼거슨은 징병되어 배에 올랐다. 그가 남긴 것은 조언를 뛰어넘는 것이었다. 1934년 첫 번째 리뷰부터 그는 할리우드 영화의 변호를 준비했다. 그의 마지막 에세이는 비관적이었지만, 영화 제작 환경의 변화에도 불구하고, 젊은 비평가들이 이런 논의를 계속 이어 나갈 수 있는 가능성을 열어 놓고 있었다. 어떤 진보가 이뤄졌는지, 당대의 영화감독들은 성숙한 유성 영화의 업적을 잊은 건 아닌지, 그리고 당신은 어떻게 젠체하지 않았는지, 등의 질문을 던지고 대답을 탐색한 것이다.

3명의 평론가들은 퍼거슨의 요구에 부응하기 위해 애썼다. 1942년, 제임스 에이지는 33세였고, 매니 파버는 26세였다. 미국 상업 영화에 대해 대담한 생각을 품은 것은 그들의 젊음에서 기인했다고 생각한다. 타일러는 38세였으나, 건전한 시민은 못되었다. 맨해튼에서 시인으로 활동하며 자신을 '아름다운 시인 파커 타일러'라 부를 만큼 뻔뻔스러웠지만, 그도 역시 할리우드에 대해 거듭 생각했다.

상류 계층, 하류 계층, 중간 계층 어디에도 속하지 않을뿐더러, 순수한 저널리스트도, 알곤킨 지식인(역주-뉴욕에서 활동하면서, 알곤킨 호텔에서 정기적으로 회동하던 당대 작가, 비평가, 배우들)도 아니었던 이들 네 사람은 대담하고 황홀하며 저돌적인 비평을 창안했다. 그들은 대체로 기성 비평가 집단 외부에 남았다. 젊은 예술 저널리스트들 대다수가 에드먼드 윌슨Edmund Wilson 혹은 알렉산더 울컷Alexander Woollcott이 되고 싶어 안달하던 무렵, 그들은 자신의 모습을 지키려 했다.

4인조는 각각 고급예술 특히 모더니스트 예술을 통해 훈련된 훌륭한 지적 결과물을 보여 주었다. 대중문화에 관한 당대의 논쟁을 우회하면서, 망설이지 않고 중요한 주제 안으로 직접 뛰어들었다. 이들은 자신들보다 훨씬 더 진지한 지식인들이 놓친 영화의 문제를 파악할 것을 독자들에게 독려했다. 또한 각자 성격이 뚜렷하게 드러나는 문체를 단련했다. 그리고 각자 전략적으로 운문에 몰두했으며, 종종 당대의 고루한 결과물과는 전혀 다른 비약적 성과를 보여 주었다.

불과 몇 년 만에 고상한 척하지 않는 퍼거슨의 후계자들이 크든 작든 잡지에 자리를 잡았다. 1940년 타일러는 초현실주의자 잡지 〈뷰View〉에 〈레베카Rebecca〉 및 〈블론디 온 어 버젯Blondie on a Budget〉에 대해 기고했고, 배타적인 학술지에도 꾸준히 영화에 대한 글을 쓰며 10년간 3권의 책을 출판했다. 1942년 후반, 에이지는 〈네이션Nation〉과 〈타임Time〉에 처음으로 영화 리뷰를 기고했다. 1942년 파버는 퍼거슨의 칼럼을 이어받아 〈뉴 리퍼블릭〉에 영화에 대한 글을 쓰기 시작했다. 에이지는 1940년대 후반에 영화 비평을 포기했지만 파버와 타일러는 1970년대에도 출판을 계속했다.

퍼거슨, 에이지, 파버는 주간지 저널리스트로 활동했고, 타일러는 예술 저널 및 소규모 잡지의 지면을 통해 미문을 기고했다. 퍼거슨은 대공황시대의 심각한 영화평론에 신문기자 특유의 명랑함을 도입했다. 모든 문단에는 자유분방한 속어와 뒤섞인 비유, 앞뒤가 맞지 않는 구문이 범람했다. 에이지와 파버는 그와 같은 방식을 발전시켜 더 화려한 광석을 발굴했다. 파커 타일러는 그가 이후 "하이 캠프high camp(역주-예술적으로 진부한 것을 의도적으로 이용하는 것)를 위한 무표정한 얼굴"이라고 명명한 자신의 방법을 고수했고, "볼이 튀어나오도록 혀를 세워tongue stiff in cheek" 글을 썼다.

모두 박식했으며, 영화에 영향을 미친 다른 예술의 경험을 도입했다. 9년간 〈뉴 리퍼블릭〉에서 일하면서 퍼거슨은 영화 못지않게 책에 대한 리뷰를 남겼고, 동시에 재즈에 관한 당대 최고의 평론가 중 하나가 되었다. 에이지는 시인, 소설가, 각본가, 도서 비평가, 저널리스트 그리고 1940년대를 대표하는 작품 중의 하나인 『이제 유명한 사람들을 찬양하자Let Us Now Praise Famous Men』를 쓴 작가였다.

매니 파버는 리뷰를 쓰면서도 목수로 일했고, 화가로서의 활동도 계속했다. 타일러는 시와 동성애자의 삶에 대한 스캔들을 다룬 실험적인 소설 및 순수 예술에 대한 에세이와 책을 집필했다.

동시에 그들은 모두 시네필이었다. 그들은 폴 로사Paul Rotha의 『현재까지의 영화The Film Till Now』(1930), 루이스 제이콥Lewis Jacob의 『미국 영화의 발흥Rise of the American Film』(1939)을 통해 영화사를 섭렵했다. 지금 기준에서 보면 이 책들의 시야는 좁은 것이었고, 대부분 뉴욕 현대미술관 소장작들 혹은 맨해튼에서 재상영되는 작품들로 구성되어 있었다. 예컨대, D. W. 그리피스D. W. Griffith(몇몇 단편 및 〈국가의 탄생〉), 무성 코미디(대개는 채플린), 〈칼리가리 박사의 밀실〉, 〈전함 포템킨The Battleship Potemkin〉(가끔은 〈대지Earth〉), 르네 클레르René Clair의 〈이탈리아의 맥고 모자The Italian Straw Hat〉 및 그의 초기 유성 영화들이었다. 그러나 이 새로운 비평가들은 남아 있는 고전이 얼마나 우수하든, 당대의 할리우드 영화가 얼마나 끔찍하든, 개봉되는 신작을 통해 비범한 무언가를 발견할 수 있으리라는 것에 동의했다.

조명 아래의 아름다움

그게 대관절 무엇일까? 아름다운 것들이다. 내 눈에는 이

비평가들이 다양한 각도에서 현대적인 아름다움을 추구했던 탐미주의자들로 보인다. 퍼거슨은 프롤레타리아의 활력, 평범한 삶의 숨결을 담고 있는 깨끗하고 예리한 예술을 찾아냈다. 에이지는 로맨틱했고, 파버는 절충적인 모더니스트였다. 타일러는 오스카 와일드 및 장 콕토의 전통을 계승하는 아방가르드 멋쟁이였다. 그들의 태도는 문학과 회화의 성역 안에서 확립됐지만, 대중문화 비평의 길에는 아직 이르지 못하고 있었다.

뿐만 아니라 네 비평가들은 영화가 순수예술의 기준 및 범주에 부합한다고 이해하고 있었다. 대부분의 지식인들은 캐리 그랜트Cary Grant의 출연작품을 예술작품으로 이야기할 수 없다고 생각했다. 퍼거슨과 친구들은 활기, 감동, 힘, 매혹적인 디테일 같은 요소를 선호한다면, 그것이 가능하다고 보았다. 할리우드가 예술성artistry을 재설정했기 때문에, 대부분의 지식인들은 대중영화를 예술로 인식하지 못했다. 당시 할리우드는 예술을 뛰어넘는 창의력을 발휘하여 타일러가 말하는 환각의 영역에 도달해 있었다.

이 네 사람이 밝혀낸 아름다움은 그 영역의 일부였다. 퍼거슨은 다른 이들보다 영화의 통일성에 보다 집중했지만, 그들은 모두 대중 매체에서, 부분이 이따금 전체를 능가한다는 사실을 깨달았다. 대부분의 영화에는 고전 예술의 형식적인 엄격함이 부족했다. 대신 이들은 신나는 것을 찾아냈다. 이들은 각자 순간적인 전환, 특이점, 균열 주변에서 예상하지 못했던 것들이 누설되는 지점들에 예민했다.

할리우드 영화가 이따금 진실의 덧없는 순간들fugitive moments을 생산한다는 생각은 당시 드문 것이 아니었다. 바바라 데밍

Barbara Deming은 미국병American malaise의 징후를 추적하면서, 배우들이 종종 결코 지어낼 수 없는 행위의 촉각적인 실재감을 "생채기로 드러낸다scuffed in"고 주장했고, 드와이트 맥도날드는 할리우드 시스템이 이따금 영화에 활력의 순간을 가져다준다고 인정했다. 활력은 이 새로운 비평가에게도 소중한 것이었지만, 그들은 더 깊이 파고들었다. 그들은 대중영화의 예술성의 혹은 최소한 매혹의 핵심에는 분명 이런 디테일 혹은 플롯의 변화 혹은 연기의 일부 혹은 돌출하는 요소들이 놓여 있다고 주장했다.

부유하는 요소들이 액션을 풍부하게 만들 수도 있고 그것을 우회할 수도 있다. 이따금 감독들과 배우들은 번득이는 전환 혹은 진짜 삶이 점멸하는 우연한 순간을 설계한다.

(히치콕은) 세트를 (디테일로) 채우면서, 액션에 과도한 무게를 싣지 않는다. 모든 사물과 인물들은 플롯의 직접적인 액세서리가 아니기 때문이며, 그는 다양한 기계적 도움을 통해 삶의 느낌을 획득한다. 이를테면 개, 무심한 행인 말이다. 당신이 알고 있는 플롯과 아무 관련도 없는 진짜들 말이다.(퍼거슨, 〈해외 특파원Foreign Correspondent〉에 관해)

이 배우들은 일련의 빛, 엉뚱한 효과를 창출하는데, 대개 플롯의 중요성과는 동떨어져 있는 미미한 것이지만 영화에서 가장 흥미로운 부분이며 대부분 감독의 지시에 의해 만들어진다.(파버, 〈더 마스크 오브 디미트리오스The Mask of Dimitrios〉에 관해)

(이 영화에는) 완전히 "무의미한" 것들이 있다. 이를테면 낙오병

들이 지나가는 길가에 어니 파일(버제스 메레디스Burgess Meredith)
이 앉아 있는 장면. 무심하게 눈이 가는 대로 흘깃 바라볼 뿐이
지만, 생각이나 편견에 따라 즉각적이고 무제한적으로 그 무엇
이든 될 수 있는 훌륭한 의미가 있다.(에이지, 〈지 아이 조The Story
of G. I. Joe〉에 관해)

때로는 경이로운 순간이 스토리, 스타덤의 조건 혹은 로케
이션 촬영에서의 사고 등 일반적인 것에서도 발생한다. 타일러
에게 가장 큰 즐거움은 우연한 순간에 절정에 달했다.

목소리 자체가 하나의 배우이자 요소로서, 할리우드의 모든 요
소와 마찬가지로, 예술적 그물망artistic mesh에 완전히 흡수되기를
거부하며, 자기만의 작은 극장을 창조한다.

그는 대부분의 영화들이 일상의 순간에서 충격의 순간까지
휘청거리며, 흥미진진한 불협화음을 남긴다고 생각했다. 그는
이를 "틈Crevices"이라고 명명했다.
이들 평론가들은 '결점과 아름다움에 대한 수사법'이라는
영화 비평의 관습 가운데 하나를 갱신했다. "이 순간은 훌륭하
지만, 곧 밋밋해진다…. 사건의 둔탁함은 우리가 다시 보고 싶
은 젊은 여성의 순간적인 코미디 덕분에 경감되었다…. 그런 순
간은 멋지지만, 영화는 모종의 뻣뻣함으로 고통받는다." 고의적
으로 악평을 쓰지 않는 한, 찬사에도 비판이 있어야 하고, 신랄
함도 칭찬을 섞어 희석해야 한다.
우리의 네 비평가들은 결점과 아름다움의 비평을 새롭

게 만드는 것을 목표로 삼았다. 에이지는 비결정의 순환loops of indecision을 향해 자신을 채찍질했다. 〈구름이 걷힐 때까지Till the Clouds Roll By〉에 대한 논평에서 그는 스토리는 허약하나 배우들은 "좋은 사람들nice people"이며 노래는 제롬 컨Jerome Kern이 부른다고 쓴다. 그는 한 구절 한 구절 주고 뺏기를 반복한다.

> 만약, 내가 그런 것처럼, 당신이 그의 우아하고 진주 같은 음악을 높이 평가한다면 이 영화는 즐길 만한 것이며, 사람을 멍하게 만들기는 해도 들을 가치가 있다. 거의 모든 노래를 마음을 담아 정성껏 부르는데, 내가 다른 곳에서 들어보았거나 예전에 들은 적 있는 노래는 여기 하나도 없다.

파버도 비슷하게 찬사와 비난을 교차 삽입하지만 냉소적인 태도를 취한다. "연기가 훌륭하고 효과적인well-played and punchy" 〈홈 오브 더 브레이브Home of the Brave〉에 대해 그는 "덜커덕거리는, 남성미 넘치는 영화이며, 깊은 감동의 순간들이 있다"고 선언하고 이렇게 부연한다.

> 기본적으로 연극적인 각본이라 거의 모든 장면을 앉거나 기댄 자세로 연기해야 한다. 그러나 감독은 터키 목욕탕에서나 볼 만한 이 두 자세를 다양하게 변형시켰다. 배우들은 마치 상대방의 두개골 안에 단어를 직접 집어넣으려는 듯한 태도로 말한다. 이 난폭하고 불길한 광경은 당신의 흥미를 자극할 뿐만 아니라, 그 군인들이 대개 일본인들에게 둘러싸여 있고, 모든 말들이 분명 도쿄에서 들릴 수 있다는 점에서 섬뜩하기도 하다.

에이지가 햄릿이라면 파버는 핫스퍼Hotspur(역주-무모한 사람)
를 맡는다. 퍼거슨은 개그를 위해 플러스 마이너스 게임plus-and-
minus game을 벌인다.

끔찍한 잘못이 몇 가지 있다는 것을 의심하지 않지만, 나는 상
으로 받아들인다. 나는 길을 잃었다. 나는 좋은 평론가가 되고
싶고, 가치가 실현되는지 꾸준히 확인하고 싶은데, 자꾸 의자
에서 밀려 떨어진다. 그리고 내가 〈싱 앤 라이크 잇Sing and Like It〉
에 대해 할 수 있는 최선의 말은, 이것은 어쩌면 형편없는 영화
이지만, 당신은 의자에서 미끄러질 것이라는 거다.

타일러는 결점과 아름다움을 거의 교환 가능한 것으로 보
았다. 할리우드 영화를 사유하는 즐거움은 부분적으로 당신의
상상력을 자극하는 클리셰에 놓여 있어, 단점은 흥미롭고 가치
있는 지점이 되며, 곤란하게도 미덕으로 화한다. 앨버트 르윈
Albert Lewin 감독의 〈도리안 그레이의 초상〉에 나오는 초상화처럼
말이다. 에이지와 파버는 둘 다 그들이 보고 싶었던 게 단계적
으로 악화되는 그림이었다고 불평했지만, 타일러는 끔찍한 마
지막 단계에 테크니컬러Technicolor로 빚어진, 개화하는 가지꽃의
병적인 매혹과 같은 벼락 같은 순간을 찾아낸다.

이것은 제한된 상상력에도 불구하고, 할리우드의 각성을 보여
주는 칭찬받아 마땅한 증거다. 비록 예술성은 암암리에 훼손되
지만, 우리는 모종의 긴박감이라는 반응을 피할 수 없다. 이것

이 정글부터 선셋대로 인근까지, 좀비와 늑대인간에 대한 우리
의 일반적인 반응이다. 이반 알브라이트Ivan Le Loraine Albright(역주—
미국 출신의 화가)는 도리안의 초상화를 통해, 이름 높은 모든
버러지 인간들creeps이 소란스럽게 기어다닌다crepitate고들 하는
미국의 도덕적 정글의 사악하고도 강렬한 버전을 제공했다.

명백하게 그릇된 취향조차 유혹적인 틈을 창조할 수 있고,
비평적 상상력으로 이를 탐지할 수 있다고 타일러는 주장했다.

특유의 언어로 말하다

표준적 이미지들은 인내해 왔다. 퍼거슨은 저널리스트 특
유의 짧고 분명하며 빠른 말들을 뱉어 내고, 에이지는 섬세하
고 감상적인 휴머니스트이며, 파버는 당구장에서 〈아트 뉴스Art
News〉를 읽는 사람이고, 타일러는 극장에 빈둥거리는 그리고 매
우 뛰어난 지적 능력을 가진 호사가다. 그러나 이런 라인업이
신뢰를 얻긴 힘들다. 기본적으로 이들은 모두 공연자performers에
가깝다.

영화에 대한 글쓰기를 통해 그들은 다른 목소리를 지닌 경
찰의 직무를 수행하고, 마법사가 카드를 펼치듯 미국식 용어
American Idioms를 전파한다. 스타카토식 산문이 뒤섞인 은유, 누락
된 접속사, 돌발적인 연계를 통해 우리에게 전달된다. 여기, 스
토코프스키Stokowski가 지휘하는 판타지아Fantasia에 대한 오티스 퍼
거슨의 글이 있다.

이를 위한 백그라운드이자 연속체로서, 오케스트라가 자리를
잡고 조율하는 과정의 소음과 움직임이 있는데, 이보다 더 매
혹적이고 더 짜릿한 약속은 세상에 없다. 그러나 그 위의 것이
있다. 무서운 색깔의 실루엣으로 등장하는 연미복 차림의 레오
폴드 박사는, 무언가 균형감각이 부족한, 어제는 셔츠바람으로
도 괜찮았던, 첫 부분의 연주를 지휘하다, 담배를 피우러 무대
를 벗어난다. 나는 좀처럼 극장에서 큰소리로 떠들지 않는데,
이는 무례할 뿐 아니라 팔에 근육이 있는 남성과 논쟁에 휘말
릴 수 있기 때문이다. 그러나 레오폴드 박사가 그의 왼쪽에 있
던 현악기 너머의 호른(모두 모였을 때는 중앙에 있다)을 열망하
듯 불러냈을 때, 그리고 그와 교감하듯 매혹적인 색채도 연청
색이 또 다른 옅은 색으로 바뀌었을 때, 나는 짧은 신음을 내뱉
았다.

As a background and continuum for this there is
the noise and motion of an orchestra assembling
and tuning up, than which there is nothing more
fascinating, nothing more exciting with promise in
the world. But over and above this, on some kind
of promontory and silhouetted in awful color is
Dr. Leopold in a claw-hammer coat, leading with
expression that only falls short of balancing a seal
on its nose an orchestra which made that part of the
soundtrack yesterday in shirtsleeves and is at the
moment out for a cigarette. I rarely bray aloud in the
theatre, as this is rude and also may get you into an

argument with men who have muscles in their arms, but when Dr.L yearned out over the strings to the left of him in a passage for horns (which are in the center when they're there at all) and the bedazzlement of color yearned sympathetically from baby-blue to baby-something-else, I released a short one.

퍼거슨이 디즈니에 열광했다는 것을 기억할 것. 특히 〈판타지아〉를 좋아했다. 위에 인용한 문구 다음에, 그는 영화에 대해 이렇게 썼다.

결말에 가까워질수록 따분하고, 예술 앞에 무릎을 꿇자 우스꽝스럽다. 그리고 이것저것 따져보면, 이는 세상에 있었던 가장 낯설고 아름다운 일 중의 하나다.
Dull as it is toward the end, ridiculous as it is in the bend of the knee before Art, and taking one thing with another, it is one of the strange and beautiful things that have happened in the world.

첫 번째 '그리고and'를 사용할 다른 작가는 거의 없을 것이다. 우리는 "그러나 이것저것 따져보면, 그것은… but taking one thing with another, it is…"을 기대할 것이다. 이런 식으로 문장을 비트는 방식은 앞서 사용된 돌발적 종결("나는 짧은 신음을 내뱉었다 released a short one")에서 예견된 것이며, 에이지, 파버, 타일러 비평의 핵심이다. 퍼거슨은 마치 올가미처럼 문장을 흔들다 잡아챈다. 그는 비평이 거드름피지 않는 쇼^{show}, 산문의 카바레^{prose cabaret}가 될 수 있는 사례를 보여 준다.

그의 글에 영감을 받은 뒤, 에이지, 타일러, 파버는 신성한 열정으로 글을 쓰면서, 대중문화 랩소드가 된다. 비록 신의 은총을 받지는 못하지만, 억제된 엑스타시를 방출한 방아쇠인 영화를 발견하며 그 작업을 수행한다. 그 결과는 대개 코믹하고, 가끔은 드라마틱하며, 종종 관능적인 자극을 선사한다. 언어의 난교^{An orgy of words}는 여전히 난교이다. 파버는 물론 역설과 과장법을 연료로 삼은 특유의 바로크 양식의 화력으로 유명하다. 문장은 재치 있는 농담으로 끝나기 전에 이미 통제를 벗어난 것처럼 보였는데, 가끔은 결말이 났고 가끔은 그저 기묘했다.

그 영화 〈포스트맨은 벨을 두 번 울린다^{The Postman Always Rings Twice}〉는 거의 너무 끔찍해서 나가고 싶지 않을 정도다…. 그 아내는 정글이라고 불러야 할 곳에서 시간을 보내는데, 식사 시중을 위해 입는 수백 벌의 반짝이는 무대 의상을 세탁하고, 달빛 아래 수영을 하러 가고, 떠돌이 일꾼과 멋진 룸바를 춘다. 내 생각에 가장 뛰어난 보비 양말(역주-배우나 가수를 동경하는 10대 소녀) 터치는 코라^{Cora}가 설거지할 때 쓰는 하얀 터번, 냠냠 포즈^{yum-yum pose}를 취한 코라를 보여 주는 러브 씬, 프랭크가 여섯 걸음 떨어져 흘끔거리는, 꽁꽁 언 팝시클 같은 복장이다. 그리고 아마도 감독은 뒤에 앉아 햄버거에 정신 팔고 있을 것이다.

The movie, "The Postman Always Rings Twice," is almost too terrible to walk out of…. The wife spends her time in what should be a jungle washing the several thousand stunning play suits she wears to wait on tables, going for moonlight swims, dancing stylish rumbas with the hobo. I think the best bobby-sox touches are the white turban that Cora wears to wash dishes, the love scenes which show Cora in a yum-yum pose and outfit, looking like a frozen popsicle, with Frank ogling her at six paces—and probably the director, in the background, swooning over a hamburger.

어디에서 시작할까? "너무 끔찍해서 나가고 싶지 않을 정도"에도 벌써 이상한 것이 있다. 그토록 끔찍한 것도 즐기는 것이 가능하다는 것이 암시되지만, 추가된 "거의"가 일격을 날린다. 극장을 나가야 하나, 아닌가? 게다가 주유소가 왜 정글인가? 코라의 옷장에 대한 과장된 묘사는 "몇several"으로 신중하게 한정되어, 그 표현이 정말 수천 벌의 의상이라고 생각하게 되지는 않는다. 코라와 팝시클(역주-아이스캔디 상표명)을 비교한 것은 충분히 대담하지만, 대부분의 편집자들은 "꽁꽁 언frozen"을 불필요한 수사로 보고 삭제할 것이다. 그래도 그녀가 얼음여왕처럼 냉담하다는 것을 강화하는 효과는 있다. 프랭크와의 거리가 더도 덜도 아닌 "여섯 걸음"이라는 터무니없는 설명은, 마치 평론가가 무대를 걸어본 것 같다(이 표현은 사격 범위 내에 있는 명사수 혹은 상대의 위치까지 거리를 재는 결투자를 연상시킨다). 테이 가넷Tay Garnett 감독이 라나 터너Lana Turner가 아니라 햄버거에 정신을 빼앗겼다니, 진실이 무엇인지 모르기는 피차 마찬가지다. 헛소리gaga 말고 보다 정제된 것을 원하는가? 미국 영화평론 중에서도 내가 몹시 좋아하는 한 구절에서 타일러는 〈소유와 무소유To Have and Have Not〉에 등장한 로렌 바콜Lauren Bacall에 대해 이렇게 썼다.

그녀 목소리의 수수께끼에 나는 여전히 얼어붙었다. 거의 억양 없이, 낮고 느릿하며, 디트리히Dietrich풍의 감미로운 음의 진동, 그러나 진짜 근원은 알 수 없는…. 그녀가 모종의 권모술수로 할리우드에 접근했다는 사실이, 내 생각에는 그녀 눈썹의 부드럽고도 사악한Mephistophelian 곡선에서 드러난다. 어쨌든 우리는 모두 사람이다. 가장 놀라운 군사 계획이라도, 설령 군대가 승리해도, 가끔 틀어질kerflooey 때가 있다. 미스 바콜은 자신의 목소리를 통해서 그녀가 뼛속 깊이 가르보Garbo이며, 쟁취하기 어렵고, 험프리Humphrey에게 단번에 승리를 안겨주지 않으리라는 사실을 분명히 알려준다.

나는 '사악한'이라는 단어가 '틀어진'과 이렇게 효과적으로 병치될 수 있을 줄 몰랐다. 오늘날 많은 이들은 시적 재능 때문에 에이지를 온화한 인물로 여긴다. 그러나 에이지는 워너Warner의 만화 〈랩소디 래빗Rhapsody Rabbit〉 리뷰에서 우리를 회전하는 궤도 안으로 던져 놓을 준비가 끝났음을 입증한다. 콘서트 피아니스트인 벅스 버니Bugs Bunny는 리스트의 헝가리안 랩소디를 "일부의 그러나 완벽한 연주a cut but definitive performance"로 제공한다.

1.1 〈랩소디 래빗Rhapsody Rabbit〉(1946)

최고 부분은 두 가지로 드러난다: 첫 번째, 콘서트에 대한 훌륭한 관찰력이 돋보이는 패러디-피아노 연주의 가장, 우아하게 드러나고 통합되는 과정; 두 번째는 음악의 영혼에 녹아든 야만성이 내가 과거 그 어디에서 본 것보다 더 훌륭한 절묘함에 도달하는 것. 나는 음악의 인용 없이 이를 설명할 수 없다; 그러나 쾅쾅거리는 화음을 오만하게 비틀면서 진행되는 구절이 있다. (그런 다음 얌전 빼는 사람들의 음계로 낮아지지만) 룽, 룽, 룽Ronk, Ronk, RONK(G-B-E). 여기서 벅스Bugs는 (a)네 발 모두를 써서, 종마와의 데이트에 늦은 흔들목마처럼 우거지상으로 미친듯 달린다. 또한 (b)촐랑대고, 자랑스럽게 히죽거린다. 악행을 저지르며 발가락 춤을 추는 개 혹은 돌아온 사건현장I-Was-There 기자처럼, 혹은 잠자는 개들 중에 누가 자는 척하는지 정확히 알고 있는 두려움도 호의도 없는 사내처럼. 그것이 나를 죽였다. 그리고 그들이 관악기 연주를 훌륭하게 정확히 반복하자, 몇 마디 지난 다음, 나는 죽였다는 말이 진짜 무슨 뜻인지 알았다.

이 비평가들 사이에서는 흔한 대조어들의 병치가 도처에서 발견된다. (가장affectations, 악행misdemeanor과 대조되는 얌전 빼는 사람들prisses, 죽였다killed me) 그리고 이 새로운 비평가들은 특정 단어를 강조하는 따옴표 같은 세부사항에 시간을 할애하지 않는다. ("나는 죽였다는 말의 진짜 의미를 깨달았다.I knew what killed really meant.") 이 구절을 들여다보면 볼수록, 과장은 더 두드러진다. 흔들목마가 종마를 만나러 간다고? 짐작하건대 그것은 벅스Bugs의 활보를 말하는 것이다. 하지만 개의 "악행misdemeanor"이라니, 카펫에 오줌이라도 쌌나? 피도Fido가 자랑스럽게 히죽proud smirk거린다고? 어떻게 사건현장 기자가 여기 들어왔을까? 그리고 "잠자는 개들의 거짓말sleeping dogs lie"이라는 클리셰의 희화화는, 발레리나처럼 우아한 방광을 비운 개bladder-emptied dog와의 관련성을 시사하는 것인가? 평소 에이지는 혼란과 망설임을 담더라도 더 직선적인 문장을 썼다. 그러나 이런 경우에는 그도 얼마간 부드러운 광기를 표출할 수 있었다. 그러나 물론 이 장인은 결코 통제력을 잃지 않았다. 병치되는 모든 구절은 세미콜론에 맞춰 균형을 이루고 있다.

때로 당신은 궁금하게 여겨야 한다. 퍼거슨을 넘어 자신이 목격한 영화의 규정하기 어려운 약진을 전달하기 위해 이 세 젊은이들이 글을 둘러싼 나름의 군비 확장 경쟁을 하지 않았더라면 어떻게 되었을까. 15년간 이들이 이룬 성과는 혼신의 경이로운 성취로 남았다. 그들은 신선한 속도와 음조로 미국 영어를 노래하게 만들었다. 그들은 영화에 관한 글쓰기에 생동감과 중요성을 부여했다. 그들은 사람들이 좀처럼 즐기지 않던 예술 비평을 열광적인 예리함의 수준으로 격상시켰다. 시간이 얼마간 지난 후, 그들은 미국 영화 비평의 현대적 기구가 설립되는 데 기여했다. 그 과정에서, 그들은 할리우드 영화에 대한 고유한 사유 방식들을 구축했다.

2 더 새로운 비평

1940년대는 미국 예술 저널리즘의 황금기였다. 1920년대부터 활약했던 에드먼드 윌슨Edmund Wilson 외에도 랜달 재럴Randall Jarrell, 칼 샤피로Karl Shapiro, 위스턴 휴 오든W. H. Auden, 메리 맥카시Mary McCarthy가 문학에 대한 생각을 대중에게 제공했다. 라이오넬 트릴링Lionel Trilling, 자크 바전Jacques Barzun, 어빙 하우Irving Howe, 레슬리 피들러Leslie Fiedler 등 직업적 비평가도 있었다. 클레멘트 그린버그는 〈네이션〉에 예술 비평을 기고했고, 해럴드 로젠버그Harold Rosenberg는 〈아트 뉴스〉에 글을 실었다. 버질 톰슨Virgil Thomson은 〈뉴욕 헤럴드 트리뷴〉에 매주 음악 리뷰를 썼다.

이 이스트 코스트의 핵심집단 중에서도, 색다른 20대 집단과 냉소적인 이상주의자 30대 집단이 돋보였는데 이들은 통렬한 재치가 담긴 예언적인 산문체를 사용했다. 파운드Pound와 헤밍웨이Hemingway, 조이스Joyce와 엘리어트Eliot는 이미 그들의 지적 자장 안에 안착해 있었고, 그들이 모델로 삼은 것은 〈뉴욕 타임즈〉 혹은 〈새터데이 리뷰 오브 리터러처Saturday Review of Literature〉가 아니었다. 한 콘서트를 관람한 뒤 톰슨은 "연극적 경험과 허약한 시력 모두 토스카니니Toscanini 스타일에 책임이 있을 것이다."

라고 썼다. 메리 맥카시는 콕토Cocteau의 연극 〈쌍두독수리The Eagle Has Two Heads〉에 대해 다음과 같이 일갈했다.

구닥다리 왕정주의자 방식의 과장과 야단법석인, 시인과 여왕의 이 이야기는 콕토 내면의 다락방이 결코 아래층처럼 영민하지 않음을 보여 준다; 한 여학생이 거기서 내내 로맨스 소설을 읽으며 코스튬 플레이를 하고 있었다.

이 심술궂고 세련된 지성이 예술을 고상한 기준에 정박시켰다. 바전Barzun이 보여 준 추리물에 대한 솔직한 감탄과 별개로, 거의 누구도 대중문화에 관심을 기울이지 않았다. 사실 대부분의 지식인이 대중문화의 위험성에 동의했다.

이 일련의 뉴욕 지식인들은 게이, 그리니치 빌리지 보헤미안, 아이비 리그 대학들에게 거부당한 유대인 및 아일랜드 출신의 이민자 가족, 상류층 출신의 좌익 인텔리로 구성되어 있었는데, 이들은 확고하게 모더니즘의 편에 섰고, 이름이 세 개인 와스프들(역주-White Anglo-Saxon Protestant. 앵글로색슨계 백인 신교도) 즉 헨리 사이들 캔비Henry Seidel Canby, 마크 반 도렌Mark Van Doren과 같은 구세대 비평가들의 신경을 건드리는 모든 것을 지지했다. 그러나 여전히 대부분 고상한 전통을 고수했으며, 위대한 예술을 대할 때에는 엄숙한 존경을 보여 주었다. 예술계 좌파의 플랫폼 격이었던 〈파르티잔 리뷰Partisan Review〉의 대명사는 진지함이었다.

오티스 퍼거슨, 제임스 에이지, 매니 파버, 파커 타일러가 등장했다. 그 누구도 상상하지 못했던 엉뚱한 열정으로 그들은 비평을 썼다. 그들은 핵심 문장punch lines을 직송하지 않았다. 때로는 핵심 문장이 있는지 가늠하기 어려웠고, 때로는 너무 많았다. 대중문화에 대해서라면, 그들은 애정을 퍼붓기로 작심한 것 같았다. 그들은 진지하지 않은 것을 즐겼고, 이는 중력이 요구되는 순간에 엄청난 관능을 제공했다.

시체도 아니고 빨갱이도 아니다Neither Dead nor Red

모든 결점에도 불구하고, 당신은 소비에트 연방이 빛이 결코 사라지지 않는 세계 도덕의 정점이라는 것을 느낄 것이다.

— 에드먼드 윌슨Edmund Wilson, 1935

1940년대, 모든 지식인들은 두 가지의 질문 앞에 놓였다. 공산주의에 대해서 어떻게 생각하는가? 대중문화에 대해서 어떻게 생각하는가? 대공황을 겪은 다수의 작가 및 예술가들은 자본주의가 야기한 위기를 극복할 방안은 좌파 정치뿐이라고 확신했다. 파시즘 정당의 창궐은 우파 독재 정부로 이어졌다. 지식인들에게 소비에트 연방은 최선의 대안으로 인식되었고, 지지자들은 그것이 민주주의라고 확신했다. 그러나 1934년에서 1938년 사이, 스탈린이 모스크바 재판을 통해 대규모 숙청을 단행하자, 많은 이들의 신뢰가 흔들리기 시작했다. 얼마 지나지 않아 1939년 체결된 러시아와 독일 간의 불가침 조약은 스탈린이 나치즘과 타협할 준비를 끝냈다는 표시였다.

비록 소련에 대한 신뢰는 퇴색되었지만, 사회주의자들의 이

상까지 함께 사라지진 않았다. 모스크바 노선을 추종했던 공산
주의자들과는 별개로, 미국에서는 매우 다양한 좌파 정당들이
활동했다: 사회민주당, 사회주의자당, 트로츠키주의당, 사회주
의 노동자당Socialist Workers Party, 사회주의 노동당the Socialist Labor Party 및
이들 좌파 정당의 하위 계파까지. 사소한 정책의 차이는 끝없
는 분쟁으로 이어졌다. 몇몇 지식인들은 특정 정당을 지지했지
만 상당수 사람들은 사상적 일관성에 대한 고민 없이 여기저기
기웃거리거나 건성으로 참여했고 기부, 회의 참석, 원고 작성에
동의했다.

　1941년 미국이 2차대전에 참전하자, 많은 지식인들은 이것
이 파시즘 붕괴를 위해 필요한 과정이라고 받아들였다. 이제 러
시아는 미국 동맹국이 되었고, 그들은 스탈린 정권에 대한 의
구심을 자주 억눌렀다. 전쟁이 끝날 무렵, 정치화된 지식인들은
공산주의가 나아갈 길이 아니라고 생각하기 시작했다. 독일과
일본의 제국주의를 물리치기 위해서 산업과 노동이 협력했다.
마르크스의 예언과 달리, 자본주의는 수백만 명의 생활 수준을
향상시켰다. 미국 시민들은 전례 없는 안락함을 누렸다. 미국
민주주의는 완벽하지 않았지만, 그럼에도 불구하고 대중이 국
가 운영에 참여할 수 있는 최고의 기회였다.

　아프리카계 미국인의 평등에 관한 문제 등 개선해야 할 여
지는 언제나 존재했고, 사회민주주의의 몇몇 제도를 도입할 필
요성도 제기되었다. 그러나 전반적으로, 미국적 삶의 방식이 미
래를 위한 최고의 희망처럼 보였다. 시인이었던 존 베리먼John
Berryman은 "최근 10년에 걸쳐 가장 중요한 문화 현상은 아마도
지식인들의 마르크스주의 폐기일 것이다."라고 썼다. 1952년,

〈파르티잔 리뷰〉는 민주주의는 "한낱 자본주의적 신화가 아니라, 러시아 전체주의에 대항하여 수호해야 마땅한 현실"이라고 선언했다.

　그러나 미국 민주주의의 수호 속에 대중문화의 수호는 포함되지 않았다.

대중 현혹으로의 대중 예술

영화 속에서 뭐가 어떻게 되는지 전혀 눈치채지 못한 채, 영화의 질적 향상 혹은 저하를 주장하는 비평가는 부족한 적이 없었다.

— 마샬 맥루한Marshall McLuhan, 1947

　모든 지식인들이 엔터테인먼트 산업에서 좋아할 만한 것을 찾으려고 하는 오늘날, 70년 전의 분위기를 떠올리는 것은 어려운 일이다. 매스미디어가 단순히 사회통제 기계였는가에 대한 광범위한 논쟁이 있었다. 공산주의자부터 반공산주의자까지, 지식인 계급은 대중문화가 불행한 대중에게 기껏해야 최고의 단조로운 위안이자, 최악의 경우 잔인한 조종자라는 믿음으로 단결했다. 다수의 매우 영리한 이들은 밥 호프Bob Hope의 영화, 릴 애브너Li'l Abner 만화, 노래 〈스모크 겟츠 인 유어 아이즈 Smoke Gets in Your Eyes〉, 레이먼드 챈들러Raymond Chandler의 소설이 안락한 타락으로 빠져들고 있는 사회의 신호라고 생각했다. 1930년대에 이미 좌파 지식인들은 미국 주류 엔터테인먼트의 부패를 우려했다. 통치자는 노동 계급을 희생시켰을 뿐 아니라, 그들에게 쓰레기를 공급했다는 것이다. 이런 견해를 가장 영향력 있게 표현한 것은 아마 클레멘트 그린버그가 1939년에 쓴 에세이 「아방가르드와 키치Avant-Garde and Kitsch」일 것이다. 그린버그에 의하면, 1910년대부터 1930년대 초에 이르는 현대 예술의 황금기는 자의식적 형식 실험의 힘을 드러냈다. 입체파 회화, 조이스와 지드Gide의 소설, 엘리어트의 시. 모든 것이 관객들의 지평을 확장하기 위한 시도였다. 그러나 이러한 전위는 "경솔한 쾌락unreflective enjoyment"을 생산하는 품위 없고 쉬운 예술이라는 후위와 대치했다. 그린버그의 불만에는 소비에트 연방도 예외가 아니었다. 스탈린의 사회주의 리얼리즘은 다른 예술 분야보다 영화에서 나름의 키치 버전을 만들었다.

그린버그의 공격에 많은 사람들이 동조했는데, 그중에서도 드와이트 맥도날드의 1943년 에세이 「'대중문화'에 대한 이론A Theory of 'Popular Culture'」이 눈에 띈다. 공통된 불만은 키치 추세의 상승으로 인해 예전 어느 때보다 지금 고급 예술high art이 위협받고 있다는 것이다. 많은 지식인들에게 대중음악, 만화, 영화, 싸구려 소설 자체가 나쁜 예술은 아니었다. 그 예술들이 대중을 비인간화하는 방식, 즉 집단적 백일몽의 넋빠진 소비자로 만들었다는 점이 나빴다. 대중문화는 일반적인 지적처럼, 지적인 다양성과 정치적 진보에 대한 위협이었다. 보수주의자들 및 새로운 반공산주의적 자유주의자들은 할리우드로 관심을 돌렸고, 대중음악 작곡가들, 브로드웨이, 길거리 상점의 선반을 채우고 있는 잡지와 문고판 도서를 공격하기 시작했다. 많은 사람들에게 정치비평은 강한 도덕적 색채를 띤 문화비평이 되었다.

성장하는 대중문화의 흐름을 가장 잘 이해하는 방법은 무엇인가? 몇몇 평자들은 그린버그의 전략에 따라, 대중문화를 아방가르드가 성취한 업적의 대척점에 두었다. 다른 평자들은 미국인의 삶에 보다 중요해진 정신분석학에 매료되었다. 이내 평자들은 사회 전체가 초자아를 지니고 있고 충동을 억압하며, 국민의 부글부글 끓는 내적 생명이 대중문화에 반영되었다고 주장했다.

인류학자들은 미국문화를 관찰 대상으로 삼았고, 사회학자들은 전시 및 전후 사회의 집단 역동성을 이해하기 위해 미디어를 이용하려 했다. 다른 학자들은 라디오 혹은 영화 스크린을 통해 고양된 집단 현혹의 예를 수집하고 측정하기 위해서 새로 등장한 "매스 커뮤니케이션 리서치mass communication research"를 도구로 삼았다. 프랑크푸르트 학파와 관련된 망명자들은 이런 전략들을 포스트 헤겔 철학과 병합했다. 아도르노Adorno와 호르크하이머Horkheimer는 『계몽의 변증법Dialectic of Enlightenment』(1944)에서 미국 자본주의가 관객을 낄낄대는 멍청이로 바꿔 놓았다고 주장했다.

미들브로우와 함께 중간에 갇히다

1940년대 중반, 몇몇 평자들은 그린버그가 주장한 아방가르드/키치avant-garde/kitsch의 단순한 이분법은 지나치게 광범위하다고 판단했다. 미국 문화의 지도를 그리기에는 네 개의 분면으로 나눠진 모델이 훨씬 더 적합하게 보였다.

먼저, 민중 예술folk art은 민중들의 순수하고 자발적인 산물에 해당한다. 아미쉬Amish(역주-현대 기술 문명을 거부하고 소박한 농경생활을 하는 미국의 종교 집단) 가구, 애팔래치아Appalachian 민요, 아프리카계 미국인들의 영가가 좋은 예이다. 어떤 이들은 재즈나 블루스를 포함시키기도 한다. 민중 예술 아티스트들은 트렌드와 무관하게 계속 작업했다. 다른 하나는 모더니스트의 아방가르드, 즉 과거(조이스, 엘리어트, 울프, 스트라빈스키, 피카소 등)와 현재(추상 표현주의 회화가 가장 좋은 예다)의 아방가르드 예술로 대표되는 하이브로우 아트highbrow art이다. 로우브로우 아트lowbrow art는 문화산업이 생산한 익명의 산물로, 라디오 쇼, 미스터리 및 로맨스 소설, 팝 뮤직, 대부분의 영화가 해당된다. 그리고 미들브로우 아트middlebrow art라고 불리는 부류가 있다. 1930년대부터 흔하게 사용된 용어로, 용어 정의를 위해서 1940년대 평자들은 상당한 시간을 보냈다.

이것은 분명 계급에 관련된 문제였다. 하이 아트high art가 보헤미안들—다른 예술가들, 미술관 큐레이터들, 콘서트 연주자들, 젊은 반항자들, 무엇보다 대학 교수들과 학생들—에 의해 소비되었던 것에 비해, 미들브로우 아트는 교양 있는 부류에 소속되기를 갈망하는 전문직, 중산층을 목표로 했다. 미들브로우는 르누아르의 복제품을 벽에 걸었고, 턴테이블로 차이콥스키 교향곡을 들었으며, 커피 테이블에는 읽지 않은 셰익스피어의 가죽 커버 소네트를 〈하퍼스Harper's〉 혹은 〈애틀랜틱 먼슬리Atlantic Monthly〉 곁에 나란히 놓았다.

대부분의 평론가들은 미들브로우의 충동이 다른 영역을 침범했다는 사실에 동의했다. 공공사업진행국WPA 벽화, 〈카르멘 존스Carmen Jones〉, 조지 거쉰Gershwin의 〈랩소디 인 블루Rhapsody in Blue〉 같은 유사 미들브로우 아트도 있었다. 더욱 거슬리게도, 미들브로우 예술작품은 하이 아트의 아이디어와 기술을 도용한 다음,

훈련 받지 않은 관객을 매료시키기 위해서 뾰족한 모서리spiky edges를 제거해버렸다. 드와이트 맥도날드는, 손튼 와일더Thornton Wilder의 〈우리 마을Our Town〉은 브레히트의 연극 테크닉을 이용해 민중설화를 이야기했고, 〈노인과 바다〉는 헤밍웨이가 '이달의 책 클럽'(역주-미국 최대의 회원제 도서 통신 판매 조직)을 겨냥해 쓴 가장된 순진함의 스타일 소설이라고 주장했다. 메리 맥카시는 와일더의 〈위기일발Skin of Our Teeth〉이 "정교한 신비화 시스템"을 구축하여 "실제 무대에서 벌어지는 일은 유치하고 견디기 어려울 정도로 단순함에도 불구하고, 복잡하고 어려운 작품을 목도하고 있다고 관객들을 설득"한다고 공격했다.

사실, 새로운 미디어는 위대한 과거의 업적들을 예전보다 훨씬 더 널리 전파했다. 클래식 음악의 녹음과 방송, 회화와 연극에 대한 영화들, 예술과 문학에 대한 라디오와 잡지 인터뷰는 미국인의 일상 생활 일부가 되었다. 포크너Faulkner와 조이스가 문고판으로 팔렸다. 그러나 이처럼 강화된 접근성이 이해를 보장하지는 않았다. 소문에는, 〈판타지아Fantasia〉를 만들고 나서 디즈니Disney가 "세상에, 이건 베토벤이 될 거야!"라고 소리쳤다고 한다. 이 영화는 스트라빈스키의 희생제의를 공룡의 싸움으로 바꿔 놓았다. 미들브로우 취향은 투박한 예술을 부드럽게, 어려운 예술을 쉽게 바꾸었다.

유행에 뒤떨어지는 것에 불안감을 느낀 미들브로우의 심리는 현대의 아방가르드를 따라잡으려고 애썼다. 로우브로우 잡지는 잭슨 폴락의 드립 페인팅drip painting을 단순히 무시하거나 혹은 풍자했다. 반대로 〈라이프〉지의 유명한 1949년 폴락의 프로필은 하이브로우 취향을 열망한다. 폴락은 "빛나는 미국 예술

의 새로운 현상"이며 아마도 "이번 세기에서 가장 위대한 미국
화가"가 될 수도 있다. 그러나 그의 작품이 왜 그토록 중요한지
설명하려는 시도는 없었다. 작품의 가치는 현금 지불 조건으로
평가되고(한 작품의 가격은 1피트당 100달러), 결과는 무시된다. 비
평가의 칭송에 반대하면 보통 사람으로 선포되었다. "뉴욕 스
프링스 빌리지에 사는 이웃 주민들도 그를 지지하며, 그의 작품
이 무엇을 그린 건지 알아내려는 시도를 즐기고 있다. 단골 식
료품 주인이 작품을 한 점 구입했는데, 그는 이 그림을 보고 어
리둥절해하는 외판원에게 시베리아의 조감도라고 말하기도 한
다."〈라이프〉는 독자들이 "저게 뭐야, 우리 애도 저런 건 그리
겠다"라고 말하는 동안, 자신들의 장담(그가 위대한 작가일 수도
있다는)을 엄호했다.

이와 같은 이유들 때문에 많은 지식인들이 로우브로우 아
트는 위험하지만 진짜 적은 미들브로우라고 단정지었다. 1952
년 〈파르티잔 리뷰〉 심포지움에서 그 위협을 정의했다. "미국
미들브로우 아트가 10년간 더욱 강력하게 성장했다고 생각하
는가? 미들브로우 경향이 진지한 글쓰기를 고수하는 것과 무슨
관계가 있는가? 이는 위협인가 혹은 고무인가?" 로우브로우 문
화가 하이 아트를 무시한다면, 미들브로우는 하이 아트를 배반
한다.

대중문화를 로우브로우와 미들브로우의 공동 전선으로 인
식하는 것에는 명백한 문제가 있다. 이전 시대의 위대한 대중
예술은 어떻게 할 것인가? 디킨스, 포, 톨스토이, 트웨인을 비롯
하여 현재 하이 아티스트로 간주되는, 대중을 위한 글을 쓴 많
은 이들. 우리 시대에 널리 사랑받는 연극이나 회화 혹은 소설

이 좋거나 훌륭한 것이 될 수 없도록 막는 것은 무엇인가? 오든 Auden이 밝힌 것처럼, 나쁜 신념이라는 문제가 있다. "대중이라는 단어가 사용될 때는 언제든, 우리는 그 단어를 '방심한 상태의 나'라고 읽어야 한다."

할리우드, 최악의 로우와 미들

대중문화의 핵심에 할리우드 영화가 있다. T. S. 엘리어트는 일찍이 "값싸고 재빨리 번식하는 영화의 잠식"을 맹렬히 비난했지만, 1940년대에 이르자 어떤 미국인도 영화를 무시할 수 없게 되었다.

영화는 어디에나 있었다. 전시에 할리우드의 제작편수가 감소했음에도 불구하고 많은 극장들은 2편의 장편영화를 상영했고, 1주일에 2, 3회 상영작을 바꿨다. 흥행작은 극장들을 돌아다니며 재상영되었다. 전쟁을 거치며 활기가 생긴 도시에서는 극장이 24시간 운영되기도 했다. 이제 사람들에게는 쓸 수 있는 돈이 많아졌고, 관객수는 증가했다. 텔레비전이 보급되기 이전, 대략 8천5백만에서 9천만 명, 미국 전체 인구의 약 60%가 매주 극장에 갔다. 오늘날 인구는 훨씬 늘었지만, 매주 극장을 찾는 관객의 숫자는 약 2천5백만 명이다.

매스 미디어는 시너지를 만들고, 새로운 단계의 재활용 방식을 찾았다. 소설(하드커버로 출판된 다음, 페이퍼백으로 재출판되었다)이 영화(협찬을 통해 잡지에 홍보되었다)를 거쳐 라디오 프로그램이 될 수 있었다. 스타 숭배가 만연해졌고, 인기 있는 배우들은 광고판과 잡지 광고에 꾸준히 등장했다. 〈바람과 함께 사라지다Gone with the Wind〉 이후, 〈성의The Robe〉, 〈포에버 엠버Forever Amber〉
와 같은 베스트셀러들이 영화화되리라는 광적인 기대가 퍼졌
다. 제작자들은 출판 전에 책의 판권을 구매했고, 스튜디오는
영화로 만들 수 있는 도서와 공연을 주문했다.

가난한 지식인들은 무엇을 할 수 있었을까? 1920년대 평
론가 길버트 셀데스Gilbert Seldes는 슬랩스틱이 민중 예술과 유사-
아방가르드의 조합이며 상류층의 취향에 도전한다고 주장했
다. 그러나 그것은 할리우드가 금융 자본을 기반으로 공장처럼
영화를 찍으면서 공식대로 이야기를 쏟아 내기 이전이었다. D.
W. 그리피스, 찰리 채플린, 에리히 폰 슈트로하임—영화에 대한
모든 지적 관심의 기준—이후에, 스튜디오 생산품에는 거의 그
런 작품이 없었다. 훌륭한 해외 작품들 중 독일에서는 단연 〈칼
리가리 박사의 밀실The Cabinet of Dr. Caligari〉가 돋보였고, 소비에트의
걸작들 중에는 무엇보다 〈전함 포템킨Potemkin〉이 눈에 띄었다.
그러나 나치즘과 스탈린주의는 창의적인 자극을 밟아 뭉갰다.
드와이트 맥도날드는 소비에트의 유성 영화가 최소한 할리우
드만큼 해로운 키치적 형태라며 맹렬히 비난했다.

미국의 지식인들은 당대의 영화에서 칭찬할 것을 찾느라
애를 먹었다. 몇몇은 할리우드 영화를 미국인의 캐릭터 혹은 로
맨스와 부의 축적에 대한 지속적인 신화의 반영으로 연구했다.
대안으로 영화는 사회적 불안을 보여 줄 수도 있었다. 새로운
대중에 대한 글을 썼던 어느 열정 넘치는 평론가는 〈캣 피플The
Cat People〉(1942)에서 심오한 상징을 발견했다. "영화에 등장하는
검은 괴물은 세계 위기에 대한 잠복된 공포를 의인화한 것이다."
몇몇 예외는 있었지만, 스튜디오의 생산품은 예술로 수용되지 않

았다. 로우브로우가 아닌 것은 전적으로 미들에 속한 것이 되었다.(〈윌슨Wilson〉, 〈도버 백악절벽The White Cliffs of Dover〉, 〈미니버 부인Mrs. Miniver〉, 〈우리 생애 최고의 해The Best Years of Our Lives〉)

　종전 이후, 앙드레 바쟁을 위시한 프랑스 평론가들은 할리우드 유성 영화의 미학을 탐색하기 시작했지만, 미국 평자들은 그렇게 추상적으로 생각하지 않았다. 퍼거슨, 에이지, 파버, 타일러는 더욱 실용적인 방법으로 그들 시대의 창의성을 탐사했다. 그리피스부터 무성 영화의 작가들을 거쳐 초기 유성 영화 시대의 르네 클레르에 이르는, 영화 예술의 표준적 진화론에 대한 믿음을 공유했다. 그러나 그들은 노스텔지어에 사로잡히는 대신 당대의 영화에 신속하게 반응했다.

　그들은 기민한 측면 전략으로, 당대의 대대적 논쟁과 차별화를 꾀했다. 그들은 대체로 정치적 충성 선언을 피했다. 알프레드 케이진Alfred Kazin은 퍼거슨이 "모든 혁명적 지식인들을 불가능한 것을 꿈꾸는 이상주의자, 몽상가로 비웃었다"고 회상했다. 에이지는 한때 자신이 "공감과 신념에 의한" 공산주의자라고 선언했지만, 곧장 소비에트 프로파간다의 노동자 우상숭배를 공격했다. 기록에 의하면 파버는 1930년대 공산당에 입당하려고 했으나, 기회가 될 때마다 아프리카계 미국 시민의 곤경을 대한 글을 쓴 것을 제외하면 지면 논쟁에 참여하지 않았다. 타일러는 주기적으로 할리우드의 사회적 책임에 대해 신랄한 비판을 퍼부었지만 비동맹을 유지했던 것으로 보인다. 그는 〈존 도우를 찾아서Meet John Doe〉에 대한 글에서 "현재 전 지구적 차원에서, 미국 민주주의는 일자리를 얻고, 4년마다 대통령 선거에 참여할 이론적인 권리가 되었다."라고 썼다.

퍼거슨, 에이지, 파버는 좌파 자유주의 출판물에 기고했지만, 그들은 종종 반동적이라고 간주되는 영화를 지지했다. 퍼거슨은 싸구려 영화일지라도 "매우 진실된 부분very true in parts"이 있을 수 있고, "이 시대의 위대한 사회적 기록the Great Social Document of the age"이 "1분의 충격도 없을 수 있다"고 주장했다. 조국 수호를 위해 미국과 소비에트의 연대가 절정이던 시기, 파버는 러시아 전쟁영화 〈더 레인보우The Rainbow〉(1941)가 벌거벗은 잔인성의 영화라고 비판했다. 또한 그는 극렬한 편견에도 불구하고, 〈국가의 탄생The Birth of a Nation〉이 역사상 가장 훌륭한 영화라고 선언했다.

마찬가지로 4명의 평론가 모두 대중문화에 대한 논쟁을 교묘하게 처리했다. 미들브로우 아트에 대해 젠체하는 여담은 여기저기서(파버는 이후 에이지가 미들브로우 비평가라고 비난했다) 찾을 수 있으며, 에이지와 타일러는 몇몇 할리우드 영화를 민중예술로 칭했다. 그러나 근본적으로 그들은 해당 분야에서 싸우지 않았다. 에이지는 〈빅 슬립The Big Sleep〉과 같은 스릴러에 대한 사회과학자들의 비판론을 두고 "거드름priggishness"이라며 강도 높은 반론을 펼쳤다. 그는 이런 영화들이 분명 사회의 '반영mirror'일 수 있다고 인정했지만, 사회적 징후로서의 미국 영화에 대한 맹렬한 비난은 이런 영화들이 "상대적으로 지적이며, 최소한 세상의 어떤 것들에 대해서는 정확하고, 더구나 재미있다"라는 사실을 놓쳤다.

지그프리트 크라카우어 박사Dr. Siegfried Kracauer 혹은 바바라 데밍에 의해 이뤄진 바 있는 가장 신중한 차원의 이런 분석은, 대부분 미심쩍긴 하지만, 흥미롭고 가치 있다는 사실을 나는 알고 있다. 하지만 나에게 그 영화의 해(1947)에 일어난 가장 사악한 것이 바로 그런 종류의 분석이었다.

그는 이처럼 황폐한 문화적 진단이 "여성 단체들 및 더 역겨운 부류의 교회 압력 단체들"에 의해 악용되는 것을 걱정했다. 퍼거슨, 파버, 타일러도 동의했을 것이다.

총체적으로 관리되는 사회의 문화

현재 상황에서 대중문화의 무자비한 확장을 막는 것이 불가능하다면, 우리가 할 수 있는 일은 그 세력을 분산시키고 거부하는 것이다.

— 필립 라브Philip Rahv, 1952

대체로 네 명의 평론가들은 미국 영화에 존재하는 예술적인 차원을 드러내는 가장 좋은 수단은 정확하고 긴급하며 가끔은 자극적인 글을 통해 각각의 사례를 제시하는 것이라고 생각했던 것 같다. 그들은 감정가였고, 영화들을 작품의 수준에 따라 구분하고 차별했다. 그리고 그들은 세부 요소에서 신 혹은 악마를 찾아냈다. 이 같은 방어선을 구축하면서, 가장 지적으로 문화 산업을 공격하는 비평가인 독일 망명자 테오도어 아도르노Theodor W. Adorno의 비난을 각오해야 했다.

아도르노는 현대에 진정한 예술은 쉬운 수용easy reception과는 반대로 예술 자신을 제시해야 한다고 믿었다. 전통적으로 예술작품은 총체성을 지향했지만, 자본주의의 승리는 고전 예술

이 추구하는 조화를 불가능하게 만들었다. 가장 위대한 작품조
차 경합하는 사회적 영향력의 흔적을 드러낸다.(베토벤에 대한 아
도르노의 글 제목은 「소외된 걸작: 장엄 미사곡Alienated Masterpiece: The Missa
Solemnis」이다.) 20세기에 이르자 진정한 예술가가 표현할 수 있는
유일한 것은 조화에 도달하는 것이 불가능하다는 사실뿐이었
다. 예술의 가치는 "맹렬히 정체성을 추구하지만 필연적으로 실
패하는 경우에 드러나는 어긋남discrepancy이라는 특성"에 있다. 예
술 작품 내부에서 발생하는 형식의 불화는 자본주의적 요구에
대한 화해의 거부를 드러낸다. 쇤베르크Schoenberg의 무조atonal 음
악, 카프카의 소설 같은 몇몇 모더니스트들의 예술이 이런 거부
를 달성했지만, 수많은 아방가르드 음악, 회화, 문학조차 고도
자본주의 아래에서 겪게 되는 삶의 위기에 대해 형식과 질감을
통해 증언하는 데 실패했다.

아도르노와 막스 호르크하이머가 『계몽의 변증법』에 명시
한 바에 따르면, 문화 산업은 권위주의적 합리성의 궁극적 표현
이 되었다. 할리우드, 브로드웨이가 그런 것처럼 회사가 상품을
생산하면, 틴 팬 앨리Tin Pan Alley(역주-19세기에서 20세기 초까지 미
국 대중음악을 장악한 뉴욕시 음악 출판업자와 작곡가 집단을 이르는 총
칭)에서 모조 도판synthetic artworks을 쏟아 낸다. 대중 예술의 매끄러
운 표면은, 과거의 위대한 예술가들이 추구한 통일성의 그로테
스크한 패러디이다. 모조품 속에 형식과 내용이 순응주의적 방
식으로 조화를 이루고 있으며 모든 것이 쉬운 선택에 맞춰져 있
다. 음악은 "청취자에게 귀를 기울인다." 말 그대로, 엔터테인먼
트 산업은 가치 있는 예술을 창조할 수 없다.

문화 산업 이론을 너무 거칠게 요약했지만, 그중 두 가지는

우리의 영화 비평가들과 밀접한 관련이 있다. 아도르노는 대중 예술 작품은 전체가 아니라 부분에 집중한다고 주장한다. 고전 예술가들은 각 부분에서 명확한 통일성을 찾기 위해서 고심했지만 대중문화는 포괄적인 포맷(3막의 연극, 정형화된 영화 플롯, 팝송)을 장르화해, 분리된 순간들 속에서 오직 강력한 효과만 유발하는 게 일반적이다. 반전의 플롯이나 갑작스런 코드 변화는 짧은 효과를 거둔다. 그러나 정해진 패턴 안에 자신을 끼워 넣음으로써, 그 보잘것없는 충격은 조립된 포맷의 타당성을 입증할 뿐이다.

하지만 확실히 이 상품들 사이에도 중요한 차이가 있지 않을까? 어떤 두 개의 팝송이나 멜로드라마 영화도 동일하지 않으며, 이따금 새로운 스타일도 등장한다. 이것이 두 번째 핵심이다. 아도르노는 우리가 감지하는 차이가 가짜라고 주장한다. 대중문화의 개별 생산품은 "유사-차별화된다pseudo-individualized"는 것이다.

먼저, 혁신이 있다 해도 매우 제한적이다. 아도르노는 재즈가 자신만의 화성과 운율의 도식schemes에 국한되어 있다고 썼다. 게다가 혁신조차 표준화된 형식을 확인하는 경향이 있다. "새로운 효과를 생산해야 한다는 지속적인 필요성(그마저도 오래된 패턴에 순응해야 한다)은 단순히 관습의 권력을 증가시키는 또 다른 규칙에 불과하다. 아도르노는 재즈에서 "잘못된wrong" 음이 새로운 디테일로 이내 받아들여지지만, 청중의 귀는 즉시 그것을 바로잡는다고 주장한다. 영화의 경우 "기존 용법에 대한 모든 위반에도 불구하고 오손 웰즈가 용서받을 수 있었던 것은, 계산된 무례함이 오히려 시스템의 타당성을 입증했기 때문이다."

출구는 없다. 자동차 혹은 아침 식사용 시리얼이 경쟁 관계에서 사소한 차이를 내세우는 것처럼, 노래들과 이야기들도 마찬가지다. 형식은 정형이고, 새로움은 사소하며 순간에 그친다. 모든 일탈도 결국 표준에 순응한다. 우리의 네 평론가들은 영화와 영화 사이를 날카롭게 구분하고, 씬 혹은 디테일에 집중하는 것으로, 대중문화의 덫에 빠졌다.

오늘날, 이런 입장이 유머 감각 없다고 말하거나(진정한 예술에는 익살이 없다), 엘리트주의(나만 빼고 전부 잘 속는 사람sucker이다)라 부르는 것, 대중문화에 대해서 호의적으로 쓰는 이들이 옳다고 주장하는 것은 쉬운 일이다. 더 피플the People의 세상. 그러나 이것은 라벨링일 뿐이다. 만약 아도르노와 호르크하이머의 진단이 정확하다면?

아마 이 같은 문화산업 비판론에 대한 논쟁은 그들의 용어로는 불가능할 것이다. 그들은 너무 많은 출구를 연다. 풍부한 형식을 갖고 있는 것으로 보이는 영화를 지목하면 회의론자는 말할 것이다. "그게 복잡하다고? 오래되고 똑같은 것의 변종에 불과하다." 어떤 장면의 뛰어난 세부 사항을 지목하면, 유사차별화pseudodifferentiation라는 말이 돌아올 것이다. 만약 정당한 예술에 대한 당신의 적절한 예가 〈율리시스Ulysses〉와 쇤베르크Schoenberg의 〈기대Erwartung〉라면, 〈고양이 협주곡Rhapsody Rabbit〉은 고사하고 〈그의 연인 프라이데이His Girl Friday〉도 기대에 부합하지 않을 것이다.

내 견해로는 역사적이고 개념적인 어려움을 지목하는 것이 더 생산적이다. 예를 들자면, 아도르노와 호르크하이머는 중공업 모델과 대중 생산의 모델을 너무 서둘러 일반화했다. 문화

"산업industry"이 노동 분업과 계급 통제를 이용하는 건 사실이다. 그러나 이것이 현대 자본주의만의 특징이 아니라는 사실은 이전 시대 예술가들의 아틀리에에서 볼 수 있다. 티치아노Titian, 후대의 브뤼헐Brueghel, 램브란트Rembrandt를 비롯한 화가들은 캔버스의 특정 부분을 담당할 전문가를 고용하여 감독했다. 이 같은 작업장은 영화 제작소의 원형으로, 스튜디오로 불렸다.

나아가 영화제작은 고출력high-output 공장처럼 표준화될 수 없다. 할리우드를 '조립 라인assembly line' 시스템이라고 생각하는 것은 실수다. 어떤 영화도 리버 루지River Rouge 공장에서 생산되는 두 대의 포드만큼 서로 닮지 않았다. 할리우드는 생산에 있어 공예 방식을 이용하므로, 결과에 이르기까지 각 스태프들이 뭔가 특별한 것을 더하게 되며 그래서 '생산품product'은 각각의 기여가 중복되고 교차된 복잡한 혼합물이다. 마르크스는 이런 생산방식을 "순열 제조serial manufacture"라고 불렀다. 융통성 없는 표준화 대신, 시스템에 차별화differentiation가 내제되어 있으며, 그 차이점들은 중앙 명령을 따라 전부 계획된 것이 아니다.

가치 있는 예술에 대한 아도르노와 호르크하이머의 기준이 얼마나 엄격한지 깨닫는 순간, 또 다른 어려움에 봉착한다. 1954년 아도르노는 이렇게 말했다. "하나의 이야기를 말한다는 건 특별한 무엇인가를 말하겠다는 것을 의미하며, 그것은 관리되는 세계administered world에 의해, 표준화와 영원한 동일성에 의해 금지된 것이다." 그러면 새로운 진짜 이야기는 불가능한가? 우리 대부분은 우리 경험을 그토록 극단적으로 한정시킬 준비가 되어 있지 않다.

보다 이론적으로, 현대의 예술 작품이 반드시 독특해야 하고, 오직 미로처럼 복잡한 변증법적 방법으로 전통과 관련되어야 한다는 아도르노의 주장은 내게 타당해 보이지 않는다. 그의 주장은 개별 예술 작품은 절대 환원 불가능할 만큼 유일무이해야 한다는 베네데토 크로체Benedetto Croce의 시각에 가깝다. 반대로 나는 예술 작품이 좋건 나쁘건, 고전이건 아방가르드건 규범, 스타일, 장르, 그리고 다른 전통에 상당한 빚을 지고 있다고 주장한다. 조이스, 피카소, 울프, 콘래드Conrad, 스트라빈스키, 쇤베르크와 같은 예술가들이 당대의 상황이란 토대 위에서 "다음 단계로 이행했음"을 인정한다 해도 모더니즘의 혁신에서 훼손되는 건 없다. 근본적인 변화는 어느 지점에서 유사차별화로 변질되는가?

그리고 오손 웰즈에게는 할리우드가 "그의 모든 위반을 용서했다"는 아도르노의 말이 새로운 소식이었을 것이다.

대중 예술 비평을 향하여

요즘 근처 극장에서 몸을 녹이고 싶거나 혹은 밥벌이로 영화 리뷰를 해야만 한다면, 어떤 영화든 장점을 찾을 수 있을 것이다.

— 매니 파버, 1946

나의 평론가들이 아도르노 혹은 호르크하이머를 읽었을까? 『계몽의 변증법』은 1972년까지 영어로 번역되지 않았지만, 프랑크푸르트 학파의 아이디어는 그들의 환경 속에 유통되었다. (1941년 대중 음악에 대한 아도르노의 에세이는 맥도날드의 「'대중문

화'의 이론Theory of 'Popular Culture'」에 영향을 미쳤다.) 어쨌든 나의 평론
가들은 대중적 소재popular material 속으로 자의식을 품고 뛰어드는
것으로 대중문화 논쟁에 선수를 쳤는데, 이는 지식인들이라면
거의 하지 않을 일이었다. 그 결과는 프랑크푸르트 학파 평자
들에게는 찾아보기 어려운, 대중 예술 내부의 뉘앙스에 대한 민
감함이다.

　　이런 순간에는 소재material로 돌진한 것이 특히 중요했다.
1940년대 비평은 유례 없이 기술적인 것이 되었다. 나는 문화
산업의 생산품을 면밀히 분석하는 데 곤란을 겪는 아도르노 혹
은 호르크하이머의 글을 찾지 못했다. 말러Mahler 혹은 베르크Berg
에 대한 글에서, 아도르노는 다소 구체적이지만, 단순한 지르박
선율jitterbug tune을 해부하지 않는다. 비평가라기보다는 "사회 철
학자"답게, 그는 면밀한 관찰이 배제된 포괄적인 비판을 수행
한다. 재즈에 대한 아도르노의 모호한 웅변과 유일하게 비교할
수 있는 것은 퍼거슨이 1930년대에 쓴 글이다. 퍼거슨은 빅스
바이더벡Bix Beiderbecke에 대해 묘사하는데, 기법에 대한 지식이 드
러나지만 과시하지 않으며, 다른 음악가들과 비교 분석하면서,
재즈의 전통과 새로움을 포착한다.

　　그는 내내 편안하게 연주했으며, 억지로 짜내거나 속이거나 약
　음mute tricks을 쓰지 않았다. 불확실한 어택을 가리기 위한 글리
　산도glissando 주법을 쓰지 않았고, 혹은 부정확한 피치를 얼버무
　리는 비브라토를 사용하지도 않았다. 그 모든 건 음악 안에 있
　었다. 그 음악의 선명한 라인line이야말로 호기심을 자극한다.
　주지하다시피, 거의 완전히 즉흥적이며, 단순한 테마에서 시작

하지만 도약하여 색다르며 예상할 수 없는 멜로디 라인에 도달하고, 즉흥적이고도 개인적인—거의 새로운 선율이지만 여전히 원래의 그림자를 간직한, 코드 시퀀스chord sequence에 정박한다. 확실히 서정의 창조나 화성에 대한 완벽한 본능이 없다면 밤마다 합주는 고사하고, 1분도 버틸 수 없을 일이다.

아도르노가 세밀한 분석에 바탕한 비평을 거절한 것은 당시 미국 예술계에 일어났던 일련의 사건과는 대조적이다. 가장 두드러진 것은 문학 연구에 등장한 신비평New Criticism의 번영이었다. 1930년대 클린스 브룩스Cleanth Brooks, 로버트 펜 워렌Robert Penn Warren을 위시한 미국의 몇몇은 영국의 I. A. 리처즈I. A. Richards와 윌리엄 엠프슨William Empson으로부터 "자세히 읽기close reading"라는 개념을 받아들였다. 이 개념은 1938년 브룩스와 워렌의 교과서 『시의 이해Understanding Poetry』와 『소설의 이해Understanding Fiction』(1943)를 통해 미국 도처의 대학으로 확산되었다. 문학의 역사, 작가 및 시대에 대한 연구 대신 독립된 작품으로서 한 편의 시나 스토리를 면밀하게 검토하는 것이 주된 작업이 되었다. 랜달 자렐Randall Jarrell은 자신의 시대를 "비평의 시대an age of criticism"라 칭하면서, 기술적 분석technical analysis에 대한 이런 충동이 시인과 평론가 양쪽의 에너지를 약화시킨다고 불평했지만, 문학 이해의 핵심적인 방법이 되었다.

비주얼 아트 비평가들은 화가의 전략에 대해 새로운 분석을 개발하고 있었다. 얼 로란Erle Loran의 『세잔의 구성Cezanne's Composition』(1943)의 경우, 색과 면의 뒤죽박죽으로 보일 수도 있는 작품 속에 내재된 광범위한 디자인 원리를 밝혀냈다. 매주 리뷰 작업을 통해, 클레멘트 그린버그, 해럴드 로젠버그Harold Rosenberg, 마이어 샤피로Meyer Schapiro를 비롯한 몇몇 이들은 색깔 및 물감 처리법의 세부 사항을 탐색했다. 예술 평론가로 활동했던 파버는 페르낭 레제Léger의 구도, 그리고 사탕 상자처럼 알록달록한 샤갈Chagall의 팔레트 해부에 적극적으로 임했다.

철저한 분석에 오래 익숙했던 음악학은 고전 작품과 현대 작품 양쪽에서 패턴화patterning의 새로운 층위를 찾아냈다. 수십 년 된 하인리히 쉔커Heinrich Schenker의 형식주의가 연구의 토대를 제공했다. 음렬주의serialism에서 그러하듯, 복잡한 구성 절차를 받아들인 다양한 음악적 아방가르드의 번성은 어느 때보다 훨씬 더 형식 연구에 집중할 것을 요구했다. 아도르노와 한스 아이슬러Hanns Eisler는 영화 사운드트랙의 키치 음악kitsch music을 맹렬히 비판했고, 음악학 연구가들은 〈버마 침공!Objective Burma!〉, 〈마사 아이버스의 위험한 사랑The Strange Love of Martha Ivers〉, 〈우리 생애 최고의 해The Best Years of Our Lives〉 등의 음악을 해부했다.

네 명의 비평가들은 그 같은 방식으로 영화 미시 분석을 수행하지 않았고, 사실 할 수도 없었다. 그러나 그들은 전례 없는 수준으로 미국 영화의 미세한 결 속으로 깊숙이 파고들었다. 예를 들어 에이지는 1942년 〈네이션〉에 연재를 시작하면서 "내 눈이 나에게 말하는 것에 대해선, 그것이 무엇이든 사과하지 않겠다feel no apology for whatever my eyes tell me"라고 선언했다. 다음은 〈시에라 마드레의 황금The Treasure of the Sierra Madre〉(1948)의 한 장면에 대해 그가 휴스턴 감독을 칭찬한 글이다.

보물을 강탈한 자는 강도들에게 살해된다: 사금 채취업자 3명

2.1 〈시에라 마드레의 황금The Treasure of the Sierra Madre〉(1948)

은 자신들이 쏘려 했던 남자를 확인하러 다가온다. 거친 남자
를 꿈꾸는 보가트는 바위에 한 발을 올리고, 마치 프레쉬-킬드
게임fresh-killed game인 듯 대수롭지 않은 얼굴로 시체를 보려 한다.
근본이 선량한 젊은이 팀 홀트는 그의 뒤로 다가와, 순진하고
아무것도 알지 못하는 얼굴로, 교회에 다니던 청년답게 경건하
게 손을 모으고 아래를 바라본다.
경험 많은 노인 월터 휴스턴은 두 사람 뒤로 조용히 다가가, 의
사가 환자를 진찰하듯 전문가의 태도로 시체를 향해 몸을 기울
이고, 서류를 찾기 위해 조심스럽게 샅샅이 뒤진다.

면밀한 관찰 덕에 에이지는 이 영화가 대사 없이 프레이밍
과 신체 행동만으로 인물을 묘사하는 소설적 힘이 있다고 주장

할 수 있었는데, 달리 말하면 퍼거슨이 미국 스튜디오 영화에서 발견한 "깔끔하고clean, 직접적인direct" 표현을 의미한다. 그 간결함은 에이지의 스타일에서 다시 반복되며, 형용사와 담백한 메타포로 특징적인 세부사항을 드러낸다. 하나의 문구 "교회에 다니던 소년"으로 한 남자의 인생사를 그려낸다.

신비평이 통사론과 은유의 뉘앙스를 포착하여 시에 대한 일반화에 제동을 걸었던 것처럼, 퍼거슨, 에이지, 파버, 타일러는 간접적인 방법으로 대중문화 비판자들에게 대답을 제공했다. 그들은 관찰의 정밀함과 수사학에 대한 한없는 열의를 통해, 대중 오락을 뒤덮은 비난이 활력과 창의력의 영역, 표현 형식과 정서적 힘을 향한 성향을 놓치고 있다는 사실을 드러냈다. 그런 성취는 때로 고급 예술의 정전에도 부합했지만 때론 그렇지 않았다. 이 비평가들은 당시 할리우드 유성영화에 고유한 미학의 일반적 윤곽을 추적했다.

모든 지식인들이 문화산업을 비난한 것은 아니었다. 예술사학자 에르빈 파노프스키Erwin Panofsky는 영화가 민중 예술의 진정한 사례라고 주장했다. 시카고 대학의 모티머 아들러Mortimer Adler는 영화에 대한 아리스토텔레스 식의 해석을 통해 "파인 아트 작품as a work of fine art"으로 정의하고, 거의 7백 페이지에 걸쳐 "영화의 테크닉은 해설자들의 날카로운 비평보다 훨씬 더 뛰어나다"고 주장했다.

사회과학 분야에선 데이비드 리스먼David Riesman이 현대의 대중문화는 다양한 레벨을 수용하고 있으며, 각각의 기준과 미학적 야망이 있다고 설명했다. 그는 모든 레벨이 훌륭한 예술이 될 수 있다고 주장했다. 그뿐 아니라, 관객들은 종종 비평가들보다 작품의 질에 대해 더 잘 알고 있었다고 말했다. 팬덤과 취향 커뮤니티에 대한 오늘날의 학문적 연구를 예기하듯, 리스먼은 이렇게 주장했다.

> 다양한 일반대중들은 짐작처럼 그렇게 자주 조종당하지 않는다. 그들은 '이해'에 대한 거부로, 선택적 해석으로, 무관심으로 반격한다. 물론 순응도 있지만, 각 개인 및 집단이 어떻게 상품을 해석하고 의미를 부여하는지를 알지 못한다면 (많은 경우에 표준화는 꾸준히 감소하고 있다) 우리는 상품 그 자체의 표준화로부터는 그 순응성의 존재를 상정할 수 없다.

리스먼은 개인과 집단이 미디어 상품을 다양한 방식으로 사용한다고 주장한다. 개인의 또래 집단은 미디어 산업이 제공한 것에 반대되는 취향 구조를 세울 수도 있다. 아마추어든 비평가든 재즈 마니아라면 레코드 회사가 인정하지 않은 스타일과 장르를 알아차린다. 문학 아카데미즘의 고급 예술 기준을 은근히 비판하면서, 그는 팬과 비평가 사이의 "취향의 교환"이 "더 새로운 비평the Newer Criticism"을 성립시킨다고 주장한다. 인터넷에 대한 말이었을 수도 있다.

혹은 나의 네 작가들에 대한 이야기였을 수도 있다. 대중 예술에서 그들이 옹호할 수 있는 것을 찾아낸 퍼거슨, 에이지, 파버, 타일러에 대해 생각해 보면, 그들은 하나의 또래 집단으로 볼 수 있다. 그들은 상업 영화에 대한 비난에 맞서 각자의 개인사와 "취향 구조"의 시험에 착수했다. 그들이 고안해 낸

것은 그들의 글쓰기 스타일에 맞추어 예리하게 제련되고 각
자의 개성이 담긴, 더 새로운 비평Newer Criticism의 강력한 버전이
었다.

3 오티스 퍼거슨

카메라의 방법

나의 네 비평가들 중에서 퍼거슨이 오늘날 가장 덜 알려진 채로 남아 있다. 이례적으로 뛰어난 작가라서 안타깝다. 그는 헨리 루이스 멩켄H. L. Mencken과 같은 신랄함이 있었으나, 볼티모어의 현자Sage of Baltimore(역주-멩켄의 별명)의 지칠 정도로 수사적인 미사여구에 탐닉하지 않았다. 퍼거슨은 1930년대의 혼란을 목격했고, 링 라드너Ring Lardner, 어니스트 헤밍웨이, 거트루드 스타인의 교훈을 아는 세대의 간결하고 지적인 어법으로 글을 썼다. 재즈가 영화의 맥박을 바꾸었듯, 그의 산문에 영향을 미쳤다. 그가 리뷰를 시작할 무렵, 영화는 마침내 적확하게 말하는 방법을 터득했다.

결과는 놀라웠다. 그의 문체는 난폭한 속어에서 다정한 서정적 표현에 걸쳐 있었는데, 한쪽 극단이 파버를 예기했다면, 다른 쪽 극단은 에이지를 예기했다. 그러나 퍼거슨은 그들을 혼합해 새로운 문체를 만들었다.

(러시아 영화 〈브로큰 슈즈Broken Shoes〉의 제작자들은) 진실은 공식으로 만들어진 혼합물이 아님을 깨닫는 데 실패한다. 그건 살

짝 당의를 입혀 시장을 향해 산탄처럼 발사하는 것과 다르다. 오히려 진실은 빛의 자질quality of light이며, 질료에 내재되어 있을 때에만 효과가 있고, 그를 통해 자연스럽게 재생되는 것이다.

단 하나의 어구(시장으로 산탄처럼 발사하는fired into the market like buckshot)로, 밋밋함을 살짝 벗어나, 마무리의 일격에 진정성을 부여한다. 수준 높은 은유와 악담 사이를 오가는 일상 대화가 그러하듯, 퍼거슨은 경쾌하게 점프한다.

해리 캐리Harry Carey는 전례없이 훌륭하고 옳다. 그는 시골 의사로 출연해, 행여 내가 수술을 당장 허락하지 않으면, 이렇게 말할 것이다. "아가씨, 내가 모르는 건 당신이 소처럼 움직일 수 있느냐 하는 것이오."

그는 터무니없을 만큼 일관된 병치로 매끈하게 써냈다.

(〈립타이드Riptide〉에 관해 말하자면) 귀족은 그녀가 진실하다고 생각하고 처녀와 결혼하지만, 나중에는 그녀가 거짓이라고 생각한다(그녀는 여전히 똑같지만). 그러다 다시 그녀가 진실하다고 생각한다(이 시점에 그녀는 지루함을 견디지 못해 살짝 거짓을 저지른다). 그러다 그녀의 잘못을 발견한다(그녀는 거짓을 유지하지 못해, 이 시점에는 다시 진실했다). 그리고 결국 어쨌든 그녀는 그의 아내라는 사실을 깨닫는다(모든 사람이 진작 알고 있었던 사실이다)는 이야기. 이런 사실에 직면해, 허버트 마샬Herbert Marshall과 노마 시어러Norma Shearer는 무력해진다.

〈작은 여우들The Little Foxes〉의 무대 연극에서 탈룰라 뱅크헤드 Tallulah Bankhead에 대해 말할 때, 그는 짧은 풍자시를 보여 줄 수 있었다.

그녀가 무대를 장악해도 되는 대목에서도 그녀는 모리스 에반스Maurice Evans가 되려고 하지 말아야 한다. 그리고 마찬가지로, 내 생각에는, 모리스 에반스Maurice Evans도 그래선 안 된다.

내키면 그도 친절해질 수 있었다. 〈옐로우 잭Yellow Jack〉에 관한 글이다.

(로버트 몽고메리는) 으스댈 기회가 있고, 얼마간 단호해지며, 그래서 남자들 사이에서 야단법석 부리는 좋은 장면들이 있다. 나는 딱 그런 해병대 하사관을 알았다. 망할 인간.

어디를 봐야 하는지 안다면, 똑같은 2시간 동안 도서관에서 더 많은 정보를 얻고, 더 작은 즐거움을 얻을 수 있을 것이다. 자 이제, 도서관에서 닥터 리드Dr. Reed의 자료를 뒤지느라 2시간을 보낸 사람들은 오른손을 들어 보자. 다들 알 것이다.

문법은 대부분 정확하지만, 그렇지 않을 때도 있다.

(〈스파이Espionage Agent〉는) 역시 확실한 태도를 취해야만 한다. 그리고 의회가 무언가에 대해서 무언가를 해야 한다는 요구가 목

구멍까지 차오른다. 나는 그게 아무 소용이 없을까 봐 두렵다. 그리고 우리가 훨씬 더 많은 일을 당할까 봐 두렵다. 그리고 그 것으로 더 나빠지지 않을까 봐 두렵다.

그가 사용하는 "그리고and"들은 보다시피 덫이다. 훌륭한 퍼레이드 대형으로 이끌다가, 갑자기 철사로 만든 덫에 막히게 된다.

샐쭉하게 있거나 웃는 것만 허락된 상태에서(그리고 감독은 마음에 드는 것을 골랐다), 그녀는 배울 수 없고 오직 거기 있을 뿐인 온갖 감정과 존재감을 방사선처럼 내뿜는 온전한 하나의 스타일을 구현했다. 그리고 지금 나는 진저 로저스Ginger Rogers에 대해서 무척 멍해지고 있는 느낌이다.

이따금 쉼표가 역할을 하기도 한다.

잭 티가든Jack Teagarden(혹은 잭슨Jackson, 미스터 잭Mister Jack, T. 빌 게이트T. Bill Gate 등등)은 재즈 컬렉션에서 최고의 인물 중의 하나이며, 그에 대해 더 이야기하겠다.

그리고 가시 돋친 비방을 할 수 있다.

(《어떤 휴가Holiday》가) 허울만 그럴듯해 보일수록, 나는, 통증이 올 때까지, 캐서린Katharine이 헵번Hepburn인 것에 분개했다. 그리고 높낮이 없는 그녀의 금속성 목소리가 바늘처럼 당신의 머

릿속을 휘젓는 지점까지 그녀를 몰고 가는 스튜어트와 부크맨Stewart-Buchman(역주-〈어떤 휴가〉의 시나리오 작가)의 대본에 분개했다.

전국에 배포되는 지식인 주간지에 처음으로 장기간 기고한 영화평론가로서 퍼거슨은 경쟁자들 즉, 가엾은 단기 계약직 필진들과 건성으로 기사를 쓰는 다른 기자들보다 넓은 공간에서 마음껏 도발을 펼쳤다. 그는 그들에 대한 무시를 숨기지 않았다. 그는 자신이 최고라는 것을 알았다. 내내 그는 소년 같은 허세를 유지했다. 그는 일하는 남자들을 보여 주는 영화를 칭찬했고, 거친(그러나 부드러운) 남자답게 글을 써야 한다고 결심한 것처럼 보였다. (에이지와 파버에게 "강인함Virility"은 최고의 찬사가 되었을 것이다.) 퍼거슨은 영화 리뷰가 "여성과 요정women and fairies"을 위한 것이라는 〈뉴요커New Yorker〉의 편집자 해럴드 로즈Harold Ross의 주장이 틀렸다는 것을 입증하려 작심한 것 같았다.

퍼거슨은 알곤킨 라운드 테이블Algonquin Round Table(역주-알곤킨 지식인들의 토론)의 허약한 언사들과는 무관하게, 진심, 열정, 신중함, 냉소적인 유머를 담아 대중 예술에 대해 이야기할 수 있는 길을 보여 주었다. 불과 몇 년 만에 그는 미국 영화비평을 변화시켰다. 그의 유산은 간단한 선으로 말해질 수 있다. 퍼거슨이 없었다면 아마 에이지도 없었을 것이고, 분명 파버도 없었을 것이다. 에이지와 파버가 없다면 폴린 케일이나 앤드류 새리스도 없었을 것이다. 케일과 새리스가 없었다면 현대 영화비평도 없었을 것이다. 아마도 최악은, 퍼거슨이 없었다면 퍼거슨도 없었을 것이라는 점이다.

스윙 타임

퍼거슨은 1907년에 태어나 매사추세츠 농장에서 자랐다. 고등학교를 관두고 해군에 입대했다가 집으로 돌아와 학업을 마쳤다. 클라크 대학교Clark University 재학 시절, 〈뉴 리퍼블릭〉이 후원하는 학생 작문상을 받았다. 1933년 졸업 이후, 이 잡지사에 취직했는데 그에 의하면 다용도 직원utility player이었다. 책, 연극, 영화 및 재즈 공연자들에 대해 정기적으로 리뷰를 작성했다. 그가 쓴 첫 번째 영화 리뷰는 1934년에 등장했다. 그는 예술면의 세련된 통치자였던 말콤 카울리Malcolm Cowley의 보조 편집자로 일했다.

퍼거슨은 해군상선Merchant Marine에 입대한 1942년까지 〈뉴 리퍼블릭〉에서 일했다. 1943년 지중해에서 전사했는데, 무선 유도포탄이 선박에 떨어졌을 때 그는 선내 식당에서 혼자 커피를 마시고 있었다. 그가 사망한 시기를 전후해 매니 파버는 그를 대신해 〈뉴 리퍼블릭〉의 영화평론가가 되었고, 제임스 에이지는 〈네이션〉과 〈타임〉에 영화에 관한 글을 기고하기 시작했다.

1916년 진보 잡지를 표방하며 창간된 〈뉴 리퍼블릭〉은 스탈린주의 옹호자들 및 카울리Cowley 같은 좌파 작가들을 수용했지만, 온건파와 루즈벨트 민주당원들도 있었다. 퍼거슨은 이런 정치적 논쟁에 가연재를 추가했다. 바로 그의 성격이었다.

입을 열기만 하면 그는 싸울 기세처럼 보였다. 4년간 선원 생활을 했고, 일하면서 대학을 졸업한 자신은 갖은 고생을 한 거친 사람이라고 내세웠다. 그가 클라크 대학교 3학년 시절에 작성했던 사투리투성이 기사(사실 좋지 않았다)를 〈뉴 리퍼블릭〉

에서 선택하지 않았다면, 그는 아마 대공황 시대에 볼링장의 우울한 핀보이로 남았을 것이다.

반지식인적 지식인anti-intellectual intellectual이었던 그는 피츠제랄드와 에드먼드 윌슨Edmund Wilsons이 사립 고등학교를 졸업한 뒤 쉽게 아이비리그에 진학하고, 곧장 맨해튼 출판사에 입성하자 분노로 끓어올랐다. 그래서 그는 장난과 외설적인 잡담으로 회사 분위기를 어지럽혔다. 그는 위스키를 병째 마시며 글을 썼다. 취향이라고 할 것도 없는 옷을 걸쳤는데, 케이진은 까만 셔츠에 노란 넥타이를 매고 밝은 초록색 스포츠 자켓을 입은 채 유니온 스퀘어를 성큼성큼 걷던 그를 기억하고 있다. 케이진은 친구였지만, 그의 찬미자는 아니었고, "호기심과 거의 농담에 가까운 조롱" 때문에 퍼거슨을 보헤미안으로 의심했다.

그의 분노는 의도적인 것일 수도 있다. 징집되어 회사를 떠나야 할 무렵, 그는 성난 얼굴로 돌아보았고, 다른 평론가들의 이름을 들먹이며 비난했고, 진지한 영화 비평의 부재를 한탄했다. 그는 진주만 공격 이후, 새로운 시대를 위해 달짝지근한 전쟁 곡조를 다시 꺼내 든 작곡가들과 밴드 편곡자들을 힐난했다. "사람은 먹고살아야 한다. 하지만 이 술주정뱅이들과 너덜너덜한 애국심은, 단언하건대 더러운 방법으로 먹고사는 것이다." 사기를 진작시킬 필요성이라고들 하지만, 그가 본 건 오직 "안락의자에 앉아 훈족Hun을 증오하고 평생 본 적 없는 돈을 쉽게 버느라 시간을 보내는 작자들의 사기"일 뿐이다. 퍼거슨이 마르크스주의를 외면했을지 모르지만, 그에게는 교외 중산층들의 안락한 삶을 지켜보는 지붕수리공의 원초적인 분노 같은 것이 있었다.

글만이 아니었다. 개인적으로도 그는 공격적이고 냉소적이었다. "달콤한" 복음god-word의 평론가도 가혹하게 약자를 괴롭힐 수 있었다. 그의 대화 패러다임은 논쟁인 것처럼 보였다. "만약 그에게 '흰색'라고 말하면, 그는 '검은색'이라고 말했다. '천재genius'라고 말하는 실수라도 하면, 그는 당장 '가짜phony'라고 받아쳤다."고 카울리는 회고했다. 전쟁을 혐오하긴 했지만, 그는 끔찍할 정도로 호전적이었다. 단순한 의견 충돌도 고성의 싸움으로 번질 수 있었다. 〈뉴 리퍼블릭〉의 한 직원은 그가 "이마에 핏줄을 세우고, 모욕적인 언사를 내뱉았다"고 회고했다.

하급자들에게 분노를 터뜨리는 많은 이들이 그러하듯, 그는 예상하지 못했던 친절을 베풀기도 했다. 그의 타계 이후 두 젊은이의 추모사가 잡지에 실렸는데, 그들은 퍼거슨의 격려를 받은 적 있는 작가와 초보 재즈연주자였다. 그의 힐난을 받았던 직원조차, 한 번은 그가 그녀의 병실에서 음료수를 만들고 '엄마처럼 손과 발이 되어 준' 적이 있었다고 밝혔다. 그녀가 덧붙였다. "그러면 세상 누구보다도 그를 좋아한다는 사실을 깨닫게 된다."

아마 〈뉴 리퍼블릭〉 동료들은 그가 회사의 활기를 불어넣었기 때문에 그를 용서했을 것이다. 케이진은 말한다.

그는 쉬지 않는 재즈 연주자처럼 뛰어오르고 움찔거렸으며, 복도에서 마주치기라도 하면 어떤 곡의 리듬에 따라 나도 그와 함께 무릎, 손, 팔을 흔드는 것 같은 기분이 들었다. 그의 마음은 끊임없이 춤추고, 달리고, 움직이고, 요동치는 것처럼 보였다.

퍼거슨의 과민한 행동을 재즈의 탓으로 생각한 것은 케이
진뿐만이 아니었다. 이 음악은 그에게 정신적 고양(또 다른 복
음another god-word)이자 간신히 조절되는 솟구치는 활력에서 어떻
게 아름다움이 탄생하는지를 보여 주는 예였다. 베니 굿맨Benny
Goodman 밴드의 피아니스트였던 제스 스테이시Jess Stacy는 퍼거슨
을 술친구이자 강박적인 사람으로 기억했다. "오티스는 빅밴드
에서 피아노가 얼마나 중요한지 깨달았다. 그래서 우리 연주를
들으러 오면 일부러 연주대의 피아노 아래 앉는 바람에 베니에
게는 아주 성가신 존재였지만 우리는 즐거웠다."

퍼거슨의 음악 비평의 중심에는 스윙이 있다. 라디오와 레
코드가 팝 뮤직에서 빅밴드 재즈를 지배적인 형식으로 만들었
고, 영화가 그러하듯 많은 사람들의 인생에서 중심이 되었다.
퍼거슨은 새로운 밴드가 딕시랜드Dixieland와 블루스의 기본적 속
성인 "이지 라이드 퀄리티easy-ride quality"를 발전시켰고, 그를 통해
서 더 풍부하고 조화로운 구조를 끌어냈다고 믿었다. 퍼거슨이
가장 사랑한 바이더백Beiderbecke과 티가든Teagarden이 그랬던 것처럼
스윙의 춤추게 만드는 리듬과 깔끔한 형식의 프레임워크는 여
전히 독주자가 비상할 여지를 제공했다.

퍼거슨은 연주자들과 어울려 술집을 전전하고, 굿맨 밴드
와 함께 여행하기도 했다. 그는 클럽을 방문했고, 어떻게 음악
이 청중을 사로잡는지 글을 통해 포착하려고 애썼다.

테디 힐Teddy Hill의 멤버들이 브라스 연주로 대표곡 "크리스토퍼
콜럼버스Christopher Columbus"의 라스트 코러스 스윙을 시작하고,

리드 섹션이 잦아들면, 댄서들은 춤추는 것을 잊고 스탠드 주
위에 겹겹이 몰려들어, 오직 그들의 뼈와 근육에 시간을 새기기
위해, 그들의 자리를 뒤로 한 채 서서, 그들 사이로 음악이 물처
럼 흐르게 내버려둔다. 사람을 쓰러지게 만드는 초대(왈츠 따위
는 꺼져). 바닥은 흔들리고, 공간은 발전실이 되어 연기가 파도
처럼 흐르다 율동하고, 뛰쳐나가고 사라진다. 한마디로 유희라
는 것. 그것은 청각 장애인도 들을 수 있는 음악이다.

퍼거슨은 주로 백인 밴드와 음악가들에 대한 글을 썼지만,
편견 탓은 아니었다. 퍼거슨은 루이 암스트롱, 듀크 엘링턴Duke
Ellington, 플레처 핸더슨Fletcher Henderson을 숭배했으며, 그가 쓴 최고
의 에세이 기사 중 하나는 할렘 클럽Harlem club에서 지샌 밤에 대
한 것이다. 그러나 대공황 시대 흑인 클럽에 대한 차별 및 감
소로 인해 흑인 음악 공연을 들을 수 있는 기회는 줄어들었다.
〈뉴 리퍼블릭〉에 근무했던 마지막 해에는 재즈 레코드 수집을
위한 초보자용 가이드를 출판했다. 그는 "뉴 올리언스의 미시
시피에서 등장한 것 같은 날것the raw stuff as it came up the Mississippi from New
Orleans"으로 옮겨 가기 전에 빙 크로스비Bing Crosby, 베니 굿맨, 레
드 노보Red Norvo에서 시작할 것을 권한다. 목록의 상단은 암스트
롱이 차지하고 있다. "그의 음반으로 창고 바닥을 뒤덮을 수 있
을 것이며, 대부분 듣기 좋을 것이다." 그러나 그의 추천 목록은
번갈아가며 솔로 연주를 보여 주는 뛰어난 연주자들로 구성된
밴드에 대한 여전한 애정을 보여 준다.
　　퍼거슨은 재즈에 관한 책자 두 권을 기획했지만, 둘 다 끝
내지 못했다. 직접 작성한 재즈 에세이 모음집을 계획했으나 출

판사와 사이가 틀어졌고, 다른 업체를 찾으려 노력하지도 않
았다. 퍼거슨의 글쓰기 행태와 즉흥성을 중요시하는 변화무쌍
한 재즈 연주자 사이에는 매우 흥미로운 유사성이 있다. 에이지
와 파버가 그러했듯이 그는 작품을 끝내기 위해 데드라인이 필
요했다. 밤새 글을 쓰고 사무실로 달려가 식자공 옆에서 마지
막으로 고쳐 썼다. 아마 그것이 퍼거슨 식의 즉흥연주였을 것이
다. 작품은 결코 완성되지 않으며, 언제나 새로운 반전new twist과
꾸밈음grace note에 열려 있다.

우둔함의 위안을 옹호하며

우리는 영화 비평에서 강요된 것이라 해도 활기를 기대한
다. 리뷰는 평론가의 유년시절 혹은 신작 개봉에 맞춘 첫 극장
방문에 대한 기억으로 시작할 수도 있고, 먹이사슬의 꼭대기에
있는 평자라면 존경받는 감독과의 첫 만남에 관한 이야기로 시
작할 수도 있다. 굳이 자전적인 것이 아니더라도, 우리는 평론
가들이 독특한 방법으로 재잘거리고, 신속하고 "정열적"이기를
기대한다. 그리고 리뷰는 반드시 풍부한 1인칭 시점을 포함하
고 있어야 한다.

퍼거슨이 등장했을 때, 뉴욕 예술 저널리즘은 딱히 대화적
이지conversational 않았다. 예술, 문학, 연극에 대한 고급 리뷰를 쓰
는 이들은, 자신을 매우 신중하게 표현하는 재미없고 세련된 코
스모폴리탄이었다. 행여 흥분할 만한 것이 있더라도, 리뷰어는
침착함을 유지했다. 비난과 칭찬은 사려 깊게 배분되었고, 품위
있는 거리감을 원칙으로 삼았다. 가끔 '나'라는 단어가 등장하

기도 했지만, '우리는', '우리를', '우리의'처럼 적당히 애매한 표현이 독자와 작가 사이의 거리를 클럽의 안락의자처럼 편하게 만들었다.

예를 들어 〈뉴 리퍼블릭〉의 예술면은 스타크 영Stark Young의 안식처였다. 그는 수십 년간 뉴욕에서 가장 존경받는 연극 평론가였다. 지금으로서는 그 이유를 알 수가 없다. 그의 지면을 채웠던 수다스럽고 진부한 글은 마치 오트밀처럼 희멀겋고 덩어리가 많다.

> 마크 블리츠스타인 씨가 만든 오페라 〈요람은 흔들릴 거야The Cradle Will Rock〉의 전체적인 진행은 관객에게 신선하게 다가가며, 지금 공연 중인 극장을 지나칠 고루한 사람에겐 따분할 것이다. 그것은 자랑스럽고 벅찬 것이며 재능의 현현, 격렬함, 기회 포착, 선명한 주장을 믿게 만든다. 작곡가가 피아노를 연주한다…. 오페라는 씬에서 씬으로 이어지고, 삽화적인 사건과 시각적 드라마들이 선명하게 드러난다. 위대한 재능이 녹아 있는 작품이다. 당신은 결코 고개를 끄덕이지도, 결코 다른 생각에 빠지지도, 결코 불신하지도 않을 것이다.

당신이 잠들지 않았다면, 위의 글이 지독히 따분하다는 사실에 동의할 것이다. 이처럼 비슷한 어조의 졸리는 중얼거림으로 리뷰들이 점철되어 있던 터라, 색다른 목소리에 독자들이 매혹된 것은 놀랄 일이 아니다. 영Young이 블리츠스타인Blitzstein에 대해 비평한 날, 퍼거슨이 쓴 글은 다음과 같다.

1938년 유력한 신기록 후보는 워너 브라더스가 훌륭한 뮤지컬
을 만들었다는 사실이다. "할리우드 호텔Hollywood Hotel"이 그것이
다. 당신이 믿든 안 믿든, 이 영화에는 루엘라 파슨즈Louella Parsons
와 딕 파월Dick Powell이 출연하며, 할리우드에서 성공하는 여가수
에 대한 뻔한 스토리다. 그러나 신선하고 때로 매혹적이며, 코
미디가 강조된 뮤지컬 코미디다.
심판이 최소 7까지는 셀 만한 순간이 여러 번 등장한다.

퍼거슨은 책에서 영을 친숙하게 언급했지만, 양립할 수 없
는 입장은 숨기지 않았다. 퍼거슨이 〈뉴 리퍼블릭〉에서 일을 시
작했을 때, 그는 26세였고, 영은 52세였다. 영은 남부 지식인들
의 보수적인 그룹인 농업단체the Agrarian circle 소속이었는데, 옛 남
부를 장식했던 빛나는 귀족주의적 유산으로 소작과 린치에 대
한 비판에 맞서고자 했다. 퍼거슨은 이들에게 악령 같은 존재로
불리는 멘켄Mencken과 운명을 함께했다. 나이와 경력의 차이에
도 불구하고, 나는 영과 퍼거슨의 대결이 그들의 스타일에 의
해 정해졌다고 생각한다. 당신이 예술 저널리즘을 배우려는 열
망이 가득하다고 상상해 보자. 지금 당신은 영 교수의 서두를
훑어 본다.

아이러니의 터치가 없는 상태로, "타임 앤드 더 콘웨이즈Time and
the Conways"에 관한 글을 쓰면서, 내 스스로 내가 어디 있는지 확
신이 부족해 부끄러움의 터치를 느꼈다는 사실을 고백해야겠다.

한 번으로 충분할 '터치'라는 단어가 두 번 등장하는 바람

에, 우리는 두 번째 터치가 얼마나 정확한지 고민하게 된다. 그와 대조적으로, 퍼거슨은 괴팍한 반전에도 불구하고 판을 가로질러 정점에 도달한다.

데이비드 셀즈닉David O. Selznick의 색색 캔디 버전인 〈톰 소여의 모험〉은 무덤 속에 누워 있는 마크 트웨인을 어망에 갇힌 송어처럼 맴돌게 만들었을 것이다. 그 늙은 소년은 감상주의자였지만, 또한 흑과 백의 캐릭터 브로마이드에 경도됐지만.

누구 책상에서 기다리겠는가?

퍼거슨이 등장하기 전에, 영은 몇몇 영화에 대해 논평했고 그들 중 예술로서 가치가 있는 건 없다고 선언했다. 그는 어떤 영화도 인간의 의미를 다루는 진지한 작품으로 보지 않았다. 그러나 영은 〈타잔Tarzan of the Apes〉을 재미있게 보았다며 "나를 달래주는 우둔한 어떤 것에 빠지는 게 좋다I like to relapse into something like a soothing imbecility."라고 밝혔다.

영과 같은 연극계 호사가들은 마땅히 부끄러워해야 하지만, 영화 전문가로 알려진 이들 역시 제대로 한 일이 없었다. 퍼거슨은 1942년 「비평가들의 경우The Case of the Critics」를 통해서, 그가 작업을 시작한 이래 영화 저널리즘에 거의 어떤 발전도 없다는 사실에 불만을 토로했다. 성마른 성질이 폭발한 그는 동료들을 우월감에 젖은 인간, 아마추어라고 몰아붙였다.

분명 지나친 말이었다. 그가 목표로 삼은 것은 경쟁사의 평론가였던 리차드 와츠 주니어Richard Watts Jr.였다. 〈네이션〉의 윌리엄 트로이William Troy에 관해서라면 퍼거슨이 그를 비웃는 이유를 어렵지 않게 알 수 있다. 그는 일리노이의 오크 파크^{Oak Park}에서 성장했고, 예일과 콜롬비아를 졸업하고 명문대에 임용되어 스타 교수가 되었다. 트로이는 퍼거슨이 분개하는 대상의 총화를 의미했다. 그러나 트로이의 학문적 태도는 〈엠^M〉의 비극적 함의와 〈더 파워 앤 더 글로리^{The Power and the Glory}〉의 "나라타주^{narratage}"의 독창성을 인정하게 만들었다. 트로이는 할리우드를 경멸하지 않았으며, 그에게 할당된 짧은 칼럼을 통해 관객의 이해를 도울 수 있는 핵심 내용을 쓰기도 했다. 그는 퍼거슨이 아니었지만, 바보도 아니었다.

부당한 점도 있었지만, 당시 퍼거슨의 한탄은 세 가지의 타당한 불만으로 요약된다. 첫 번째, 모든 작가 및 플랫폼이 표준 평론가 영어^{Standard Critic English}를 채택했다는 것이다. 영의 글만큼 멍청하지는 않더라도, 여전히 밋밋하고 "공손하고 따분하며 정보가 부족한" 것이었다. 퍼거슨은 자신이 가진 언어의 힘을 통해 이런 분위기를 흔들려고 8년 이상 노력했다.

두 번째, 영화에 대한 비평가들의 개인적인 관점이 없었다. 훌륭한 비평가는 견해뿐만 아니라 아이디어들과 정보를 거래한다. 영화의 가장 위대한 성취에 대해 생각함으로써 평론가는 유성 영화의 예술에 대한 보편적이고 고유한 개념들에 도달하게 될 것이다. 그와 같은 개념이 퍼거슨에게는 풍부했다.

세 번째, 「비평가들의 경우」 집필 전에 퍼거슨은 할리우드에 다녀왔다. 스윙 밴드에 결코 뒤지지 않는 영화 현장의 깔끔하고 정밀한 팀 워크를 본 이후 그는 테크닉의 실행이 어떻게 표현력 넘치는 효과를 창조하는지 생각하게 된 것 같다. 그의 1942년 비평은, 개별 예술 형식의 고유한 테크닉에 관심 없는 비평가는 쓸모없다고 공격한다. "만약 (한 영화평론가가) 영화가 어떻게, 왜 만들어지는지에 대해 최소의 인식이 있다면, 그는 아마도 다른 일을 할 것이다."

이 움직임 그리고 이 삶의 공기

〈뉴 리퍼블릭〉에 기고했지만, 사회적 책무를 중시하는 좌파 영화들은 퍼거슨의 성향이 아니었다. 그는 소비에트의 몇몇 프롤레타리아 찬가를 옹호하긴 했지만, 아마 편의의 문제와 관련 있을 것이다. 그가 러시아 영화를 주로 상영하는 극장 너머의 아파트에 살았기 때문이다. 하지만 퍼거슨은 영화가 무엇보다 매력적인 엔터테인먼트라고 믿는 사람이었다.

"〈어느 벵골 창기병의 생애Lives of a Bengal Lancer〉가 시작되자마자, 이것이 나를 비탄에 빠지게 할 것임을 깨달았다. 첫 번째, 사회적 관점에서 볼 때 이것은 형편없기 때문이고, 두 번째, 늠름한 땀과 가죽sweat-and-leather의 영화인데, 난 그게 좋다." 왜 좋아하는 것인가? 이 작품은 영국 식민주의는 덜 보여 주는 반면, "일이 제대로 이뤄지도록, 부드럽게 굴러가도록, 모든 타인들과 원활하게 결합하는 과정의 거친 만족감"의 묘사를 통해 인간이 단결하는 과정은 더 보여 준다. 몇 년 후 그는 이 영화가 "정치적으로는 부정확하지만 예술적으로는 변함없이 뛰어나다"고 평했다. 그는 좌파들에게 "서구 제국주의의 창궐에 대한 10릴짜리 장편 영화를 요구하지 말고, 영화로 무엇을 할 수 있는지 주변을 살피라"고 요청했다.

사실 영화로 할 수 있는 일은 이미 이뤄졌다. 재능 있는 장인들은, 대중 예술 형식을 채택해, 독특한 규범unique discipline에 호응하는 내러티브 영화를 만들었다. 최고의 할리우드 영화는 영화가 소문자 자연주의lowercase naturalism와 바삭바삭하고crisp 효율적인 테크닉efficient technique에 전념하는 스토리텔링 매체라는 것을 보여 주었다.

퍼거슨이 늦게서야 〈풋라이트 퍼레이드Footlight Parade〉(1933)의 리뷰를 시작한 것이 아쉽다. 이 작품은 그가 감탄해 마지않았던 새로운 토키 스타일의 완벽한 사례였다. 오늘날 우리는 이 영화를 버스비 버클리Busby Berkeley 특유의 화려한 퍼포먼스로 펼쳐지는 종결부의 뮤지컬 넘버로 기억하는 편이다. '허니문 호텔Honeymoon Hotel', '폭포 곁에서By a Waterfall', '상하이 릴Shanghai Lil' 장면은 각각이 그들을 가둔 무대 공간을 노골적으로 무시한, 미니무비minimovie였다. 어쨌든 이 맛있는 아이스크림 위에는 통통한 체리가 세 개 놓여 있었다.

명연기showstoppers보다 먼저 눈에 띄는 것은 반전과 배신으로 채워진 뜨거운 플롯이다. 영화가 시작한 지 3분 만에 뮤지컬 프로듀서인 주인공 체스터 켄트Chester Kent는 실직한다. 6초 후, 그의 아내는 레노Reno 때문에 그를 떠난다. 1분이 지나면 그는 약국에서 새로운 사업 아이디어를 떠올린다. 토키 영화에 동원되는 짧은 프롤로그의 출연자들을 극장에서 극장으로 조달하는 것이다. 엔터테인먼트에 체인점 모델을 도입하는 것이 곤경을 헤쳐 나갈 그의 묘책이었고, 최저 임금을 받은 지 40초 만에 체스터는 엄청난 규모의 가수와 댄서들을 관리하고 있다. 그는 매일 새로운 아이디어를 짜내려고 노력하는데, 그 와중에 사기꾼 파트너, 그를 배신하는 조수, 체스터의 아이디어를 훔쳐서 경쟁사에 넘기려는 스파이, 추잡한 검열관, 극장계의 사나운 거물, 제작자의 아내, 직업 댄서를 꿈꾸는 비서, 비서에게 욕정을 품은 남자가수, 체스터를 사랑하는 여직원에게 퇴짜를 맞은 금채굴꾼, 이런 난장판에서는 일할 수 없다고 울부짖으며 입담배를 씹는 무용 감독을 상대한다.

초기 토키의 침울한 리듬 이후, 〈풋라이트 퍼레이드〉의 지칠 줄 모르는 탄력은 급류를 탄다. 비록 그 속도감은 무성영화 코미디를 연상시키지만, 무성 시절의 시각적 개그는 추적 장면의 일부로 스쳐 지나갔을 것이다. 이 영화에선 사무실과 리허설홀에서 쾅 닫히는 문, 호통치는 소리, 중단된 오디션과 함께 뜻밖의 반전과 복잡한 문제가 발생하면서, 〈특종 기사The Front Page〉와 또 다른 신문 영화를 연상시키는, 임박한 마감의 크레센도와 같은 것이 창조된다.

1930년대 중반까지 유럽 무성영화에서 순수한 예술가적 태도가 공허하고 무겁게 보였던 것은 놀라운 일이 아니다. 퍼거슨은 〈레닌을 위한 세 개의 노래Three Songs of Lenin〉의 리뷰에서 "순수 영화pure cinema"를 개탄한다. 베르토프의 영화에 대해 논의하는 대신, 그는 자신의 원고를 가상의 도시 교향곡으로 채우고, 황량한 거리가 잠을 깨어 빠른 편집의 연속장면들로 이행하는 과정을 이야기한다. "당신은 거대한 발전기 바퀴에, 모든 바퀴에, 모든 발전소에, 바퀴와 바퀴에 끼어든다. 만세, 몽타주." 무성 시대의 "선구적" 스타일은 가보트(역주-프랑스에서 유행하던 춤곡)만큼이나 퀴퀴한 시대착오적 관습이 되었다. 〈풋라이트 퍼레이드〉와 같은 스튜디오 작품이야말로 토키 영화의 새로운 미학을 창조했다.

〈풋라이트 퍼레이드〉가 개봉한 지 3개월이 지난 후, 퍼거슨
은 리뷰를 시작했고, 이내 무슨 일이 발생했다고 썼다.

지난 몇 년간 영화계 사람들이 배운 것이 하나 있다면, 그것은
몇몇 소재를 취하는 기예이며—어떤 소재든, 사운드일 수도,
쓰레기일 수도—최종적 결과물이 부드럽고, 민첩하며, 매끈해
보일 때까지 작업을 끝내는 기예이다… 처음 시작한 것이 누구
든, 할리우드는 지금 그 기예를 갖고 있다. 그리고 할리우드는
다른 언어로 말한다.

토키의 새로운 극작법dramaturgy 덕분에, 그는 이제 어떤 소설
이든 연극이든 새롭고 활기 넘치는 형태인 영화로 주조될 수 있
음을 깨달았다. 그러나 어떻게 이 새로운 언어를 이해할 수 있
었을까?
    그의 모든 시도들 중에서, 이것이 제일 손쉬웠지만, 부각될
필요가 있다.

영화의 진정한 기예는 적확한 이야기, 적확한 배우들, 적확한
제작을 기반으로 모든 것을 자연스럽게 다듬는 데 집중한다.
그런 뒤, 각각의 아이디어가 어떻게 실현될 것인지, 각각의 액
션이 어떻게 발생하도록 만들 것인지, 어떻게 컷하고 리버스 카
메라reverse-camera를 실행할 것인지, 어떻게 액션의 각 순간을 리메
이크하고, 나중에 마치 대양 속의 움직임처럼 하나의 라인 안으
로 배열할 것인지를 알아가는 것이다.

대부분의 경우, 퍼거슨은 할리우드가 콘티뉴이티contunuity라고 불렀던 것을 옹호했다. 1910년대 후반 이후, 인기 있는 영화적 스토리텔링은 에너지를 유연한 흐름에 쏟았다. 영화 대본이 하나의 콘티뉴이티라고 불렸다. 촬영장의 세부요소를 확인하는 여성이 콘티뉴이티 걸continuity girl이었다. 쇼트와 쇼트 사이에 소품, 조명, 포지션을 유지할 필요성이 콘티뉴이티로 불렸다. 그리고 콘티뉴이티 편집이 부드러운 매치 컷match-cuts 및 눈에 띄지 않는 각도 변화를 만들어 냈다. 스튜디오 스토리텔링은 하나부터 열까지 모두 콘티뉴이티였다.

"적확한 스토리right story"는 무엇인가? 선명한 라인line(그가 즐겨 사용한 단어다)을 유지하는 일관된 이야기다. 그 라인은 빠르게 전진하되 호들갑 떨거나 안달해서는 안 된다. 그는 콘티뉴이티가 "선택된 지점에서부터 불가피한 결말을 향해 전진하는 동안, 스토리에 누적되는 힘 혹은 갈등의 양상을 의미한다."라고 말했다. 이 포괄적인 모멘텀은 쉽게 획득할 수 있는 것이 아니다. 퍼거슨이 보기에는 〈시민 케인〉과 〈나의 계곡은 푸르렀다 How Green Was My Valley〉조차 너무 삽화적이었다.

새로운 스타일은 부분적으로 생동감의 템포, 지루함의 거부에 관련된 문제다. 〈풋라이트 퍼레이드〉의 몇몇 씬은 30초를 넘기지 않는다.

그러나 속도만으로는 충분하지 않다. 콘티뉴이티의 원칙은 씬과 씬 사이를 지배하는 일관성과 원만한 진행이다. 그래서 〈풋라이트 퍼레이드〉는 시작부터 위기를 설정한다. 초반 대화 씬에는 화면 밖에서 연습 중인 멜로디가 들린다. 이 멜로디는 결말에 이르면 최대 음량의 웅장한 곡들로 다시 들려온다. 영

화는 빠른 와이프wipes와 인과의 사정없는 속도감과 함께 전개
된다. 체스터의 아내는 그와 이혼하고, 그는 아스피린이 필요하
고, 그래서 싼 값에 아스피린을 파는 약국을 방문한다. 그리고
드디어 체인스토어의 쇼라는 무대가 탄생한다.

"적확한 배우들right actors은 누구인가?" 퍼거슨에게 할리우드
의 글라이드 패스glide-path(역주-어떤 목표에 도달하기 위해 정해져 있
거나 바람직한 경로)를 따르는 스토리텔링은, 행위와 외양에 대한
자연주의라고 부를 만한 것에 의지하는 것이었다. 이것은 졸라
와 프랭크 노리스Frank Norris의 자연주의 혹은 이탈리아 네오리얼
리스트 시네마Neorealist cinema의 자연주의가 아니다. 퍼거슨에게 자
연주의는 영화관 외부에 있는 사회적 삶과 일치하는 것이다. 할
리우드 영화는 극과 배우를 경유해, 타인과의 교환 속에서 인간
존재가 온전히 구현되는, 전형적인 행위를 우리에게 제공할 수
있다.

영화는 소설보다 더 훌륭하게 우리가 아는 세계를 소환할
수 있는데, 이는 "삶의 무언가를 여전히 기억하고, 삶을 고스란
히 살아가는 사람들에게 온전히 그것을 드러내는" 영화감독과
배우 덕분이다. 그런 점에서 퍼거슨은 〈톰, 딕, 해리Tom, Dick, and
Harry〉(1941)를 관객들의 흉내라는 지점에서 찬미했다. 이 영화를
보고 극장을 나선 커플은 영화의 내용대로 소다수 판매점에 들
렀다가, 다른 커플이 애무하고 있는 공터로 향한다. 몇몇 스타
들은 일상적 세계와의 유대를 지속했다. 에롤 플린Errol Flynn은 아
마도 "표현 수위가 의자 다리 정도about as expressive as the leg of a chair"이
다. 하지만 펫 오브라이언Pat O'Brien과 제임스 캐그니James Cagney 같
은 이들은 "어제의 일부였던 수많은 일상적 사례들 속에 침잠해

있는 까닭에 그들은 그 일부를 잊지 못해, 그것을 분칠하고, 그리고 매장한다."

퍼거슨은 자연주의의 많은 측면이 관습에 불과하다는 사실을 잘 알았다. "우리가 자연스러운 것으로 수용하는 것은 새로운 스타일에 의해 매번 달라진다." 하지만 그는 여전히 즉각적으로 식별될 수 있는 삶의 변함없는 질감이 있고 감독이 그것을 드라마틱한 플롯으로 직조할 수 있다고 생각했다. 랑 혹은 포드 혹은 마일스톤이 만든 영화는 일상적 노동, 캐릭터 변화, "활동하는 그리고 엉망진창인 그리고 야단법석인 삶"을 마음을 사로잡는 이야기로 포장했다.

> (〈검은 분노Black Fury〉의 광부들이) 노동하거나 혹은 오래 담소를 나누거나 혹은 술집에서 싸구려 술을 마시는 모습을 볼 때, 그들은 더 이상 당신에게 낯선 이들이 아니었다. (그들은) 원인과 결과, 환경과 희망이라는 스토리 패턴으로 솜씨 좋게 편입되어, 어떤 상징이나 외국인이 아니라, 당신이 알고 있는, 그리고 그들이 잘 되길 희망한 사람들이었다. 당신은 그들이 하는 일과 그들의 식사 메뉴, 그들의 뒷골목 및 남루한 쾌락을 알고 있다. 그리고 세상에서 가장 복잡하고 비싼 예술의 수단을 통해, 그에 대한 모든 것이 단순하고 정확하게 드러난다.

이런 자질을 의미하는 퍼거슨의 단어는 '정직honest'이다.

이것은 모두 팀워크의 산물이며, 한 씬에서 최고의 것들은 제작에 관여한 그 누구의 것일 수도 있다는 사실을 퍼거슨은 잘 알았다. 그럼에도 불구하고, 관객으로서 우리는 누구에게 감사해야 할지 모르고, 그래서 우리는 잘못이나 아름다움을 쉽게 감독의 몫으로 돌린다. 그리고 가끔 그것은 명백하기도 하다. 존 포드 덕분에, 〈상어 섬의 죄수The Prisoner of Shark Island 〉의 고단한 남자는 "모든 움직임, 모든 디테일의 강도와 속도에 대한 기민한 주의력"을 통해 생동감을 얻는다. 카프라와 히치콕, 와일러, 웰즈, 혹스와 랑. 퍼거슨은 이 감독들이 유성영화가 나아가야 할 바가 무엇인지 방향을 제시한 거장들로서 이후 세대의 존경을 받을 것이라고 생각했다.

퍼거슨이 가치를 두었던 유연하고 자연스러운 스토리텔링은 또 다른 자질에도 구현되는데, 그 자질은 선구적인 테이스트 메이커tastemaker(역주-유행을 만드는 사람) 길버트 셀데스에게도 그에게만큼 중요한 것이다. 영화는 움직여야 한다. 행위로 번역된 드라마가 고정된 대화 씬보다 더 가치 있다. 싸움이나 추격이 모든 장면에 나와야 한다는 것이 아니라, 씬은 스토리를 정확하게 이해한 노련한 배우의 육체적 행동의 흐름을 보여 줘야 한다는 것을 뜻한다. 〈풋라이트 퍼레이드〉로 돌아가면, 스파크를 일으킨 것은 체스터 켄트로 출연한 제임스 캐그니의 연기였다. 캐그니는 작은 포효, 손목을 비틀며 내리는 명령, 바짝 끌어올린 엉덩이, 경솔할 정도로 빠른 대사 리듬을 통해 씬을 진행시켰다. 그의 대화는 육체적인 대결이었다. 그는 파트너의 옷깃을 비틀고, 그의 후원자를 사무실로 떠밀고, 코러스 걸들을 헤집고, 엎드려서 배회하는 고양이 흉내를 내라고 안무 감독을 윽박질렀다. 이 야성적인 들개는 새로운 할리우드를 위해 만들어진 존재다.

멜로드라마, 뮤지컬, 갱스터 영화, 가벼운 코미디 혹은 슬

랩스틱을 막론하고, 궁극적인 표현은 크든 작든 모두 움직임에
의존했다. 퍼거슨에게 〈오페라의 밤A Night at the Opera〉에 등장하는
3등칸 씬은 한 극단에 해당한다.

그루초Groucho는 3등칸에 끼어 앉았다. 거대한 가방은 문만 닫
히면 당장 뛰쳐나올 두 형제와 테너 한 사람이 들어갈 수 있을
만큼 크다. 그리고 사람들이 더 들어오기 시작한다. 손 관리사,
객실 청소 여직원, 퇴역한 소령들, 쟁반을 든 남자 승무원, 엔지
니어의 조수, 그를 찾으러 온 엔지니어. 그들은 7열 정도 되고,
물리학의 법칙은 사방에서 무시당한다. 여전히 호스트인 그루
초는 시가를 문 채 빈정대며 왕 노릇을 하고, 다른 둘은 여전히
객실 청소 여직원들 무리에 있으며, 모든 것이 계속 쌓여, 벽은
거의 2등석까지 밀려간다. 이때 격노한 적 없었지만 협박 때문
에 화가 난 부유한 부인이 그루초와 밀회에 빠져 문 앞에 있는
정방형 공간에 도착하자 이내 문이 부서지고, 그들은 배를 가
로질러 쏜살같이 달아난다. 마치 블루베리 통처럼.

또 다른 극단은 〈작은 여우들The Little Foxes〉에 등장하는 장면
이다("이것 역시 사소하긴 하다").

허버트 마샬은 난간에 기대 자신의 나약한 분노를 드러낸다.
전선에서 집으로 돌아온 베티 데이비스는 문을 지나 아래층 공
간을 가로지르는 동안 장갑과 소지품에 정신이 팔려 무심히 걸
음을 옮긴다. 다섯, 여섯, 일곱 걸음(우리는 그가 거기 있다는 사
실을 안다. 우리는 기다린다), 그리고 한 걸음 더 나가서 정지. 이

3.1 〈작은 여우들The Little Foxes〉(1941)

씬의 드라마틱한 부분은 오케스트라의 합주처럼 고양되며, 우리 생각으로는, 이 혐오의 대상을 과민한 눈빛으로 바라보는 것은 바로 이 여인이다.

제작의 마지막 단계에 대하여, 퍼거슨은 편집자cutter가 움직임 각각을 "리메이크"하고 "선명한 라인으로into a clear line" 흘러가도록 한다고 쓴다. 1930년대에는 많은 이들이 편집이 영화적 창의성의 핵심이라는 생각을 고수했다. 퍼거슨의 편집 개념은 할리우드의 관행과 관련 있다. 편집은 액션을 창조하는 것이 아니라, 그에 우아한 형태를 부여한다. 편집은 세계를 정복하는 몽타주가 아니라 마지막 조율이다. 퍼거슨은 예를 들어 대화 장면에서 화자와 화자 사이, 대사와 대사 사이를 단순히 자르는 것(오늘날 너무 자주 행해지듯)은 세련되지 못하다고 쓴다. "감독이라면 이를 잘 쪼개, 대사를 말하는 얼굴보다 더 정확하게 대사에 대한 리액션을 강조함으로써 흥미를 유지해야 한다. 이것이 영화에 생명을 부여하는 것이다."

이러한 모든 역동적인 자질, 스토리, 퍼포먼스, 속도 및 편집은 씬에 즉각 나타나진 않았다. 퍼거슨은 토키의 첫해가 예술적 영화artistic cinema에 차질을 빚었다는 것을 인정했다. 하지만 대사가 이미지와 통합되고 감독들이 속도와 세부사항을 전체로 통합하는 방식을 파악하자 이내 거대한 변화가 발생했다.

앙드레 바쟁은 〈역마차Stagecoach〉의 1939년을 "고전적인" 스토리텔링의 결정화crystallization의 연도라고 말했다. 토착 코미디vernacular comedy에 애정을 품고 있었던 퍼거슨은 1934년을 전환점으로 지목하고 〈씽Sing〉, 〈라이크 잇Like It〉, 〈그림자 없는 남자The Thin Man〉, 〈20세기Twentieth Century〉, 〈즐거운 이혼The Gay Divorcee〉 그리고 무엇보다 〈어느 날 밤에 생긴 일It Happened One Night〉에 주목했다. 그 시점에 스토리와 스타일의 우아한 통합이 이루어졌다. "이 영화는 새롭고 원숙한 단계의 형식에 도달했다. 그 형식은 클라크 케이블이 등장하는 디졸브를 선명한 움직임의 안정된 라인으로 연결시키려 모든 효과를 담금질했다는 점에서 가장 탁월한 성취를 이룬 것이다."

1930년대 중반, 클래식 스튜디오 영화에 의해 시청각적 스토리텔링의 독특한 방법이 숙달되었다. 그 형식이야말로 무빙 픽쳐moving pictures라는 이름에 걸맞은 것이었다. 영화를 만드는 유일한 방법은 아니었지만(아방가르드와 무성영화 시대의 몽타주를 보라), 퍼거슨은 이것이 최고라고 확신했다. 이는 영화라는 매체와 사람들이 사는 방식 양쪽을 존중했다.

모든 것이 어떻게 만들어졌는지 알다

퍼거슨의 다듬기trim에 대한 관심과 성실한 작업은 할리우드의 내러티브에 적합한 접근 방식이었다. 그러나 그는 스튜디오의 깔끔한 스토리텔링에 대한 감탄을 넘어, 그것을 만든 방법에 대해 질문했다. 제임스 에이지는 경력을 시작하던 시점에 지나치게 너그러워지는 것을 경계하며, 영화 제작의 이면으로 가고 싶지 않다고 선언했다. "영화 제작의 복잡함을 깨닫게 되면 칭찬이나 비판에서 대부분의 비평가들보다 훨씬 더 조심스러워질 것이 명백하다." 반대로 퍼거슨은 영화 제작의 복잡함을 이해하면 더 관대해진다 해도, 예술적 기교에 대한 감상을 고양시킬 것이라고 생각했던 것 같다. 그는 진심으로 어떻게 영화가 만들어지는지 세세하게 알고 싶어 했다. 이런 충동은 그의 비평적 신조에 부합했다. "어떤 종류의 비평가든 그들이 다루는 것의 토대에 대해 잘 알지 못하는 경우가 많다." 재즈에 대해 글을 쓰면서 그는 비평가에게 두 가지 과제를 제시했다. (1) 아직 잘 알지 못하지만 어쩌면 배우게 될 이들에게 자신의 주제에 대한 지식과 감식법을 전파시킬 것. (2) 연주하는 이들을 격려하고, 그들에게 그것이 어떻게 "드러나는지"에 대해 최소의 편향과 최대의 이해로 알려주는 것.

그의 말은 이렇게 이어진다.

그리고 무엇이 이루어지고 있는가 그리고 어떻게 이루어지고 있는가에 대해 모든 것을 알려고 하는 것은 꾸준하고 겸손한 열정이 요구되는 중요한 작업이다. 그것은 연주자와 관객 모두에게 그 연주가 무언가 중요한 것을 의미한다고 설명할 수 있는 방법을 배우기 위한 한결같은 열정만큼 중요하다. 음악에 대해 배우기에 가장 좋은 이들은 진짜 음악가들이다. 그들의 작업을 묘사하는 논의에서 죽은 채로 발견되지 않을 사람들 말이다.

"무엇이 이루어지고 있는가, 그리고 어떻게 이루어지고 있는가에 대해 모든 것"을 안다는 것은 무엇을 의미하는가? 이 구절은 자신의 재즈 에세이에서 즐겁게 설명했던 일종의 내부자 기술을 연상시킨다. 같은 맥락에서 그는 영화평론가들이 일종의 장인적 지식을 얻기를 기대한다. 피아노 곁에 쪼그려 앉은 이 남자는 그가 사랑하는 것이 어떻게 작동하는지, 가능한 한 속속들이 알고 싶었다.

1941년 4월에서 6월까지—하필 그 무렵에—퍼거슨은 로스앤젤레스에 있었다. 카울리는 〈뉴 리퍼블릭〉 편집진의 내분으로 인해 그가 그곳으로 "추방되었다"고 말했으나, 퍼거슨의 해명은 좀 더 낙관적이었다. "할리우드에 볼 만한 게 있는지 확인하라고 신문사에서 나를 보냈다." 그는 프리츠 랑, 가슨 카닌 Garson Kanin(둘 다 그가 좋아하던 이들이다) 같은 이들을 인터뷰했으며, 할리우드의 계율에 대해 긴 에세이를 작성했다. 그는 배급의 힘과 돈에 좌지우지되는 영화계의 타락, 지난한 타협을 깨달았고, 그런 상황은 여전히 현재까지 이어지고 있다. "내가 그것을 만들었으니 나는 그들이 내게 이것을 주도록 만들 수 있다." 또한 그는 감독과 작가의 짝 맺기, 독립 영화의 성장, 감독에게 할당된 자유의 증가를 주목하며 미래에 대한 희망을 품기 시작했다.

그는 리뷰를 계속했다. 1941년은 할리우드의 황금기의 일부였고, 퍼거슨은 그가 관심을 가진 영화에 대해서만 글을 쓰는 사치를 누렸다. 할리우드로 가기 전에는 〈키티 포일Kitty Foyle〉(또 진저 로저스)을 비롯하여, 〈고 웨스트Go West〉, 〈하이 시에라High Sierra〉, 〈레이디 이브The Lady Eve〉, 〈존 도우를 찾아서Meet John Doe〉 같은 영화들이었다. LA에서 그는 〈페니 세러네이드Penny Serenade〉, 〈시민 케인Citizen Kane〉, 〈맨 헌트Man Hunt〉, 〈더 로드 투 잔지바르The Road to Zanzibar〉("몇 년간 본 영화 중에 제일 재미있었다, 몇 년간")를 보았다. 뉴욕으로 돌아온 이후 그는 할리우드에 관한 에세이에 더불어 〈나의 계곡은 푸르렀다How Green Was My Valley〉, 〈톰, 딕, 해리 Tom, Dick, and Harry〉(다시 진저 로저스의 출연작. "올해 최고의 영화")에 대한 리뷰로 그의 주간 칼럼을 채웠다. 〈작은 여우들The Little Foxes〉, 〈요크 상사Sergeant York〉, 〈말타의 매The Maltese Falcon〉, 〈네버 기브 어 서커 언 이븐 브레이크Never Give a Sucker an Even Break〉, 〈덤보Dumbo〉("끝없이 경이롭다") 등과 더불어. 1930년대 퍼거슨은 이미지에 주목했으며, 때로는 아주 구체적이었다. 그는 〈프라이빗 월드Private Worlds〉의 반주관적인 시퀀스에서 카메라가 어떻게 선회했는지 썼고, 〈두 도시 이야기A Tale of Two Cities〉의 씬에 대해서 대안적인 연출을 제안했다. 할리우드 체류는 그의 눈을 더욱 날카롭게 만들어 줬던 것 같다. 앞에서 살펴본 것처럼, 그는 〈작은 여우들〉에서 베티 데이비스가 걷는 방법에도 집중했고, 〈페니 세러네이드〉의 순수한 회화 같은 장면도 즐겼다.

3.2 〈페니 세러네이드Penny Serenade〉(1941)

아주 엄격한 의미에서 액션의 결핍을 지적할 수도 있겠지만, 당신은 이 대목의 모든 부분이 순전히 카메라—자주 간과되지만 이 오케스트라 전체에서 가장 뛰어나고 사랑스러운 악기—를 위한 내레이션으로 고안되어 있음을 알아차릴 것이다. 자주 그들은 씬 전체를 대사 없이 수행하며, 어떤 시점에서는 계단 아래, 그리고 난간 너머로, 그리고 화면 아래 1/3 부분만을 통해 이별의 분위기를 포착하도록 설정한다.

비주얼 스토리텔링에 대한 그의 예민함은, "깔끔하고 담백한 분위기를 유지한다"고 그가 평한 감독 조지 스티븐스에 대한 주목과 더불어, 〈시민 케인〉에 대한 가혹한 판결로 이어졌다. 그는 웰즈의 연기력, 음악, 몇몇 놀라운 쇼트와 씬을 비롯하여, "무모한 독립성the recklessness of its independence."을 좋아했다. 그는 영화를 사랑하는 이들에게 이 영화가 일관된 흥분을 안겨준다는 것에 동의했다. 그러나 또한 이 영화는 삽화적이고, 수다스러우며, 주제가 진부하고, 기술 과시적인 데다, 지나친 상징주의에 기대고 있고, 정서적으로 차갑다고 생각했다.

퍼거슨의 평가는 할리우드 미학에 대한 그의 인식과 부합하는 것이었다. 1930년대 전통은 대개 가볍고 빨랐다. 〈시민 케인〉은 어떤 순간에는 무겁고 어떤 순간에는 가속도가 붙는데, 다음 씬이 시작되면서 급작스런 전환이 이뤄지고 대사는 돌발적으로 중단되었다. 대화는 신속했지만, 신체 움직임은 거의 없었다. 대화가 지배했다. "케인은 묘사되고, 분석되고, 질문의 대상이 되며, 회고되고, 결국 실존으로 귀결되지만, 사실상 실존으로부터 빠져나온다." 훌륭한 1930년대 영화들은 부드럽게 흘러갔지만, 〈시민 케인〉은 플래시백과 특수 효과, 어두운 조명, 플로어 숏, 거울에 비친 복도 등으로 꽉 막힌 것처럼 보였다.

허세로 점철된 영화를 보면 퍼거슨은 그 책략을 명료하게 폭로했다. 고전적 스타일의 목적은, 10년 뒤 영화학자들이 말한 것처럼, "보이지 않게" 되는 것에 있다. 너무 자주 플래시flash가 등장하지 않는 명쾌한 이야기를 제시하는 것이다. 에른스트 루비치Ernst Lubitsch 영화가 그러하듯 카메라와 유희하는 순간들이 있을 수 있고, 혹은 근사한 몽타주 시퀀스도 있을 수 있다. 그러나 영화를 보며 카메라 혹은 편집을 떠오르게 만드는 것은 스토리텔링을 최우선으로 생각하는 스타일의 기본 전제를 위반하는 것이다. 퍼거슨의 관점에서 〈시민 케인〉은 정신적으로, 그

리고 이따금 물질적으로 소비에트 몽타주의 야단법석과 아방
가르드 필름으로의 회귀였다. 그에게 최고의 기술은 "단조로움
을 피하고 흥미를 지속시키며 하나에서 다른 것으로 쉽게 연결
하도록 하는 데 있으며, 환영의 장치가 언제나 그리고 필연적으
로 환영 그 자체의 자연스러운 등장 속에 숨겨져 있음"에 있다.
이탤릭체는 그의 강조이다.

카메라의 길

케인이 과시적 태도를 갖게 된 이유는 무엇일까? 퍼거슨은
명쾌하다. 웰즈는 충분한 그림을 만들지 않았다. 그는 정서적인
힘을 발휘하는 조화로운 기법을 연습하지 않았고, 그래서 스토
리 속에 관객을 몰입하게 만드는 대신 자신의 뻔뻔함에 감탄할
것을 요청했다. 그의 과시적 태도는 기교에 대한 요구를 외면하
며, 각각의 씬에서 명연기를 펼쳐 보이는 것으로 진짜 컨티뉴이
티라는 어려운 작업을 피해 나갔다.

그 작업이 얼마나 힘든 일인지, 퍼거슨은 LA에 머무는 동안
촬영 현장을 두 번 방문하고 깨달았다. 1930년대에 그는 현대
할리우드 영화 원리의 윤곽을 포착했다. 1940년대 초반이 되자
그는 주방에 들어가 요리 과정을 볼 수 있었다.

퍼거슨은 어떤 영역에서든 정직한 노동을 높게 평가했고,
그가 늘 기대했던 것을 할리우드에서 발견했다. 영화 제작 스태
프들은 일주일에 엿새, 9시부터 6시까지, 혹은 그 이상으로 열
심히 일했다. 여기에 더해진 것은 작업 규모였다. 그는 워너 브
라더스의 〈안개로부터Out of the Fog〉(당시에는 〈더 젠틀 피플The Gentle

People)로 불렸다)의 세트에서 다른 영화를 위해 제작된 실제 크기의 선박, 그 곁에 있는 어마어마한 규모의 탱크와 부두를 보았다. 또한 끝없이 움직이는 조명과 스태프들이 지지대를 이리저리 옮기고, 스위치를 켜고 끄고, 세트에 안개를 가득 채우기 위해 땀 흘리는 광경을 보았다. 그는 제임스 윙 하우James Wong Howe가 침착하게 앉아 "모든 그림자가 칠해지거나, 지워지거나, 그의 주문에 맞게 정확하게 옅어질 때까지" 지시하는 것을 지켜보았다.

토마스 밋첼Thomas Mitchell, 아이다 루피노Ida Lupino, 존 쿠알른John Qualen은 한 쇼트를 연습한 이후, 연기를 다시 하고 또 했다. 이것은 진정한 작업이었다. 몇 분 동안 화면 밖에 서서, 테이크를 망칠지도 모른다는 염려로 움직이지도 못하고 말하지도 못하는 상태로 이뤄지는 대기 상태는, 조명기를 설치하고 공기를 짙게 만들며 필름을 교체하는 소란스런 움직임만큼이나 몹시 지치는 일이었다. 한 쇼트가 끝나면 배우들의 위치를 표시하고 다음 장면의 준비가 시작되었다. 우리가 스크린으로 볼 때에는 이 같은 모든 노력에 대해 알 수 없다. 그러나 스윙 밴드의 연습을 참관하면서 감동했던 퍼거슨은 가장 짧은 쇼트조차 얼마나 "세밀화 화가 및 시계공들의 모든 기막힌 기술과 애정 어린 주의"를 필요로 하는지에 대해 감사해야 한다고 말했다.

퍼거슨의 두 번째 현장 방문은 〈작은 여우들〉의 세트였다. 앞서 언급한 구절에서, 그는 계단에서 허버트 마샬과 시선을 교환하는 베티 데이비스의 걸음걸이에 대해 경탄을 표한 바 있다. 퍼거슨은 감독 윌리엄 와일러에 대한 오마주를 이어간다.

그녀를 스크린의 중심에 놓고, 우리에게 경고를 보내 두 남녀의 충돌 지점까지 숫자를 세도록 만들고, 그리고 마침내 일곱, 여덟에서 충돌이 이뤄지는 과정을 창안한 건 바로 이 사람이다. 이 사람이 감독이다. 현장에서 그를 보면 이처럼 한 편의 영화 속에 있는 것이다.

1940년대 후반에 프랑스 비평가들에 의해서 유명해진 양극성polarity을 예기하면서 퍼거슨은 은근히 와일러의 신중함과 웰스의 쇼맨십을 비교한다. 그는 와일러의 작품에 대해 "카메라의 길은 어려운 길이다The Camera Way Is the Hard Way"라는 제목을 붙였는데, 이는 웰스에 대한 명백한 질책이었다. 그러나 현장 방문 동안 퍼거슨은 와일러를 지휘자impresario로만 생각하진 않는다. 그는 또 다른 견해를 갖게 된다.

그가 참관한 장면은 단순한 설명적 대목이다. 잔과 하인 에디가 아침을 먹으러 마차를 타고 도착하고, 잔의 숙모인 버디가 위층 창문에서 그들을 반갑게 맞는다. 잔은 그녀를 부르고 오늘밤 연주할 피아노곡에서 어려운 부분을 건너뛰어도 되는지 허락을 구한다. 버디는 잔의 부탁을 거절하고 이 소녀의 연습을 돕기 시작한다.

다시 한 번 퍼거슨은 연관 작업을 강조한다. 세트에서는 오전 내내 몇몇 앵글과 대사를 조정하고, 오후에는 씬 전체를 촬영한다. 크레인에 부착된 카메라 위치를 네 번 바꾸는 동안 배우들은 같은 연기를 거듭 반복한다. 쇼트들은 콘티뉴이티와 무관하게 촬영되고, 촬영 과정에 발견하지 못한 실수가 있는지 확인하기 위해 많은 테이크들을 인화한다. 이런 과정 내내, 조명

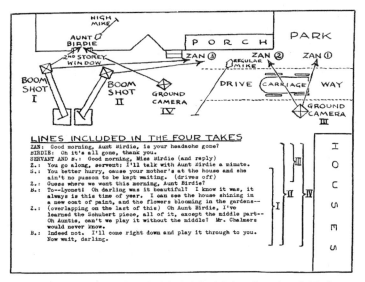

LINES INCLUDED IN THE FOUR TAKES

ZAN: Good morning, Aunt Birdie, is your headache gone?
BIRDIE: Oh it's all gone, thank you.
SERVANT AND B.: Good morning, Miss Birdie (and reply)
Z.: You go along, servent; I'll talk with Aunt Birdie a minute.
S.: You better hurry, cause your mother's at the house and she
      ain't no pusson to be kept waiting. (drives off)
Z.: Guess where we went this morning, Aunt Birdie?
B.: To--Lyonet! Oh darling was it beautiful? I know it was, it
      always is this time of year. I can see the house shining in
      a new coat of paint, and the flowers blooming in the gardens--
Z.: (overlapping on the last of this) Oh Aunt Birdie, I've
      learned the Schubert piece, all of it, except the middle part--
      Oh Auntie, can't we play it without the middle? Mr. Chalmers
      would never know.
B.: Indeed not. I'll come right down and play it through to you.
      Now wait, darling.

3.3 〈작은 여우들〉의 한 초반 씬에 대한 카메라 세팅의 도해. 오티스 퍼거슨의
「카메라의 길은 어려운 길이다The Camera Way Is the Hard Way」, National Board of
Review Magazine, 1941년 10월 5일

을 조정하고, 대사를 다른 톤으로 연기하며, 테이크의 숫자는
증가한다.

　〈안개로부터〉 기사에는 이런 설명에 무언가가 추가된다. 이
제 퍼거슨은 카메라가 다른 각도를 취하는 것을 보고, 최종 결
과물이 어떻게 편집될지를 상상한다. 이를 위해 그는 개괄적 도
해diagram를 제공한다. 그는 이것이 개략적이고 불완전하다고 인
정한다. 하지만 카메라 설정 및 그것이 포착한 액션을 논하면
서, 그는 클래식 영화의 스타일 선택의 특징에 대한 직관적이고
깊은 이해를 보여 준다.

　예컨대 오늘에는 이 설정 쇼트(그림 3.4의 셋업 Ⅲ과 유사하다)

가 OTS(어깨 너머) 프레이밍을 사용하는 고전적 방식에 의존한
다고 말할 수 있다. 퍼거슨은 목적에 더 큰 관심을 가진다. "첫
번째가 설정되었다. 관객들은 그곳이 어디인지, 누가 누구에게
말하는지 분명히 알아야 한다." 퍼거슨은 와일러가 어떻게 창
가에 있는 버디와 아래에 있는 잔 사이에서 이어지는 대화를 끊
을 것인지 상상한다(그림 3.5와 3.6의 셋업 IV과 셋업 I). 카메라 위
치는 우리를 두 사람 중간에 놓는다. 우리는 쇼트/리버스 쇼트
에서 버디를 올려다보고, 잔을 내려다본다. 이 일련의 쇼트들은
퍼거슨이 〈시민 케인〉이 무시했다고 주장한 것에 기대고 있다.
리액션을 위한 커팅. "세계를 효과적으로 구축하기 위한 첫 번
째 단계는 누군가에게 미치는 영향을 보여 주는 것이다. 그래서
편집실을 거쳐 우리는 잔이 이야기하는 대상인 버디, 버디의 말
을 듣는 잔을 본다." 이것은 분명 완성된 영화에서 일어나는 일
이다.

　　현재의 기준에서 퍼거슨은 영화 분석의 최초의 근사치를
제공할 뿐이다. 하지만 아마도 미국 영화비평에서 처음으로, 리
뷰어가 실제 제작과의 연관 속에서 씬을 쇼트 단위로 묘사하고
있는 것이다. 이 같은 작업을 통해 그는 영화 만들기에 수반되
는 치열한 노동뿐 아니라 우리가 스타일은 물론이고 제작의 제
반 작업을 알아차리지 못한다는 사실을 상기시킨다.

　　확실히, 모든 땀과 수없는 반복 작업의 핵심은 상식적인 콘
티뉴이티를 창조하는 것이다. 우리가 씬 속에 있었다면, 우리는
잔이 그랬던 것처럼 버디를 올려다보았을 것이고, 그리고 버디
의 위치에서 잔을 내려다보았을 것이다. 이 구절에서 명확하게
다시 반복된 할리우드의 오래된 격언 "스타일이 스토리를 산만

3.4 로우 앵글 설정 쇼트

3.5 버디의 로우 앵글

3.6 잔의 리버스 앵글

하게 만들면 안 된다Never let style distract from story"는 명제는 〈시민 케인〉의 과시적인 책략과는 대조를 이룬다.

이 산업은 반복, 변화, 반복, 변화를 거듭한다. 영화 속에서 당신은 그것을 볼 수 없지만, 그들은 그저 토끼뜀을 하는 게 아니다. 사실, 당신 눈에 그것이 보이지 않는 이유야말로 그것의 정당성이다. 당신은 카메라나 갖가지 효과를 의식하지 않으며, 최종 버전에서 불빛이 반짝이며 지나가면 당신이 의식하는 것은 오직 당신이 따라갈 스토리가 시작되었다는 것뿐이다. 오직 그것뿐!

오늘날 몇몇 사람들은 퍼거슨이 우리의 지각을 통제하는

할리우드를 옹호한다고 생각한다. 1960년대에서 1970년대까지, 영화학자들은 보이지 않는 스타일에 대해 의심을 키웠고, 특정한 이데올로기적 가치를 의식하지 못하는 사이에 자연스럽게 실현하는 방법으로 파악했다. 나는 그것이 적절하게 스타일화된 시스템이라고 생각한다. 전적으로 "자연스럽"지는 않지만, 회화의 원근법이 그러하듯 고전적 콘티뉴이티 촬영은 진짜 세상과 상호 작용하는 우리 일상 속의 어떤 규칙을 포착한다. 어쨌든 당신이 이 논쟁에 참여한다면, 할리우드의 작업에 대해 깊이 이해할 수 있는 방법을 알려줬다는 사실에 대해 퍼거슨에게 감사해야 한다.

30대 중반의 나이에 퍼거슨이 타계한 것은 미국 영화 문화에 큰 손실이다. 비평가이자 시민으로서 그는 마지막 해에, 어떻게 영화가 그가 수년간 감탄해 온 자질을 창조했는지에 대해, 몇 안 되는 이들이 시도했던 정밀한 해설을 시작했다. 흐름과 연루, 콘티뉴이티와 단일성, 자연스러운 스토리텔링을 위한 세부 요소들의 통합에 대해. 그는 나쁜 영화조차 지독히 만들기 힘들다는 사실을 자신의 독자들에게 보여 줄 수 있었다.

그의 비평과의 1942년 작별은, 당시 그의 동료에게 그랬던 만큼이나 화나는 일이며, 쓰라린 회한을 남긴 결정이라고 생각한다. 그는 빅밴드 음악에서 그러했던 것처럼 내부로부터 영화의 만듦새를 막 이해하기 시작하고 있었다. 그러나 바로 그 순간, 그는 그런 것에 관심 없는 이들의 세계로 떠나야 했다.

영화는 앞으로 전진했지만 비평은 그렇지 않았다. "배는 침몰하는 쥐를 버리지 않는가?May not the ship desert sinking rats?" 그리고 다

른 이들이 지구상에서 가장 복잡하고 값비싼 예술에서 어떻게
단순성과 감정적 힘이 발생했는지를 이해하는 숙제를 떠맡게
되었다.

4 제임스 에이지

만반의 준비를 갖추고 폭발을 기다리다

나는 비평을 좋아하지 않는 편이다, 내가 쓴 것까지 포함해서.

— 제임스 에이지, 1950

1944년, 서른다섯 살의 사내는 그가 한 영화에서 본 열네 살 소녀에 대해 다음과 같이 썼다.

그녀는, 보수적인 진술일지도 모르겠지만, 황홀한 아름다움으로 나를 강타한다. 그녀는 재능이 있으며, 특별한 것들이 그녀의 재능으로 빛을 발한다. 무엇보다 두드러지는 것은 일종의 가장된 목가적 단순성mock-pastoral kind simplicity, 마치 엑스타시 같은 2단 혹은 3단 속도의 반半히스테릭한 감정, 형상을 아직 드러내지 않는 기묘하게 에로틱한 감각성, 그리고 과도한 희망, 상상력, 믿음의 번민…. 그녀와 영화는 훌륭하고, 그녀가 연기를 할 수 있는지 아닌지 나는 알지 못하며 혹은 신경 쓰지 않는다.

〈내셔널 벨벳National Velvet〉에 대한 리뷰는 제임스 에이지의 가장 악명 높은 글 중 하나다. 오늘날 감지할 수 있는 연애편지와 같은 기괴함 때문이 아니라, 이것이 거의 패러디에 가까운, 여전히 독특한 것으로 남은 비평적 목소리를 압축했기 때문이다. 이 글은 그의 과열된 감정의 흐름(열광적으로rapturously, 엑스타시ecstasy, 번뇌anguish), 돛을 교묘히 다루며 나아가는 자질(재능talent, 일종의 가장된 목가성of a sort; mock-pastoral, 반히스테릭semi-hysterical), 고상한 명사들(단순함simplicity, 상상imagination, 믿음faith)의 강조와 더불어, 특히 느낌의 규정하기 어려운 조성을 포착하려는 그의 시도를 보여 주는 전형이다. 과도한 희망overstrained hope은 무엇인가? 아직 형상을 드러내기 이전의 에로틱한 감각성pre-specific erotic sentience은 무엇인가? 한발 늦은 헨리 제임스Henry James가 영화 리뷰를 쓰기 시작한 건 언제인가?

이 구절은 시어도어 스트로스Theodore Strauss의 격렬한 야유를 불러일으켰고, 그는 한 문장이 "두 점 사이의 가장 먼 거리"였던 에이지의 방식을 보여 주는 전형적인 글이라 주장했다. 그러나 그것은 로스앤젤레스의 관점이었다. 1942년에서 1948년 사이, 〈네이션〉과 〈타임〉에 개재된 에이지의 영화 리뷰는 동부 지역에서 컬트적인 명성을 얻었다. 그는 이런 방식의 영화 칼럼을 통해, 기존에 썼던 시 혹은 워커 에반스Walker Evans와 함께 만든 『이제 유명인들을 칭송하자Let Us Now Praise Famous Men』(1941)가 얻지 못한 찬사를 받았다.

젊은이들은 그에게 열광했다. 알프레드 케이진Alfred Kazin의 눈에 그는 탁월했다. "그는 보이는 모든 것을 똑같이 흥미롭게 만든다…. 언제라도 그곳에 있다가 자리를 뜰 것처럼 보였다." 초기 친구이자 멘토였던 드와이트 맥도날드는 그를 일컬어 "우리 세대에서 가장 재능 있는 작가"라고 평했다.

그는 보헤미안 천재의 전형적인 예였다. 담배와 술, 여자에 중독되어 있었는데, 머리는 늘 헝클어진 상태였고, 씻지 않았고, 옷차림도 남루했다. 충치 치료도 거부했다. 그러나 그가 말을 시작하면 모든 것이 상쇄되었다. 그는 몇 시간이고 파티 분위기를 흥겹게 띄울 수도 있었다. 그는 손을 비틀고 손가락을 튕기며 말을 쏟아 냈고, 그의 목소리는 사람들의 넋을 잃게 만들었다. 존 휴스턴은 이렇게 적었다. "그가 웃고 있다. 그것이 온 세상의 비를 멈춘다."

영화 리뷰 작업은 그를 제작 현장으로 이끌었다. 1944년 〈타임〉이 그를 할리우드로 보내는 데 동의하자, 그는 셀즈닉Selznick과 몇몇 거물에 대한 찬사가 담긴 보고서를 제출했다. 〈살인광 시대Monsieur Verdoux〉(1947)에 대한 열정적인 옹호 덕에 찰리 채플린과 가까워졌지만, 그럼에도 불구하고 채플린은 영화 각본을 제공하겠다는 에이지의 제안을 거절했다. 〈시에라 마드레의 황금The Treasure of the Sierra Madre〉(1948)에 대한 리뷰로 존 휴스턴의 감사 편지를 받았다. 두 사람의 관계가 돈독해진 덕분에 〈아프리카의 여왕The African Queen〉(1951)의 각본에 참여했다. 1955년 에이지가 사망하던 당시, 그는 비평적 글쓰기를 중단한 이후였지만, 〈아프리카의 여왕〉 및 〈사냥꾼의 밤〉 두 편의 각본가로 자신의 이름을 올렸다. 그에게 영원한 문학적 명성을 남긴 것은 사후 퓰리처상을 수상한 소설 『가족의 죽음A Death in the Family』 및 1960년 재발간된 『이제 유명인들을 칭송하자』인데, 이 책은 지방의 빈곤을 다루고 있다.

〈내셔널 벨벳National Velvet〉 리뷰는 에이지의 스타일과 비평적 감성을 압축한 것이다. 그는 엘리자베스 테일러의 모든 면을 포용하면서, 그녀에게서 발견한 광휘를 오직 언어로만 전달하려 한다. 영리한 경구로 최종적이고 단언적인 판단을 내리는 대신, 그는 언어의 한계에 도전하며, 언제나 거의 정확하게, 반짝이는 스케치 안에서 희미하게 빛나는 윤곽을 포착하려 애쓰는 자신의 노력을 우리와 공유한다.

그 임무는 선천적인 낭만주의자의 것, 그러니까 세계의 모든 경험과 모든 사물이 모호한 에너지로 반짝임을 알고 있는 예술들의 임무이다. 이 모호한 에너지를 전달하려는 예술가들의 노력은 대개 수포로 돌아간다. 이 거의 가망 없는 추구를 위해 사용된 특권적 수단은 서정시이며, 드와이트 맥도날드는 에이지가 근본적으로 시인이라고 생각했다. 그러나 맥도날드 역시 에이지가 가장 사랑한 것은 처음부터 영화라고 생각했다.

1929년, 20세의 에이지는 토마스 울프의 『천사여, 고향을 보라Look Homeward, Angel』와 윌리엄 포크너의 『소리와 분노The Sound and the Fury』를 읽었다. 두 작품 모두 남부 문학과 수사학의 전통을 예술적 자의식의 형태로 조각한다. 내가 할 일이 무엇이 더 있는가?What more is there for me to do?라는 질문을 그가 대면했을 것이라고 나는 생각한다. 그의 작업의 일부는 영화라는 젊은 예술에서 전통적인 낭만주의 표현의 가능성을 모색하는 것이었다고 나는 믿는다.

거칠고 축축한 잔디 위에서

비평가에 대해 떠올릴 때 독자의 첫 질문은 개인적 취향에 관한 것이다. 에이지는 무엇을 좋아하고 무엇을 싫어했을까?

그는 다큐멘터리의 혈통을 지닌 영화 혹은 최소한 사실주의의 영화를 흠모했지만, 나는 이런 판단에 미묘한 차이를 더하려 한다. 에이지는 할리우드에 침투해 있던 미들브로우 컬처의 "질식할 것 같은 점잖은 말suffocating genteelism"을 비판함으로써 영화 비평을 시작했다. 그는 〈미션 투 모스크바Mission to Moscow〉, 〈도버 백악절벽〉, 〈윌슨Wilson〉과 같은 영화들의 명망을 탐탁잖게 여겼다. 그는 〈파레비크Farrebique〉, 〈무방비 도시Open City〉, 〈인간 조건Man's Fate〉, 〈구두닦이Shoeshine〉("가장 생동감 넘치고 가장 이성적인 작품의 하나") 등의 해외 작품들을 칭찬했다. 그럼에도 불구하고 그도 역시 "프랑스 태생의 의사단순성pseudo-simple, 세련된 속물성sophisticated-earthy things"에 대한 의혹을 품었다. 오티스 퍼거슨과 마찬가지로 에이지에게도 자의식적 예술성은 경계의 대상이었다.

퍼거슨이 그러했듯이, 에이지는 감독이 영화의 가치를 좌우하는 주요 창작자라고 생각했다. 그는 하워드 혹스Howard Hawks, 프레스턴 스터지스Preston Sturges, 알프레드 히치콕Alfred Hitchcock, 빌리 와일더Billy Wilder, 캐럴 리드Carol Reed, 라울 월쉬Raoul Walsh, 프리츠 랑Fritz Lang, 빈센트 마넬리Vincente Minnelli를 흠모했다. 그러나 오슨 웰즈에게는 놀라우리만치 무관심했다. 〈시민 케인〉은 그에게 낡은 것이었다. 데이빗 셀즈닉David O. Selznick은 감독이 아니었지만, 에이지는 그가 스크린에 등장하는 모든 것을 철저히 조율하는 역할을 한다는 사실을 깨달았다. 미국인 일상에 대한 이해, 날씨 상태를 드라마 속에 통합시키는 능력, 무엇이 관객들을 감동시킬지 영민하게 파악하는 능력이란 면에서 그는 셀즈닉을 존경했다.

리뷰를 시작했던 초기, 에이지는 거의 모든 미국 스튜디오 영화의 조악한 수준을 개탄했다. 셰익스피어 문학과 연극의 잠재성을 지닌 이 예술이 거의 자멸한 것에 절망했다. 그러나 1947년 몇몇 중요한 영화를 만나며 힘을 얻었고, 1950년에 이르면 긍정적인 활기가 넘친다. "진짜 뛰어난 대중 예술은 대부분 바로 할리우드에서 만들어진다."

퍼거슨의 로스앤젤레스 체류가 그랬던 것처럼, 그도 1944년 웨스트코스트 여행을 통해 영화의 새로운 면을 발견한 것으로 추측된다. 어쩌면 채플린 및 휴스턴과 일할 수 있다는 전망이 그를 낙관적으로 만든 것 같다. 어쨌거나, 영화의 지적 동조자로서의 에이지는 이 새로운 예술의 잠재성이 재능 있는 사람들 때로는 천재들에 의해 실현될 수 있다는 희망을 품었다.

그가 좋아한 것들과 싫어한 것들에 대해 우리는 오랫동안 이야기할 수 있지만, 퍼거슨, 파버, 타일러의 장에서와 마찬가지로, 그의 견해를 뒷받침하는 근본적 관점을 말하는 것이 먼저일 것이다. 영화에 대한 에이지의 관점의 중심에는, 내 생각에는, 예술에 대한 낭만주의자의 콘셉트가 있었다. 한 개인으로서의 그는 모든 낭만주의자 시인들이 자기 안에서 하나로 합쳐지게 하려 노력했던 것처럼 보인다. 음주(포), 멜랑콜리(키츠), 방탕(셸리, 바이런), 자살에 대한 생각(앞서 열거한 이들 다수), 자기 불신과 자기 혐오가 가미된 소모적 야망(역시 열거된 이들 다수). 이것들은 평생 이어졌다. 관습적인 패턴의 마무리에 걸맞게 그는 요절했고, 심장 마비로 쓰러졌을 때 그는 마흔다섯 살이었다.

대부분의 낭만주의자들처럼 에이지는 평범한 세상에서 초월적인 아름다움을 추구한 예술가였다. 각각의 순간이 아무리 지루할지라도, 특히 유년 시절 혹은 고요한 명상의 순간을 통해 알 수 있듯, 우리는 이따금 활력으로 가득 찬다. 과학은 이 삶의 불타는 정수를 측량할 수 없지만, 예술이 우리에게 그것을 드러낸다. 각 사물의 독특함 그러니까 튤립의 줄무늬 혹은 얼굴의 주름 같은 것들이 기록되고 포착되며 (비록 불완전하지만) 그리고 보존된다.

우리는 사물의 표면에 빠져 있는 것이 아니다. 예술가의 상상력은 구체적 리얼리티를 상징으로 바꾸는데, 이는 도식적인 기호가 아니라 풍부하고 감정을 불러일으키는 이미지다. 그리스 항아리, 버려진 수도원, 굴뚝 청소부. 각각은 인상과 함의의 조밀한 조각이 되며, 결코 한낱 추상적인 개념으로 축소되지 않는다. 워즈워스Wordsworth에 의하면, 서정시는 "강력한 느낌의 즉흥적인 범람"이라고 했다. 시인은 이렇게 규정하기 어려운 느낌을 포착하려 노력하며, 이상적으로 보자면 시는 그 안간힘의 드라마를 보여 준다. 인사불성 상태의 자신을 깨워 준 나이팅게일 새에 대해 글을 쓴 키츠Keats는 그의 상상 속에서 새와 함께 있는 이가 되고자 시도하며, 그 가능성에 기뻐하면서도 한편으로 그것의 불가능성을 인정한다.

시에 관한 책을 출판한 이후 에이지는 서정적 산문으로 관심을 옮겼다. 가장 좋은 예는 아마도 가장 널리 읽힌 『녹스빌: 1915년의 여름Knoxville: Summer of 1915』일 것이다. 그의 작업 및 낭만적인 글에서 종종 그러하듯, 어린이는 경험에 접근하는 특권적인 위치를 누리지만, 정작 어린이의 반응은 어른의 의식으로 프레임된다. "지금 우리는 내가 테네시 녹스빌에 살았던 시절의 여름 저녁에 대해 이야기하고 있다. 그래서 나 자신을 어린이로 위장하는 데 매우 성공적이다."

회고록은 정확한 관찰에서 시작된다. 주변의 지형, 이웃들의 습관, 아이들과 어머니, 아버지의 특징적인 행동이 등장한다. 잔디에 물을 뿌리는 아버지가 호스를 조절하는 행위("물 뿌리기의 강도와 거리 사이의 절충")가 주목할 만한 요소로 묘사된다. 그리고 메뚜기의 건조하고 성마른 소리와 귀뚜라미의 "달콤하고 차가운 은빛 3음계"가 들린다. 이내 물 뿌리는 작업이 끝나면 가족들은 현관에 모여 이야기하고, 행인을 바라보고, 전차의 소리를 듣는다. 텍스트는 하나의 문장으로 이루어진 문단들로 진입하면서, 황혼을 향기와 소리가 생생히 살아 있는 "파란 이슬 한 방울"로 탈바꿈시킨다.

뒷마당에서 가족은 함께 이불을 덮고 별을 올려다본다. 불쑥 서정시의 화자가 이 고요함이 얼마나 찰나의 것인지 일깨워주면, 기도는 아포스트로피apostrophe가 된다.

우연히, 그들이 여기 있다. 모두 이 세상에. 이 세상에 존재하는 슬픔을 누가 이야기할 것인가. 이불 아래 누워, 풀밭 위에서, 여름 저녁에, 밤의 소리에 둘러싸여. 신께서 우리 가족들을 축복하시길. 나의 삼촌, 나의 이모, 나의 어머니, 나의 좋은 아버지. 오, 그들이 고난을 겪을 때 부디 그들을 친절히 기억하시길. 그들이 떠나는 시간에도.

잠시 후, 나는 안으로 옮겨져 침대에 뉘어진다. 잠, 부드러움, 미소, 나는 그녀 품에 넘겨진다. 나를 건네 받은 이들은 조용히 나를 보살핀다. 친숙한, 가족에게 사랑 받는 존재로. 그러나 미래엔 그렇지 않을 것이다. 오, 아닐 것이다. 지금, 아니며, 결코 아닐 것이다. 그러나 내가 누군지 나에게 결코 말하지 않을 것이다.

휴식을 취하는 여름밤 가족의 풍경은 유년 시절의 깨달음과 사랑과 공포가 뒤섞여 죽음을 피할 수 없는 존재의 아픔과 정체성의 상징이 된다. 혹은 아마도 그 깨달음이라는 것은 그 순간의 기억과 그 너머의 미스터리에 정확한 언어를 부여하려는 어른에 의해 이후에 만들어진 것이다.

투창, 관통

현실의 심장부를 상처 입히지 않고 드러내기 위한 고군분투는 『이제 유명한 사람들을 찬양하자』에서 더욱 고통스럽게 극화되었다. 1936년, 에이지와 사진작가 워커 에반스Walker Evans는 〈포춘〉에 앨라바마 소작농의 삶에 대한 보고서를 보냈다. 그곳에서 3주간 생활한 이후 두 사람은 아마도 미국 저널리즘에서 빈곤에 관해 가장 유명한 기록을 작성해서 돌아왔다. 잡지사는 에이지의 글 「목화 소작농: 세 가족Cotton Tenants: Three Families」을 거절했다. 내용을 늘이고 에반스의 꾸밈없는 사진을 곁들인 책자가 결국 1941년 호튼 미플린Houghton Mifflin에서 출판되었지만, 대중은 무관심했다.

미국 문학계의 일부는 『모비딕』에서 『중력의 무지개Gravity's Rainbow』에 이르는 까탈스러운 걸작들이며, 『이제 유명한 사람들을 찬양하자』도 그들의 일원이 되었다. 그것은 묘사, 명상, 자기분열 사이를 갈피를 잡기 어려운 속도로 오간다. 에이지는 애초에 이 책은 어떤 독자들의 환심도 사지 못할 것이라고 선언

하고, 1930년대에 강화되었던 보도의 관습에 반항한다. 역사학
자인 윌리엄 스톳William Stott은 『이제 유명한 사람들을 찬양하자』
가 대공황 다큐멘터리의 모든 클리셰를 거부하여 독자들에게
깨달음을 주는 충격요법을 사용한다고 보았다. 장면의 각색이
나 어떤 효과도 없이 대화를 있는 그대로 옮겼고, 소작농을 동
물 혹은 자연 현상과 비교하지 않았으며, 독자의 입맛에 맞추
려는 시도도 없었고, 개혁에 대한 요구도 없었다. 에이지는 처
음엔 1930년대에 보편화된 사례연구 모델에서 시작한 것처럼
보인다. 그러나 책이 집필되기 시작하자 이런 형식은 폐기되는
데, 그가 사람들의 절대적인 고유성을 존중하고자 했기 때문이
다. 에이지는 단독성singularity을 위해 전형성typicality을 희생하며, 낭
만주의의 방식을 통해 그 단독성 안에서 보편적인 무엇을 발견
한다.

녹스빌의 중산층 주택 잔디밭에서 유년기의 저녁 풍경을
떠올릴 수 있다. 그러나 하버드를 졸업한 저널리스트가, 타이어
휠 캡을 세면대로 사용하는 사람들, 신발을 갉아 먹는 쥐들 곁
에서 잠을 자는 아이들과 함께 산다는 것은 또 다른 이야기다.
왜 부자들을 겨냥한 잡지가 이내 자신들의 안락한 원래 생활로
돌아갈 기자들을 동원해서 무해하고 무력한 가족에게 굴욕을
안겨야 하는가? 에이지의 어조는 혹독한 고백과 신랄한 아이러
니를 오간다. 그는 "가난에 내재된 웃음과 눈물을 따뜻한 마음
으로 먼 발치에서 바라볼 모든 이들을 위해" 책을 썼다.

그의 임무 배후에 있는 불신 때문에 에이지의 마음은 여러
갈래로 갈라진다. 자신의 괴로움을 고통스러운 용어로 써 내
려감으로써, 그의 책은 자기 혐오와 그가 세상에서 점한 위치

로 고통받는 인간, 자신의 가당찮은 일이 가난한 가족들에 대한 애착과 존중이 되도록 몸부림치는 인간의 기록이 된다. 한편 그는 종종 갈피를 잡을 수 없는 문장들을 통해, 이 기획의 끔찍한 선의를 뛰어넘어, 가족과 그 자신의 불안 양쪽을 구체적인 인간의 용어로 또한 보편적 차원에서 이해하려 한다.『이제 유명한 사람들을 찬양하자』는 마치 포크너의 쿠엔틴 콤슨Quentin Compson(역주-〈음향과 분노〉 등에 등장하는 포크너의 캐릭터)이 가족에 대한 강박을 내려놓고, 그가 살고 있는 남부를 직시하고 있는 것처럼 느껴진다.

에이지의 원래 버전인「목화 소작농: 세 가족」은 연민이 깔려 있지만 건조하게 가족들의 삶을 기록한다. 마지막 장은 죽음에 대한 섬세한 묘사로 끝맺는다.

변함없이 사람들은 버틸 수 있을 때까지 노동한다. 이건 생계와 빈곤만큼이나 전통과 자부심에서 유래한다. 죽음의 순간에도 마찬가지다. 프랭크 팅글에게는 7명의 삼촌이 있었는데, 모두 신발을 신은 채 죽었다. 한 명만 예외였는데, 그는 신발 한 짝을 신고 다른 쪽 신발을 신으려 애쓰다 죽었다.

단행본 버전은 가족들의 초상화뿐만 아니라 세간살이, 각자의 방, 소지품 및 장식품의 목록과 치수로까지 확대된다. 짧은 버전에서와 마찬가지로, 에이지는 발기 및 유사한 일들에 관한 성적 고백을 포함시켰는데, 그것만으로도 맨해튼에 충격을 주기에 충분했을 것이다.

그중에서도 더 크고 깊은 낭만주의자적 요소는, 사실들과 클로즈업 세부들조차 진실을 기계적으로 전달하지 않는다는 데 있다. 에이지는 예술의 도덕적 차원 및 인간의 궁극적인 관심사에 관해 심사숙고해야 하는 예술가의 의무를 고집한 인물이었다. 〈포춘〉지 기사 게재 실패를 통해 그는 이 빈민들에 대한 가장 적절한 설명은 이해 너머의 거대한 사실들로 구성된다는 것을 깨닫는다.

> 여기 중심에 한 피조물이 있다. 살아 있는 매 순간, 매일, 매년을 통해 그 존재가, 크든 작든, 그를 둘러싼 채 사방에서 그의 감각 내부로 흘러드는 온갖 사물과 형태와 유령들의 습격으로 폭격당하고, 구멍 뚫리고, 궤멸되는지를 할 수 있는 한 훌륭하고 완벽하고 정확한 특수성으로 이름 지어 보여 주는 것이 우리의 일이다.
> 그들이 수조 개의 창들javelins이 되어 서로 관통하는 광경을 보여 주는 것이 우리의 일일 것이다. 그러나 이것은 내가 가진 인간적 힘을 넘어선다. 내가 할 수 있는 최선, 내가 꿈꾸는 최선은 수많은 육체적 실체를 가능한 한 분명하고 생생하게 만드는 것이며, 얼마간의 질문들, 몇몇 추정들을 제기하는 것이다: 내가 선명하게 만들고 싶었던 전체로서의 그들을 각 개별로 인식해야 하는 큰 짐은 당신에게 남긴다. 각각은 그 자신이며, 각각은 주조된 자이자 주조자shapener이므로.

이 선언은 서문처럼 읽히며, 실제로 그의 책 속에 잘 구현된다. 프루스트Proust와 콘래드Conrad를 흠모했던 젊은이는 이제 자신의 경험을 위한 형식을 찾아내야 한다. 세기 초의 웰메이드 소설(헨리 제임스Henry James의 깔끔한 구성, 대상의 여러 면을 밝히는 적절한 각도의 램프와도 같은) 대신, 에이지는 기하학적 구조로 축소할 수 없는 휘트먼의 방식Whitmanesque을 제시한다. 읽으면 읽을수록 다른 의미가 드러나고, 끊임없이 다시 시작된다. 첫 부분은 목차 목록에 있으나 찾기 어렵고, 저널과 스크랩북이 혼합된 긴 분량의 2권으로 이어진다. 부록(그 자체가 콜라주다)도 있는데, 이를 책의 끄트머리에 배치하는 대신, 다른 섹션(On the Porch: 3) 다음에 연결시킨다. 그리고 녹스빌 회고록처럼 암흑darkness, 자연nature, 잠sleep으로 끝맺는다.

이 책은 심지어 그 스스로를 조직할 수 있는 몇몇 방법을 연습한다. 그가 함께 살았던 가족을 언급하면서, 에이지는 이렇게 쓴다.

나는 그 구조가 구형이어야 한다고, 혹은 18개 혹은 20개의 교차된 구체들이라고, 표면에서 기포가 서로 얽힌 형상이라고 주장하는 바다. 이 구형들 중 하나는 당신 각각이다. 이들 각각의 심장, 신경, 중심은 개별적인 인간의 삶이다.

이 어수선한 문장들을 조롱하는 것은 쉬운 일이다. 그러나 당신의 청년기, 이상적으로는 깊은 여름밤에 이 책을 읽는다고 생각해 보라. 에반스의 견고한 이미지가 동반되는 이 아우성과 속삭임의 증언은, 당신을 화나게도, 슬프게도, 희열에 취하게도 만들 수 있다. 최초의 멀티미디어 실험에 해당하는 『이제 유명한 사람들을 찬양하자』를 에이지는 "오직 필요에 의한 책"이라고 말한다. 나는 그것이 한 편의 영화가 되기 위한 고군분투라고 생각한다.

종이 위의 영화들

에이지는 일찍 영화와 사랑에 빠졌다. 자전적 소설인 『가족의 죽음』 도입부는 소년 루퍼스(에이지의 미들 네임이자 별명이다)가 채플린과 윌리엄 S. 하트William S. Hart의 영화를 보고 극장에서 나오는 장면을 보여 준다. 1920년대 후반, 에이지는 〈마지막 웃음The Last Laugh〉, 〈버라이어티Variety〉, 〈탐욕Greed〉, 〈구원의 사냥꾼 Salvation Hunters〉, 〈전함 포템킨The Battleship Potemkin〉을 찬양하는 글을 맥도날드에게 보냈다.

그는 영화 각본의 초고를 썼고, 그중 두 작품이 출판되었다. 『더 하우스The House』(1937)와 앙드레 말로의 『인간의 조건 Man's Fate』(1939) 일부를 다룬 시퀀스는 문체와 영화 스타일에서 진을 뺄 만큼 고도의 기교를 보여 준다. 둘 다 후기 무성영화와 초기 유성영화에서 파생된 장식적 효과가 가득한데, 퍼거슨이 조롱했던 예술가연하는 부류에 속하는 것들이다. 우리는 특이한 각도, 빠른 움직임, 활기 넘치는 편집, 어두운 조명, 인물의 카메라 응시, 이미지를 일치시키는 디졸브, 사운드 효과를 곁들인 암전 화면, 이미지와 사운드의 리드미컬한 동조를 볼 수 있다. 알렉산더 도브첸코Alexander Dovzhenko를 명백한 모델로 삼아 에이지는 〈인간의 조건〉을 〈병기창Arsenal〉처럼 편집할 것을 권한다. 에이지와 파버가 영화를 기획했던 1940년대에 파버는 손을 떼며 "그에게는 러시아 타입 쇼트가 너무 많아서 죽도록 무서웠다."고 기록했다.

에이지의 요란스러움은 놀랍다. 〈인간의 조건〉 시나리오에서 종소리의 공명은 "마치 소리를 만들어 내는 듯한 영화 입자의 리듬"과 일치하도록 계획된다. 캐릭터들은 총검의 칼날에 비친 이미지로 등장한다. 〈더 하우스The House〉의 컷과 카메라 움직임에 대한 기술은 끝없이 매 순간 이어진다. 이 초고들은 그가 세상에서 가장 열심히 일하는 딜레땅트임을 시사한다.

놀랍게도, 이후 에이지가 쓴 할리우드 각본에는 종종 똑같이 철저한 지시사항이 포함된다. 〈더 블루 호텔The Blue Hotel〉에도 비교적 비슷한 사례가 있다.

카메라는 방의 정면을 향하고, 앉아 있는 남자의 눈높이에 맞춘다. 스컬리를 화면 오른쪽에 미디움으로 잡고, 다른 배우들을 롱숏으로 잡으며, 카메라는 정면에서 왼쪽으로 내려간다. 쇼트가 시작하는 순간, 스컬리는 의자에서 반쯤 빠져나간 상태. 그가 급히 일어난다. 잠깐 잊혀졌던 종이가 그의 발 옆으로 떨어지며 방에서 유일한 사운드를 만든다. 그가 일어나면서 안경이 코에서 떨어지는데, 손을 내밀어 중간에 붙잡는다. 안경을 쥔 손이 그의 어깨 근처에 어색한 자세를 취한다. 그가 일어선 순간부터 정지 화면이 2초 정도 유지된다. 스웨덴인이 의자에서 일어나 반쯤 웅크린 상태에서, 거대한 주먹(흔들지 말고)이 조니의 얼굴에 날아온다. 조니는 여전히 앉아 있는 상태로, 공격자의 불타는 눈동자를 찬찬히 응시하고 있다. 동부인은, 그의 의자 팔걸이를 잡고, 조용히 앉아 있으며, 창백하다. 2초의 정지 화면이 지난 다음에는…

조셉 맨키비치Joseph Mankiewicz는 에이지의 각본을 따른다면 감독은 할 일이 없다고 말했다고 한다. 맥도날드는 쓴다. "내 생각에, 그는 한 발짝 떨어져 언어로 작업하는 대신, 자기 자신을 이미지와 리듬으로 표현하는 감독이 되겠다는 꿈을 결코 포기하지 않았다."

영화는 그를 매혹시켰다. 내가 보기에, 그가 시, 소설, 기사로 펼쳐내던 낭만주의자의 비전을 보여 줄 새로운 수단으로 영화를 생각했기 때문이다. 이런 부류의 예술가들에게, 모든 예술은 시의 상태를 갈망한다.

구현의 환영

영화 감독의 문제는 시인의 그것과 정반대다. 시인의 언어는 상징에 기댄다. 언어는 개념과 정서를 환기하는 데 매우 능하지만, 맥도날드가 말한 것처럼 사물에서 "한발 떨어져" 있다. 에이지는 작가의 임무는 "구현의 환영에 끊임없이 언어를 가능한 한 근접시키는 것"이라고 주장했다. 그와 반대로 영화는 카메라 덕분에 구현의 환영을 자동적으로 전달한다. 따라서 영화의 창조적인 작업은 리얼리즘을 넘어, 세계의 중심에 놓인 불꽃을 보여 주는 있는 그대로의 사물에 대한 존중을 유지하는 것이다.

농부의 삶을 다룬 조르주 루퀴어Georges Rouquier의 다큐멘터리 〈파레비크Farrebique〉(1946)는 에이지가 앨라바마에서 보낸 시절과 강하게 공명했던 것이 분명하지만, 에이지는 해당 영화를 기록

이상의 것으로 파악한다. 루퀴어는,

> 꼼꼼히 다루면, 세상 무엇도 할 수 없는 일을 카메라가 할 수
> 있고, 대체될 수 없는 리얼리티를 기록할 수 있음을 깨닫는다.
> 대체될 수 없는 엄청난 힘으로, 진정한 사물 속에 타오르는 시
> 적 활력을 지각하고, 기록하고, 소통하도록 만들 수 있음을 깨
> 닫는다. 이는 카메라 아티스트를 제외한 다른 예술가들은 대부
> 분 어쩔 수 없이 잃어버린 것이다.

당연히 그는 예리한 직접성immediacy으로 진실의 순간을 포착
하는 힘을 가진 수많은 전쟁 다큐멘터리에 호의적이었다. 〈타
라와의 해병대Marines at Tarawa〉(1944)는 그런 순간을 담고 있다. 전
장에서 돌아온 해병대는 자신들의 승리에 의기양양하지 않는다.

> 수척한 남자, 얼굴은 불면과 죽음에 대한 의식으로 핼쑥하다.
> 그는 눈을 치켜뜬다. 그의 눈에는 필수적인 적개심도, 카메라의
> 침범에 대한 당연한 분개도 드러나지 않는다. 화면을 벗어날 무
> 렵, 그는 아버지가 아이에게 얼굴을 찌푸리듯 언짢은 표정을 짓
> 는다. 그의 눈, 그의 찡그림으로, 그는 모든 민간인의 눈을 들여
> 다보고, 시민이 어떤 표정으로 반응하든 바라본다. 그리고 카메
> 라의 눈에서, 경례와 함께, 그는 역사의 눈을 만난다.

짐작되겠지만, 에이지는 〈결백Call Northside 777〉(1948)과 같은
영화를 만들도록 충격을 준 세미 다큐멘터리에 고무되었다. 그
는 〈스트리트Street〉와 〈더 콰이어트 원The Quiet One〉(둘 다 1948년)

같은 독립 다큐멘터리 제작에 참여했다. 그러나 에이지는 가치 있는 리얼리즘은 픽션 영화로도 성취할 수 있는 것이라고 생각했다.

세트 대신 진짜 마을을 보여 주거나, 스타가 아니라 비전문 배우를 기용하는 것으로 영화는 상당한 중력을 확보할 수 있다. 더 의미심장하게도, 에이지는 영화 연기의 케케묵은 전통 아래에서 수년간 노동해 온 몇몇 재능 있는 작가, 감독, 연기자들이 사람들이 진정으로 어떻게 행동하는지 보여 주기 시작했다고 쓴다. 퍼거슨이 쓴 것처럼, 픽션 영화는 사실적인 제스처와 걸음걸이, 시선을 보여 주기 시작했다. 에이지는 장 비고의 〈품행제로Zéro de Conduite〉 속 싸움의 판타지가 학생들의 상호 경쟁과 무언의 반란이 어떻게 일어나는지에 대한 정확한 관찰임을 알게 된다. 아무도 히치콕을 사실주의자로 생각하지 않지만, 〈오명Notorious〉에서 캐리 그랜트는 남자의 "세련되고, 냉정하고 모호한 이상주의자의 잔인성"을 포착하는데, 이는 에이지의 각본에도 등장하는 유형의 인물이다. 〈라이프보트Lifeboat〉의 비좁은 공간에의 감금이라는 모티브는 교묘한 장치이지만, 히치콕은 "완강한 육체적, 심리적 리얼리즘"을 통해 공간적 한계를 극복한다. 그는 상황으로부터 "시적이고 상징적인 힘"을 짜낸다.

세트에서조차 영화감독은 삶의 질감을 충실하게 표현하는 허구의 세계를 창조할 수 있으며, 카메라는 "현재 시제"로 그 충실성을 포착할 수 있다. 그것은 문학이 할 수 없는 즉자성을 제공한다. 그러나 이러한 임무는 영화감독에게 세계에 대한 꾸준한 관찰을 요구한다. 전쟁영화를 만드는 감독은 다큐멘터리를 보면서 "실제 전장에서의 얼굴들과 태도, 총체적인 이미지"를 공부해야 한다. 에이지는 웰만Wellman의 〈지 아이 조의 이야기Story of G. I. Joe〉(1945)가 그러한 것을 성취했다고 말한다.

이 허구는 현장에서 기록 가능한 것보다 훨씬 더 친밀하고 표현적인 사실로 보이게 만든다. 뿐만 아니라, 사실적인 것의 자질을 과장하거나 교란하지 않고, 에이젠슈테인이 그랬던 것처럼, 사실에 그 자신을 넘어서는 강렬한 힘과 의미를 부여한다. 대부분의 다큐멘터리 작가들은, 가장 상상력이 풍부한 예술가들은 물론이고, 이런 능력을 완전히 결여하고 있다. 만약 당신이 오해의 소지가 있다고 느낀다면 나는 이 단어를 고집하지 않겠지만, 이 영화의 대부분은 훌륭한 시이며, 일부는 위대한 시이고, 이 작품의 모든 성취 그리고 이 작품의 실수조차 대부분 이것이 영화라는 단순한 사실로부터 획득된 것이다. 예컨대, 한 병사의 갑작스런 클로즈업 장면. 작전에서 생사를 좌우할 어지럽고도 견고하게 묶여 있는 군장을 짊어진 채, 숨진 부대장을 뒤로하고 행진하는 그의 모습은, 내가 아는 시의 가장 훌륭한 시구처럼, 온전하고 감동적이며 만족스럽고 오래 지속된다.

퍼거슨은 통찰insights을 원했고, 에이지는 현현epiphanies을 요구했다.

정확성, 진정성, 생동감. 에이지의 칼럼에서 이 복음들은 영화가 구체성과 추상성 사이에서, 구현의 환영과 사물의 분기하는 정서적 공명 사이에서 어떻게 균형을 이루는가를 의미한다. 시는 아무리 비천한 사물이라도 모든 것을 사랑스러운 것으로

탈바꿈한다는 셸리Shelley의 예언을 이제 영화가 완수해야 한다

성자 제임스, 말 그대로 둘 중의 하나

오티스 퍼거슨은 확신에 가득 차 글을 쓴다. 쓰기 시작할 때 그는 이미 결심이 서 있다. 은유나 기습적인 문법의 왜곡 때문에 글을 읽다 갑자기 멈추게 될지언정, 오티스의 입장이 무엇인지는 알 수 있다. 그와 반대로 에이지는 모호해 보이는 문장들로 유명했다.

> 프레스톤 스터지스Preston Sturges의 새로운 영화 〈모간 크리크의 기적The Miracle of Morgan's Creek〉은 나에게는 더욱 재미있고, 더욱 모험적이며, 더욱 풍부하고, 더욱 지적이며, 몇 년간 할리우드에서 만들어진 어떤 영화보다도 더 용기를 북돋아 준다. 그러나 생각하면 할수록, 덜 존중하게 된다. 그래서 나는 칭찬과 변호, 그리고 공격을 동시에 수행해야 한다.

이런 서두를 읽고 당신은 독서를 멈출 수 없을 것이다. 글쓴이의 생각을 알고 싶을 뿐 아니라, 글쓴이에 대해서 알고 싶어진다. 첫 단계에서는 영화를 즐긴 다음, 그 경험에 대해 재고하고, 첫인상을 지지하는 동시에 그에 대해 질문하기 위해서 지성을 집중하는 사람. 그는 평가하는 대신, 비평의 진행 과정 및 작품의 상충하는 매혹을 심사숙고하느라 번민하는 마음을 우리에게 보여 준다.

이 서두는 엘리자베스 테일러에 대한 에이지의 찬사에 비하

면 교묘하다. 머뭇거림과 자기 부인, 도취와 정확한 표현 모색을 오가는 인용 구절을 제외하면, 마치 말을 주체할 수 없이 쏟아내는 팬처럼 보인다. 혹은 자연발생적 열광으로 자신의 흥분을 당신과 공유하려는 친구처럼 보인다.

확장판 리뷰에서 에이지의 분투는 배가된다. 그는 영화와 그에 대한 자신의 경험을 공정하게 보여 주기를 원한다. 그리고 그의 문장과 문단 사이의 혼선을 통해 판단이라는 복잡한 행위를 전달하기를 원한다. 그 과정이 지나치게 자기의식적인 것으로 보일 때, 그는 우리가 스타크 영Stark Young에게서 발견했던 중단과 얼버무림에 의지해 곡예사처럼 빠져나간다. 〈매혹당한 집 The Enwchanted Cottage〉(1945)에 관한 글에서 보이는 이런 글쓰기는 쉼표와 양보문을 금지하고 싶게 만든다.

나도 잘 아는 바이지만, 나 자신과 나의 무자비한 가해자(이 영화)를 겨냥한 무력한 분노에 의해 주로 발생하는 공포를 통해, 이 영화는 우아하게 천박한 그런 부류로 상당히 잘 만들어졌다. 특히 로버트 영Robert Young과 도로시 맥과이어Dorothy McGuire가 두드러진다. 미스터 영 때문에 심각하게 불쾌해지는 것은 나로서는 상상하기 어렵다. 그가 무슨 짓을 하든, 그는 정직하고, 불쾌함을 능가하는 공감을 전해 준다. 미스 맥과이어의 예민함과 능숙함을 기꺼이 존경하지만, 동정과 간청을 위해 동네 멍청이들과 다름없는 짓을 하는 걸 보니 안타까움을 금할 수 없다. 최악은 그녀가 여주인공의 존재를 납득시키기 위해 자기 안의 비천함을 이용한다는 것이다.

맥도날드가 관찰한 바에 의하면, "짐은 언제나 온건하지 않은 방식으로 온건했다."

하지만, 〈네이션〉에 쓴 한 리뷰는 판단의 동요가 일종의 이중 언어로 이어지는데, 이는 파버와의 연관을 상기하게 한다. 〈오래된 친구Old Acquaintance〉에 대해 "내가 당혹스러운 것은, 관심을 가지고 끝까지 볼 수 있었다는 것이다."라고 썼다. 아마도 가장 에이지다운 표현은 〈무방비 도시Open City〉에 대한 이 문장에 있을 것이다. "최근 나는 이야기할 가치가 있는 영화를 보았지만, 아직 리뷰를 할 수가 없다."

다른 층위의 망설임도 있다. 느낌에 솔직하도록 노력하되, 느낌이 어떻게 조작될 수 있는지 경계할 것. 에이지는 할리우드의 부드러운 면에 자신이 취약하다는 사실을 깨닫는다. 또한 그는 지식인들이 싸구려영화hokum과 익살극bathos을 멸시하리라는 사실을 깨닫는다. 그러나 그는 싸구려영화와 익살극도 이따금 진정한 감정으로 이어질 수 있음을 깨닫는다. 당시의 최루성 영화 하나를 떠올려 보자.

〈할리우드 리포터〉는 〈인간 희극〉(1943)을 일컬어 "이 리뷰어가 이제껏 본 최고의 영화"라고 불렀고, 〈버라이어티〉는 "이것은 스크린의 불멸의 존재 가운데 하나"라고 선언했다. 이미 아버지를 잃은 가족은 전쟁에서 장손이 전사할 수도 있는 상황이지만, 그들이 할 수 있는 일은 아무것도 없으며, 그저 자신들의 작은 마을에서 일상적인 생활을 이어 가야 한다. 대부분의 액션은 전쟁에 대한 소식을 전달하는 전보 사무실에서 이루어지며, 소식은 대개 돌아올 수 없는 소년들에 대한 것이다. 전보 수신원은 알코올 중독에 빠지고, 배달 소년은 가족을 돕기 위해 밤낮으로 일하면서 깊은 인간의 고통에 대해 깨닫게 된다.

〈인간 희극〉은 우리를 후견인으로 초대한다. 오늘날의 세련된 시네필이라면 죄책감 없이 즐기기 어려울 정도로 감상적이다. 영화 시작 10분 만에 목이 메이고, 속은 기분이 들 것이다. 이 작품은 비겁하게 우리의 벨트 아래를 치고 또 친다. 그래서 뒷방의 최강 터프가이 파버는 〈인간 희극〉을 교수형 집행자로서 대면한다.

에이지는 윌리엄 사로얀William Saroyan의 원작 소설 리뷰를 〈타임〉에 쓰면서, 독자들과의 공감을 드러낸다. 그는 몇 장면을 "원초적 명료함으로 빛나는 단어들"로 씌어진 섬세하게 서정적인 대목이라고 칭찬했다. 아마도 아버지 없이 성장한 소년들의 파토스와 마을 도서관을 경외심 품은 채 거니는 소년들의 천진함이 에이지 본인의 기억을 일깨웠을 것이다. 그는 악에 대한 자각 혹은 도덕의 복잡성이 소설에 결여되어 있다는 사실에 개탄하지만, 사로얀의 "상습적인 엑스타시, 거의 프란체스코적인 애정 어린 친절과 낙관주의"를 찬미하는 독자들에겐 침묵한다.

〈네이션〉에서 이 영화에 대해 비평하면서, 놀랄 일도 아니지만, 그는 더욱 갈등한다.

내 친구들은 대부분 이 영화를 싫어한다. 다른 수만 명의 사람들은 짐작하건대 좋아할 것이다…. 나는 어느 쪽에도 동의하지 않는다. 내 친구들은 최루성 영화를 너무 두려워한 나머지 그들이 유효할 뿐 아니라 위대할 수 있다는 것을 인정하지 않는다. 많은 관객들은 너무 우호적이고, 너무 쉽게 속고, 너무 간절히 유혹을 원한다.

그는 사로얀을 "감상벽 예술가^schmalz-artist"라고 명명했지만,
그것은 여러 성격이 뒤섞인 호칭이었다. 에이지는 그의 감상성
을 반대하면서도, 힘없는 이들에 대한 그의 애정에 찬사를 보
낸다. 완성된 영화에서, 에이지는 황혼 속에 울리는 말편자 소
리 혹은 비 내리는 밤, 전장으로 향하는 세 병사의 떠들썩한 장
면("죽음과 수수께끼가 가득한") 같은 대목에서 디테일이 방사하는
진실을 발견한다. "완벽하게 맑고, 진실하고, 따스하고, 강력한
무언가"를 발산하는 소년 율리시즈 역할에 어린 비전문 배우를
기용한 것에 감탄했다.

그러나 영화에는 너무 매끈한 대목, 인간 행동에 대한 지나
친 과시와 무지가 등장해 에이지의 분노를 돋궜다. 그는 기회를
놓쳐 버린 목록을 작성하고, "뮤지컬-코미디 코러스의 약삭빠
르고 추한 '약식 행위^informality'"로 망쳐 버린 좋은 아이디어(기차
에 탄 사람들이 함께 노래하는)를 중심에 놓는다. 리뷰의 결말에 이
르면 그는 거의 자포자기한다. "왜 굳이 그들이 이 영화를 만들
었나? 왜, 대관절, 뭘 만든 것인가?" 영화가 언뜻 비친 가능성에
깊이 감동했던 탓에, 그는 이 작품에 대해서는 다른 보통의 작
품들에 대한 비판보다 훨씬 더 신랄하다.

영화와 판정 행위 모두에 공정하기 위한 그의 노력, 그의 격
렬함과 간결함, 이 같은 자질들은 에이지가 얼마나 강박적으로
작업했는지를 알게 되는 순간 폐부를 찌르는 것이 된다. 〈포춘〉
에 그는 언제나 과도한 분량을 썼다가, 서둘러 끝마쳤다. 〈포
춘〉의 또 다른 필자였던 맥도날드는 1935년 다음과 같이 기록
했다. "이곳은 그의 작업에 전혀 흥미가 없고, 적당히 속임수가

판치는 공간이다. 그는 기사를 쓰는 데 적정 시간의 3배를 할애하며, 지옥 같은 시간을 보낸다." 에이지의 작업대 위에는 신문, 잡지, 스크랩, 재떨이, 수집품이 뒤섞여 있었고, 그의 손에는 위스키와 벤제드린(역주-각성제)이 들려 있었다. 포기한 원고뭉치들은 식료품 통을 채웠다.

그의 전기작가 로렌스 버그린Laurence Bergreen에 의하면, 에이지는 〈네이션〉에 글 쓰는 것을 즐겼으며, 거의 마감기한을 지켰다. 그러나 단기간에 글을 써야 하는 〈타임〉은 그에게 고문이었던 것으로 보인다. 그는 자신이 프루스트Proust인 듯, 손으로 정성껏 원고를 써 나갔다. 리뷰 원고를 넘겨받은 에즈라 굿맨은 "간담이 서늘한" 것을 발견했다. 에이지가 리뷰 도입부를 서른 번 넘게 고쳐 쓴 원고였는데, 대부분 고작 단어 하나 혹은 부호를 바꾼 것이었다.

긴 산문은 『이제 유명한 사람들을 찬양하자』에서 그러했던 것처럼, 그로 하여금 죽은 세포를 벗겨내게 만들었다. 그가 사망했을 때, 소설 『가족의 죽음』은 미완성이었다. 에이지는 대중을 겨냥한 원고를 쓸 때는 늘 마감기한을 놓쳤다. 그가 몇 주일이면 쓸 수 있으리라고 생각했던 찬탄의 에세이 「코미디의 위대한 시대Comedy's Greatest Era」는 1년이 걸렸다.

하지만 여전히 나는 저널리즘 덕분에 그가 어느 정도 목표에 도달할 수 있었다고 생각한다. 마감과 형식에 맞춰 글을 쓰는 것에 에이지는 화산 같은 에너지를 쏟았다. 각본을 쓰는 일에도 그는 성실했던 것 같다. 하지만 그는 어떤 것에서도 어중간한 법이 없었다. 휴스턴과 테니스를 치고, 대화를 나누고, 술을 마신 날에도 밤을 새워 〈아프리카의 여왕〉 대본을 썼다. 전적으로 본인이 자초한 고난이 그의 첫 번째 심장마비를 불렀다. 그는 글을 쓰지 않고는 오래 버틸 수 없었던 것 같다.

〈네이션〉 원고에 드러나는 에이지의 솔직한 주관적 화법은 그가 실제로 독자에게 말하는 듯한 긴장감을 풍겼다. 고정된 평가를 제공하는 대신, 그는 영화의 성취에 대한 즉흥적인 인상과 씨름하는 자신의 행위를 극화한다. 일주일에 너댓 편의 영화를 본 이후, 가끔은 특정 작품을 다시 관람하면서, 그는 한 영화의 모든 것을 포획하려 애썼다. 그의 수사학은 자신이 다루는 개별 영화를 정확히 포착하는 정교한 감수성을 발산했다. 그 감수성은 즉각적인 관람 경험 및 (상대적으로) 고요한 반추 경험 양자에 걸쳐 있는 것이었다.

몇 년이 지나면서, 그는 스크린에서 일어나는 일을 좀 더 적확하게 묘사하는 것을 목표로 삼아 더욱 분석적이고 객관적으로 변했다. 그는 언제나 쇼트를 의식했고, 배우들의 연기에 예민했지만, 짤막한 〈네이션〉 리뷰는 대개 일반적인 판단에 그친다. 리뷰가 한 영화만 다루는 경우에는, 〈지 아이 조^{G. I. Joe}〉에 등장한 군인의 가방 같은 세부요소도 활발하게 이야기할 수 있으므로, 일반적 표현들(시정, 품격, 인간의 존엄성)은 포석 역할로 물러난다. 〈인간 희극〉 리뷰와 같은 경우엔 그의 관심을 불러일으킬 골칫거리가 필요하다. 그는 "인위적으로 비틀어 놓은 나무" 및 흑인 전도사가 나타날 때마다 들리는 "천사 같은 소프라노 angelic soprani" 사운드를 지적하며, 〈옥스보우 사건^{The Ox-Bow Incident}〉의 예술가연하는 양식화를 비난한다.

그의 서술 전략 중 하나는, 퍼거슨이 간혹 시도했던 것인데, 영화의 재연출^{redirecting}과 관련 있다. 리뷰 대상인 영화의 특정 장면에 대해 새로운 각본을 제안하는 것이다. 에이지는 〈누구를 위하여 종은 울리나For Whom the Bell Tolls〉의 몇몇 씬을 촬영하고 편집할 더 좋은 방법을 제안했고, 〈파레비크Farrebique〉의 밤 장면에서 루퀴어가 적외선 필름과 스톱 모션을 사용하면 더 좋았을 것이라고 썼다.

그는 특히 〈잃어버린 주말The Lost Weekend〉에 등장한 알코올 중독 장면을 다루는 방식에 동의하지 않는다. 와일더는 무엇을 놓쳤을까? 버넘Birnam의 알코올 중독의 이유, 취중의 다양한 기분, 만성적인 나르시시즘, 자기 혐오, 자기 연민, 그리고 숙취로 일어나는 "시간의 끔찍한 왜곡". 에이지는 군사 전략을 다루는 영화에 대해서는 권위를 발휘할 수 없었지만, 술에 취한 상태의 모든 감각들은 그에게 너무도 명확한 것이었고, 시적 변형의 충분한 계기였다.

특별한 소리와 빛들이 적절하고 건조한 과장을 통해 필름과 사운드트랙에 새겨질 수 있었을 것이다. 라디에이터의 쿵쿵대는 소리, 갑작스러운 경적은 적절한 유희와 어울려 관객들에게 한 시간의 순수하게 객관적인 장면이 줄 수 있는 것만큼이나 많은 것을 즉각적으로 말해 줄 수 있었을 것이다. 어쩌면 버넘이 경험했을, 화창한 가을 햇살만큼이나 반짝이는 차량의 불빛은, 정확한 리얼리즘이 예술로 탈바꿈하지 않는 한, 극장에서 관객들의 신음이 새어 나오게 만들 수도 있다.

우리는 끔찍한 부류로 낙인찍힌 1930년대의 문학적인 시나리오 혹은 정신적 영화라는 문제로 돌아왔다.

레이디 킬러

영화의 이미지와 사운드에 대한 에이지의 관심이 증가하면
서, 그의 친구들과 동료 평론가인 매니 파버가 영향을 끼쳤을
가능성도 있지만, 두 영화 감독이 그에게 미친 영향도 그 못지
않게 중요하다. 두 감독은 에이지가 영화의 작동방식에 대해 면
밀한 관심을 기울이도록 꾸준히 그를 자극했다.

에이지는 찰리 채플린을 천재라고 생각했다. 그는 〈모던 타
임즈〉를 관람하고 "베토벤이 살아나, 또 다른 심포니를 완성했
다"고 느꼈다. 에이지는 〈위대한 독재자The Great Dictator〉(1940) 이
후 리뷰를 시작했으므로, 채플린의 새로운 작품과 본격적으로
대면한 것은 〈살인광 시대〉였다. 그는 이 작품에 대해 〈네이션〉
에 3회 연재 기사를 실었는데, 그에게는 전례 없는 일이었다. 그
는 영화의 예술적 기교가 어떻게 시나 드라마처럼 농밀한 상징
적 진술을 창조하는지 세부요소를 통해 보여 주는 데 지면을
할애한다. 요컨대 그는 영화를 해석한다.

〈살인광 시대〉는 은행 직원으로 일하다가 실직한 한 남자
가 시골집에 사는 아내와 아들의 안정된 생계를 위해, 여성을
유혹해 돈을 빼앗고 살해하는 이야기다. 그는 도시에서 시골로,
파리에서 지방으로 오가면서 다른 직업을 가진 인물로 가장한
다. 골동품 판매상, 선장, 건설 기술자, 인생을 즐기는 한량. 베
르두는 경찰의 추적을 피하지만 1930년대 초 그의 아내와 아들
을 잃는다. 그의 한 희생자의 가족이 그를 알아보는 바람에 구
속되고, 유죄 판결을 받아 교수형이 선고된다. 교수대로 가는

길, 그는 평온하고 심지어 으스대며 단순히 자신이 속한 세상의 논리를 따른 것뿐이라고 주장한다. 살인은 사업이고, 그는 너무 작은 규모로 일했다. "전쟁, 분쟁—모든 사업은… 숫자로 정당화 된다."

〈살인광 시대〉는 사랑스러운 떠돌이 캐릭터를 버리고, 무심한 살인자에게 대한 공감을 구했다. 또한 채플린의 공식 페르소나가 이제 여자 꽁무니를 쫓아다니는 사내와 공산주의 동조자라는 사실을 확인시켜 주는 것처럼 보였다. 주류 언론은 대부분 이 영화를 싫어했고, 지나친 설교와 코미디 요소의 부족을 지적했다. 그러나 〈뉴욕 타임즈〉를 비롯한 몇몇 진보성향 잡지들은 찬사를 보냈다. 에이지는 채플린을 두둔했으나, 매우 적대적인 분위기의 기자회견 이후, 〈살인광 시대〉는 극장에서 내쳐졌다. 새로운 홍보에도 불구하고 대중의 흥미에 불을 붙이는 데 실패했고, 영화는 채플린의 경력에서 가장 큰 실패작이 되었다.

이 영화가 재미없고 비도덕적이며 무미건조하고 배우 캐스팅이 엉망이며 수다스럽고 연출 방식이 진부하다고 비난하는 평론가들에 맞서 에이지의 리뷰 첫 부분은 "이 위대한 시인과 그의 위대한 시"를 변호한다. 그의 항변은 채플린이 클리셰를 재활용하는 것이 아니라 패러디하고 있다는 판단에 기초한다. 정원 결혼식 파티와 같은 외관상 일상적인 대목들은 고결한 아름다움을 감춘 "의사 무형식mock formlessness"의 장면들이다. 베르두의 출퇴근을 묘사하는 기차바퀴는 진부해진 과도기적 장치이지만, 그 이미지가 반복됨으로써 베르두의 절망은 더욱 커져 가고 그 장면들은 점점 더 유머러스해진다. 또한 베르두가 아나벨라를 유기하려는 보트를 터무니없이 먼 거리의 쇼트로 보여 주

는 장면에서처럼, 무성영화의 전통을 상기시키는 시각적 유머
도 있다.

에이지는 두 번째 리뷰를 통해 자신의 해석을 진전시킨다.
채플린 이야기의 아이러니는 베르두가 은행에서 해고된 이후
에도 가족을 부양하려 애쓰는 책임감 있는 가장 모델이라는
것이다. 사업가나 전쟁광을 상징한다고 파악할 수도 있지만,
에이지는 이 사내가 그 바탕에서 보여 주는 것은 사회가 현대
인에게 강요하는 정신분열증이라고 주장한다. 그의 아내와 아
이들은 그의 선한 면을 대변하고, 살해 행각은 악을 대변한다.
선을 보호하기 위해서 그는 반드시 "자기 내부에 있는 모든 최
강의 악을 발휘해야" 한다. 영화가 진행되면서, 그의 목가적이
고 개인적인 삶은 오직 그의 범죄를 정당화하기 위한 환영이
된다.

베르두의 인생은 그가 저지른 살인들뿐 아니라 자신의 비
밀 유지로 인해 훼손된다. 자신의 희생자들 앞에서 썼던 가면
못지않게 그는 집에서도 기만적인 역할을 수행하고 있다. 가족
의 얼어붙은 행복은 더욱더 겉치레가 되어 간다. 가난했더라면
더 행복했을 거라고 말하는 아내는 슬픔에 젖어 수동적으로 변
해 간다. 아내와 아이를 "신전이자 감옥a shrine and a jail"에 가두고,
베르두는 그들이 누릴 수도 있었던 행복을 파괴한다. 에이지가
주장하기를, 가족의 무력함을 사랑할수록 베르두는 더욱 괴물
이 되어 간다. 또한 "자신의 진정한 결혼을 축복하려 할수록, 그
결혼은 살인이 된다… 그는 내가 아는 캐릭터 중에 가장 외로
운 인물이다."

이 영화에 대한 에이지의 마지막 칼럼은 대단원에 해당한

다. 미스터리가 몇 가지 있다. 왜 베르두는 자신이 가족을 "잃었다lost"라고 말할까? 에이지에 의하면, 이것은 상징적으로 모호한 부분이다. 그가 사랑했던 이들은 "차별과 기만segregation and deceit"으로 죽었다. 그는 왜 그 소녀, 이젠 리무진을 탄 부자의 정부가 된 그녀에게서 돌아서는 걸까? 왜냐하면 아주 예전에, 그는 그녀의 목숨을 살려 주었으며, 가족이 아닌 사람인 그녀에게 애정을 느끼는 이 나약한 순간이, 이중의 삶을 유지하려는 그의 외골수 노력을 힐책했기 때문이다.

대부분의 평론가들은 베르두의 우아한 법정과 사형장의 경구들을 현대사회에 대한 채플린 특유의 비판으로 받아들였다. 그러나 에이지는 아이러니로 해석한다. 그는 베르두의 정감 어린 농담을 가짜로, 또 다른 가면으로 파악한다. 베르두는 여전히 "자기 자신만의 꿈", 그가 한 일이 모두 정당화될 수 있다는 환영을 지니고 있다. 살인에 관한 평계가 없는 상태에서 그가 할 수 있는 유일한 일은 자신에게서 사회로 책임을 전가하는 것이다. 준準 신적 존재인 떠돌이는 이제 매우 세속적인 부르주아로, 그가 저지른 모든 일과의 대면을 거부하는 "강직한 사내upright man"로 탈바꿈했다. 교수대로 걸어가면서 베르두가 보여 주는 위트는 이 영화 특유의 활기와 냉혹한 "야만적 흥겨움savage gaiety"을 보여 주는 마무리다.

나는 영화 내부에 세공된 의미를 추적하려는 에이지의 야심만만한 시도가 그의 비평적 훈련 덕분이었다고 생각한다. 영국 "신비평"의 수장인 I. A. 리처즈I. A. Richards의 수업을 들은 이후 젊은 에이지는 "정신이 번쩍 든, 한방 얻어맞은 상태"가 되었다. 신비평이 미국 학계 및 문학, 정치계간지에서 발판을 마련한 것은 그가 성숙할 무렵이었다. 40년대 후반 즈음, 철저한 기술적 분석을 기반에 두고, 대개 서정적인 목소리에 담긴 심오한 모호함 혹은 아이러니를 보여 주는 주제 해석 방식이 당시 문학 비평의 지배적인 경향으로 등장하고 있었다.

1940년대의 영화평론가는 학자들이 시를 조목조목 뜯어보듯 영화를 세밀하게 검토할 수 있는 기회가 없었다. 그러나 몇몇 지식인들은 일종의 "심층독해deep reading"를 시작했다. 에릭 벤틀리Eric Bentley는 〈살인광 시대〉에 영감을 얻어 이 영화를 피란델로Pirandello의 연극에 비교하는 에세이를 썼다. 파커 타일러가 심한 변덕을 부려 가며 같은 길을 따랐다. 아마 에이지의 시나리오들은 신비평적 탐구의 대체재와도 같은 것일지 모른다. 실제 영화에는 실행 불가능한 미시적 해부가 가상으로 실행되는 것이다.

아무튼 〈살인광 시대〉에 관한 글은 숭배하는 예술가의 작업에 대해서라면 에이지가 놀라울 만큼 영화를 샅샅이 읽는 독자가 될 수 있다는 사실을 보여 주었다. 그의 에세이는 F. R. 리비스F. R. Leavis 혹은 윌리엄 엠프슨William Empson이 문학에 보여 줬던 태도처럼, 상상력과 공감을 기반으로, 끈질기게 영화를 분석할 필요가 있다고 주장한다. 파버는 에이지를 일컬어 "1940년대를 풍미한 마비적 플롯 사회학자들paralyzing plot-sociologists에 대한 훌륭한 해독제"라고 불렀다. 지속적인 활동을 통해, 에이지는 영화를 어떻게 보아야 하는지 모르는 대중문화 비평가들을 공격했다.

남자의 남자

〈살인광 시대〉에 대한 리뷰는 에이지가 플롯과 캐릭터를 뛰어나게 해석할 수 있음을 보여 주었다. 에이지의 각본에 드러난 풍부한 디테일은, 영화의 스타일에 대한 깊은 조예를 보여 준다. 그는 이따금 다큐멘터리에서도 클로즈업 혹은 효과음에 대해 거론했으며, 배우 연기에도 자주 주목했다. 그러나 전반적으로는 퍼거슨이나 파버와 달리, 그는 좀처럼 영화의 시각적 질감을 전달하기 위해 분투하지 않았다.

존 휴스턴에 대한 프로필은 예외였다. 에이지는 〈말타의 매The Maltese Falcon〉(1941) 리뷰를 쓰기에는 너무 늦은 시점에 글을 쓰기 시작한 데다, 전쟁터로 가기 전, 휴스턴이 계약한 다른 두 작품(〈우리의 삶에서In This Our Life〉와 〈태평양을 건너서Across the Pacific〉, 둘 다 1942년)의 리뷰는 하지 않았다. 그러나 그는 "뚱하게 아름다운 다큐멘터리 〈알류샨 열도에서의 보고Report from the Aleutians〉(1943)와 경이로운 〈샌 피에트로 전투San Pietro〉(1945)"를 찬미했다. 그는 전쟁의 트라우마에서 회복하는 군인들을 다루었고 논쟁을 불러일으켰다 결국 탄압받은 휴스턴의 다큐멘터리 〈빛이 있으라 Let There Be Light〉를 1946년 최고작 중의 하나로 꼽았다. 이제 출격 준비를 마친 에이지는 1948년 〈시에라 마드레의 황금The Treasure of the Sierra Madre〉 개봉 직후, 휴스턴이 "채플린에 버금가는, 미국 영화계에서 가장 재능 있는 감독"이라고 썼다.

그는 〈라이프〉에 휴스턴에 대한 기획을 팔았고, 약속했던 것보다 2년 늦은 1950년에 원고를 넘겼다. 그는 휴스턴과 가까운 사이가 되었고, 1950년 9월 두 사람은 〈아프리카의 여왕The

African Queen〉의 시나리오 작업을 시작했다. 휴스턴과 함께 머무는 동안에 에이지는 첫 번째 심장마비를 일으켰고, 병원에 입원해서도 시나리오 작업을 계속했지만, 결국 휴스턴과 크레딧에 이름을 올리지 못한 피터 비어털Peter Viertel이 마무리했다. 몇 번의 시도에도 불구하고, 에이지는 다시 휴스턴과 일하지 못했다.

〈라이프〉에 실린 글의 일부는 휴스턴의 이력이며, 일부는 찬탄이 담긴 에세이다. 휴스턴의 권투선수 생활과 멕시코 기병대에서의 모험, 〈샌 피에트로〉에 등장하는 전투 등이 상당 부분을 차지한다. 에이지는 파버와 마찬가지로 휴스턴의 영화와 그의 '강건함virile'을 선호한다. 그러나 휴스턴은 여가 시간에 조이스, 헤밍웨이, 오닐을 읽는 지식인이다. 그는 그림을 그리고, 사냥하고, 사격을 하고, 말을 길렀으며, 도박을 좋아한다. 그의 이미지는 원기 왕성하고, 모험을 즐기는, 그리고 활동력과 아이디어를 모두 지닌 예술가다.

에이지는 이 감독의 작업에 대해 일종의 의구심을 품었지만, 휴스턴 덕분에 『녹스빌: 1915년의 여름』, 『이제 유명인들을 칭송하자』, 무성 코미디에 대한 에세이 등에 드러난 일련의 정밀한 통찰력을 발휘하게 되었다. 휴스턴에 관한 글은 그의 출판물 중 거의 마지막에 해당하는 주요 영화비평이었으며, 그 외엔 1950년에 출판한 〈선셋대로Sunset Boulevard〉 리뷰와 같은 에이지의 전형적인 양가적 비평 정도가 있다.

에이지에게 휴스턴의 영화들은 활력 넘치는 프로페셔널리즘의 구현이다. 휴스턴의 스타일은 즉자적이고, 유려하며(퍼거슨의 속도를 기준으로), 대부분 눈에 보이지 않는다. 현대의 평론가들이 말하는 것처럼, 그 순간에 머문다stays in the moment. 하지만 그것은 낭만주의가 숭배하는 일종의 시적인 함축으로 개화할 수 있다. 〈우리는 남이었다We Were Strangers〉(1949)에서 한 학생이 아바나 대학에서 총탄에 쓰러진다.

놀라움과 아름다움에 숨이 멎을 듯한 씬이 이어진다. 하지만 아름다움이 아니라 스토리텔링이 이를 실현한다. 수백 명은 될 것 같은 젊은 남자와 여자들이, 모두 여름에 어울리는 흰옷을 입고, 파도처럼 움직이며 대리석 계단에 스스로 몸을 던지는데, 수많은 비둘기들이 갑작스럽게 급강하하는 것처럼 우아하다. 이 쇼트는 우리가 그 의미 전체를 파악하기도 전에 이미 화면 밖으로 물러난다. 추락하는 그들이 보여 준 능숙하고 고요한 조화로 보아, 이 학생들은 이런 일에 익숙하다. 그들은 여느 평범한 아침을 기대한다. 그것으로 충분히, 아주 효율적으로, 쿠바의 압제를 암시한다.

훌륭한 시인이 그러하듯, 휴스턴은 추상적 관념을 부과하지 않으면서 자신이 선택한 독특한 소재에서 의미와 아름다움 둘 다를 발견한다. 그는 세트에서 연기자들에게 몇 가지의 힌트만 제공한 채, 그들 스스로 자신의 캐릭터를 찾도록 내버려 둔다. 휴스턴은 〈시에라 마드레의 황금〉의 산적들에게 땅에 몸을 붙인 채 보가트를 포위하라고 지시했다. 그 결과는 산적 한 명이 미끄러지며 "아이처럼 천진하고, 지네처럼 섬뜩한" 움직임으로 보가트의 다리를 밟는 아찔한 광경이다.

휴스턴의 스타일은 다양해서, 가끔은 그저 카메라가 돌아가게 내버려 두는가 하면, 가끔은 공격적인 이동 쇼트를 사용하기도 했다. 클로즈업에서, 그는 인물들의 머리를 옹기종기 모이게 만들어 프레임을 채웠고, 롱쇼트로 긴장을 풀었다. 에이지는 〈시에라 마드레의 황금〉을 휴스턴의 가장 뛰어난 영화로 간주한다. 중간 거리에 머무는 카메라의 "깔끔clean"하고 "타이트tight"한 화면이, 잘 설계되어 있지만 격식에 얽매이지 않은 것처럼 보이는 구성에 이르기 때문이다.(사진 4.1 및 4.2) 이후 작품들은 좀 더 과시적이지만, 각각 다른 스타일을 보여 주는데, 〈키 라르고Key Largo〉(1948)의 호텔이라는 제한 공간의 질식할 듯한 분위기, 〈우리는 남이었다〉에서의 강렬한 조명의 대비(사진 4.3 및 4.4) 등이 그러하다.

바쟁이 와일러를 일컬어 관객에게 무엇을 볼지 자유를 선사한 감독이라고 선언했던 바로 그 시기에, 에이지는 눈을 자극하는 휴스턴의 능력을 칭송했다. 〈시에라 마드레의 황금〉(사진 2.1)의 구도에 관한 글에서, 그는 프레임이 각 인물의 얼굴을 제시하는 동안에도, 포켓을 확인하는 코디의 스토리 액션Story action이 이어진다는 사실을 지적한다. 평범해 보이는 이 비범한 구성에 영감을 얻어 에이지는, 지금은 우리에게 익숙해진, '능동적 관객'이라는 개념을 아마도 처음으로 제안한다. "휴스턴은 두 말할 필요 없이, 관객들을 존중하는 몇 안 되는 감독 중의 하나다. 그의 영화는 유혹의 행위 혹은 온순한 노예화가 아니라 해방이며, 그의 영화들은 누구라도 즐길 것을, 또한 자유의 책무를 요구한다."

이후로 정보의 노지로서의 쇼트 개념은, 무엇이 중요한지에 대한 평가는 관객의 몫으로 남겨 둔 채, 비평가의 도구상자의 일부가 될 것이다. 이는 무리 속에 있는 각 개인의 구체적인

4.1 〈시에라 마드레의 황금The Treasure of the Sierra Madre〉(1948)

4.2 〈시에라 마드레의 황금The Treasure of the Sierra Madre〉(1948)

4.3 〈키 라르고Key Largo〉(1948)

4.4 〈우리는 남이었다We Were Strangers〉(1949)

행위가 어떻게 하나의 쇼트에 압축될 수 있는지 제시함으로써
퍼거슨의 유산을 발전적으로 계승한 것이다. 나는 이것이야말
로, 카메라로 시인이 무엇을 할 수 있는가에 대한 에이지의 생
각을 보여 준 것이라 생각한다

   에이지에 대해서 감상적이 되는 것은 터무니없을 만큼 쉬
운 일이고, 그에게 엄격해지는 것도 그만큼 쉬운 일이다. 그러
나 나는 그를 읽는 것으로 영화 비평에서 희귀한 무언가를 할
수 있다고 생각한다. 그는 당신에게 최상의 본능에 따라 움직일
것을 요구한다. 그의 머뭇거림은 불만을 야기할 수 있을 것이
다. 그는 낭랑한 오르간에 연결된 너무 많은 파이프를 순식간
에 열어 버리곤 한다. 무엇보다 그는 우리에게 보다 더 감각적
으로 보고, 듣고, 느끼라고 가르친다. 1944년 파커 타일러가 기
록했듯이, 관객의 의무는 "가져갈 수 있을 만큼 많이 보는 것to
see as much as he can take away with him"이다. 70년이 지난 지금도 에이지는
여전히 우리의 작업을 돕는다.

5 매니 파버

스페이스 맨

내가 사랑하는 네 비평가 중 현재 가장 유명한 스타는 엠마뉴엘 파버다. 그는 오늘의 시네필들이 애호하는 비평가이며 그의 취향, 아이디어, 문체는 막대한 영향을 미쳤다. 라이브러리 오브 아메리카가 소장한 그의 비평에는 마틴 스콜세지, 리차드 시켈, 리차드 콜리스Richard Corlis, 그리고 윌리엄 깁슨William Gibson 등의 헌사가 가득하다. "이 나라가 배출한 가장 활기차고 영리하며 독창적인 영화 비평가"라고 수잔 손택은 단언했다.

파버는 절제된 희열을 보여 주었던 1940년대의 평론을 후일까지 이어 갔다. 1969년 하워드 혹스에 대한 에세이에서 그는 〈그의 연인 프라이데이His Girl Friday〉에 대해 이렇게 말한다.

〈특종 기사Front Page〉의 리메이크로 팻 오브라이언 역에 로살린드 러셀Rosalind Russell이 출연한 이 영화는, 역동적이고 확신에 찬 전개뿐 아니라 훌륭한 안무의 액션을 보여 주는 역작이다. 허세의 동작, 빳빳한 옷깃과 모자 챙으로 연출한 뚜렷한 입체주의적 구성, 재치, 냉소 그리고 언어적 허세로 상대방의 허를 찌르며 단답형으로 이어 가는 유려한 담화 등이 가득하다.

쏟아져 나오는 단어들, 형용사들과 유동적인 구문의 축적, 생략(마침표는 물론 '그리고and'도 사용하지 않는다), 그리고 현대 미술에 대한 우회적 참조 등은 모두 열정을 전파할 줄 아는 비평가의 특징이다. 한 문장 안에서 '허세bravado'라는 단어를 반복하는 것조차 아마추어의 실수처럼 보이지만 사실은 허세라는 단어에 걸맞은 일이다.

파버는 이름 높은 미국식 불평의 기교에 능하다. 에이지가 모두에게 평등하게 대하려는, 고상한, 때로는 고뇌에 찬 노력을 기울일 때, 파버는 신물 난다는 듯이 군다. 1957년 에세이는 래리 리버스, 데이브 브루벡 그리고 〈12명의 성난 사람들〉을 확신에 찬 새로운 미들브로우의 예시로 제시한다.

중산층의 공세를 꾀하고 있는 이 인물에게는 관습에 대항하는 성공적인 예술가가 되고자 하는 투지와 인내심, 자만심, 그리고 대담함이 있지만, 혁명적인 창작물을 만들어 낼 수 있는 재능이나 이상은 없다. 그의 창의성 뒤에 숨겨진 뇌 이면에는 그가 아무런 감정이나 믿음을 갖지 않은 물건을 공허한 속임수나 기술을 이용해 판매하려는 원기왕성한 세일즈맨이 있을 뿐이다. 아방가르드주의는 사업가-예술가의 수중에 떨어졌다.

파버의 이력은 너무 깔끔할 정도로 분명하게 나누어진다. 1942년 초부터 1946년까지, 그는 〈뉴 리퍼블릭〉에 영화리뷰와 예술비평을 썼고, 다른 곳에도 예술비평을 기고하곤 했다. 그리고는 2년이 넘게 글쓰기를 중단했다. 1949년 초 다시 〈네이션〉

과 계약을 맺고 제임스 에이지가 떠난 자리를 채웠다. 1954년 1월까지는 영화와 시각예술에 대한 글을 썼다. 다른 곳에는 좀 더 긴 글을 기고하곤 했는데, 이 글들 중 다수가 현재 널리 알려져 있다. 1954년부터 1957년까지 또 한 번의 휴식기를 가진 후, 영화 비평을 재개하여, 종종 패트리샤 패터슨Patricia Patterson과 함께 작업했지만, 1977년 모두 그만두었다.

가장 잘 알려진 그의 글들은 1950년대 초반에 작성된 것으로, 당시 그는 B급 범죄영화와 거친 스튜디오 감독들(혹스, 월쉬, 풀러, 시겔)을 찬양했다. 그는 B급 영화 시인들을 묘사하기 위해 "언더그라운드 영화"(역주-남성성이 두드러지는 주인공의 활약을 담은 갱 영화 및 범죄 영화)나 "흰 개미 예술termite art"(역주-아무런 문화적 야심 없이 흰개미처럼 미시 영역에 몰두하여, 한 순간을 포착하는 데 집중하는 작품) 같은 단어들을 만들어 낸 반면, 할리우드가 점점 몰두하는 작품은 "흰 코끼리 예술white elephant art"(역주-걸작의 명성을 얻기 위해 노력하는 웅장하고 야심만만한 예술. 특히 평론가들이 주목하는 미덕을 겨냥하여 작품 전체를 반짝거림으로 채우고, 뚜렷한 스타일을 보여 준다.)로 보일 뿐이라고 말한다. 말년에 그는 장 뤽 고다르, 라이너 베르너 파스빈더, 마이클 스노우, 그리고 여타 당대의 감독들에 깊은 관심을 보였고, 고전기 액션 감독들을 반추하는 폭넓은 에세이를 썼다.

파버의 취향의 지배적인 이미지는 우연히 형성된 것이 아니다. 『네거티브 스페이스Negative Space』(1971)라는 에세이 모음집을 엮어 내면서, 그는 1940년대의 글 중에서는 단 두 편, 그리고 1950년의 글 몇 편만을 포함시켰다. 에세이 「더 김프The Gimp」(1952) 및 「언더그라운드 영화들Underground Films」(1957)을 기반으로 책의 논조와 뼈대를 세웠다. 「존 휴스턴John Huston」은 1949년과 1950년에 쓴 리뷰를 바탕으로 썼으며, 이후 자신의 생각이 바뀜에 따라 다시 썼다.

『네거티브 스페이스』를 위해 그가 선정한 글은 파버가 지닌 이미지의 또 다른 측면, 즉 탐미적 카우보이aesthete cowboy 이미지를 강화한다. 그는 고등학교에서 축구와 야구를 했고, 그림 실력을 상업적 일러스트레이션으로 활용하는 대신 목수가 되었는데, 이 선택은 수십 년 동안 그를 지탱하는 힘이 되었다. 그는 1950년대의 난폭한 추상적 표현주의 그룹과 잘 어울렸던 것 같다. 글레멘트 그린버그는 주먹다짐에서 파버를 이겼다고 주장하는데, 어쨌든 파버는 무시무시했다고 한다. ("그는 나를 때려 눕힐 수도 있었다… 주먹이 아주 컸다.") 몇 년 후 앤드루 새리스는 비평가들 모임에서 파버가 존 사이먼을 두들겨패다시피 했다고 말했다.

지면에서 파버는 모든 체급의 상대에 주먹을 날렸고, 근접전을 벌였다. 파버는 에이지가 "확성기처럼 헌사를 바쳤다paid out tribute like a public-address system"고 말했다. 새리스를 "뼈 없는 수피 세일즈Soupy Sales(역주-미국의 코미디언이자 배우. TV 및 라디오에서 활동했으며 재즈 매니아로도 알려져 있다)"라 불렀고 수잔 손택에 대해선 "고양이 같고", "그녀의 지식이 만능이라는 자신감을 가지고 있다(계약만 성사되면, 베트남에도 나타날 것이다)"라고 썼다. 거친 누아르를 숭배했던 이 남자는 록 허드슨Rock Hudson을 마마보이라고 선언했고, 이렇게 고백했다. "벨트를 찬 사람들이 과도하게 공들인 여성 영화에서 튀어나오는 것을 이해하지 못하겠다don't understand the belt people get out of overwrought feminine pictures."

『네거티브 스페이스』는 우리가 도외시해 왔던 파버의 초기 시절 글들로 이뤄진 눈부신 모음집이다. 바로 이 책에서 내가 거론해 왔던 새로운 비평적 전통과 파버 사이의 연결고리를 찾을 수 있다. 매니의 후기 시절이 없었다고 가정해도 걱정할 일이 없다. 그의 글들은 처음부터 짜릿하고 매력적이다. 뿐만 아니라, 그의 젊은 시절 예술 리뷰를 뒤져 보면, 우리는 그의 비평이 시각예술에 정확히 무엇을 빚졌는지 잘 파악할 수 있다. 결과는 우리가 기대하는 것과 사뭇 다르다.

컬러 코멘터리

파버는 캘리포니아의 예술학교에서 공부하다가 미술을 전공하던 자넷 테러스Janet Terrace를 만나 결혼하였다. 워싱턴 D.C.에서 파버의 형제와 몇 년간 함께 지내다가, 부부는 그리니치 빌리지로 이사했다. 1942년 1월, 〈뉴 리퍼블릭〉에 예술에 관한 리뷰를 쓰기 시작했고 곧 퍼거슨의 자리를 차지했다. "애국심 강한 퍼거슨은 해병대로 참전했고 전사했다. 다음 날 나는 영화평론가 자리를 요구했다. 그 시기 나는 전혀 감상적이지 않았다. 나는 야심이 있었다."

스물다섯 살이 되었을 때, 파버는 문화계에서 만만찮은 두 명의 적수와 경쟁하게 되었다. 클레멘트 그린버그와 제임스 에이지는 불과 여덟 살 연상이었지만, 이미 크게 앞서나가고 있었다. 당시뿐 아니라 이후로도 수십 년간 그들은 파버 위에 군림했다.

그린버그가 〈파르티잔 리뷰〉에 미술과 조각에 대한 리뷰를 시작한 1940년, 그는 이미 유명인사였다. 그는 두 편의 주요한 에세이집을 해당 잡지에서 출판했고, 진보적인 지식인들의 교과서가 되었다.『아방가르드와 키치Avant-Garde and Kitsch』(1939)는 이후 20년 동안 대중문화 논쟁을 불러 일으켰다. 그가 신랄한 입장을 다시 한 번 보여 준 1940년 에세이「새로운 라오콘을 위하여For a New Laocöon」는 추상미술을 야심적 서양 회화의 정점으로 옹호하는 공격적인 글이었다.

그린버그는 미술이 수세기 동안 다른 예술, 특히 문학에 의해 지배당해 왔다고 단언했다. 현대미술은 미술의 고유한 존재 조건을 드러냈다. 쿠르베에서 인상파와 세잔, 그리고 입체파까지, 화가들은 미술의 힘이 이야기를 전달하는 '일러스트레이션illustration' 혹은 사진이 포착하는 것처럼 세상을 묘사하는 '환영illusion'이 아니라고 인식하게 되었다. 마침내 화가는 '매체의 불투명함the opacity of the medium'에 대한 지식을 확보하면, 선, 색, 그리고 형태만을 가지고 새로운 시각적 경험을 만들어 낼 수 있게 되었다. 순수주의는 이제 화가들의 임무가 되었다.

대중적인 언론과 엘리트 언론 사이에 있는 공백이 그린버그에게는 도움이 됐다. 추상미술은 유럽에서 폭넓게 인정을 받았지만, 미국 비평가들은 이에 적대적이었다. 많은 주요 잡지들이 미술 비평가를 외면했다. 학구적인 미술사가들은 주로 먼 과거에 집중했고, 저널리스트들은 추상미술과 당시의 또 다른 주요 사조인 초현실주의를 무시하거나 조롱했다.

아마추어 화가이기도 한 그린버그는 전문적인 미술 훈련을 받은 적이 없었다. 그가 하는 말들은 대부분 모더니스트 진영의 화가들과 학자들에게는 고리타분한 이야기였다. 그는 기법에 대한 아이디어의 대부분을 영향력 있는 망명객 한스 호프만 Hans Hofmann의 강의에서 얻었다. 그럼에도 불구하고 그는 좋은 이야기를 썼고, 현대 미술이 시각적 표현의 역사에 새로운 시대를 열고 있다고 주장했다. 사회구조의 변화와 느슨하게 연결된 미술의 진보는 반드시 신랄하고 엄격한 추상으로 이어진다는 것이다.

교묘한 독자이자 영민한 논객, 그리고 솜씨 좋은 조립가로서, 그린버그는 지식인들이 새로운 예술사조에 관심을 갖도록 하는 데 성공했다. 〈파르티잔 리뷰〉의 구독자 수는 8천 명밖에 되지 않았지만, 그 8천 명은 지적인 독자들이었다. 1942년 말, 그린버그는 〈네이션〉의 지면으로 자신의 영향력을 확장시켰다. 이 잡지의 첫 미술평론가로서, "우리 시대의 회화예술이 위대해지기 위해 나아가야 하는 방향"에 대해 끊임없이 홍보했다. 40년대 말이 되자 그린버그가 추켜세웠던 화가들 즉 폴락, 드 쿠닝, 그리고 다른 몇 사람은 현대미술의 대가로 인정을 받았고, 그는 예언자로 칭송받기에 이르렀다.

파버의 시각은 그린버그와 일부 일치한다. 대부분의 평론가들처럼, 그 역시 추상과 초현실주의를 당대의 주요 흐름으로 여겼고 부상하는 추상표현주의자들을 높게 평가했다. 그는 토마스 하트 벤튼Thomas Hart Benton에게서 두드러지는 멜로드라마틱한 "일러스트레이션"에 문제가 있다고 생각했다. 그는 회화의 평면과 질료의 진실성에 대해 누구 못지않게 이야기할 수 있었다. 하지만 그의 기준은 다양했고 분석적 범주는 놀랄 만큼 전통적이었다.

그린버그와 반대로 파버는 그림의 기법뿐 아니라 주제와

관련하여 논의한다. 그는 삼각 디자인과 전략적 대칭을 강조하
며 학구적인 방법으로 구도를 분석한다. 그는 추상미술에만 집
중하지 않고 맥스 웨버Max Weber나 위트릴로Utrillo 같은 구상주의적
대가들에 대해, 놀라울 정도로 화려한 리뷰를 통해, 존경을 표
한다. 무엇보다도 파버는 느낌을 중요시한다. 그린버그는 회화
가 순수주의 대열에 참가하고 있는지를 점검하지만, 파버는 감
정 표현에 관심을 기울인다.

파버와 그린버그 사이의 은밀한 대화는 여러 구절에서 드
러난다. 파버의 1942년 리뷰 중 일부는 여기에 더해 그가 미술
가와 관람객의 감정에 큰 비중을 두고 있음을 보여 준다.

회화에서 정말 중요한 부분—미술가가 원했던 감정

회화의 기본적인 기능은, 이미 수세기에 걸쳐 그려진 회화의 중
압 및 이미 탐구된 컨벤션에 지나치게 얽매이지 않고 솔직하게
개인적인 감정을 단도직입적으로 표현하는 것이다.

미술가는, 만약 그의 관람객이 그러하다면, 선과 색을 통해 자
신의 환경에 감정적으로 반응해야 한다.

웨버는 늘 제스처, 자세, 또는 색의 단순한 영역을 최대한의 감
정적 현존으로 몰고 간다. 그의 캔버스의 어떠한 곳에서든 당
신이 느끼는 감정에는 의심의 여지가 없다.

(첼리체프는) 얼마나 형편없이 그림을 그리는지와 상관없이 자

신의 우울함을 담아 내는 데 성공한다… 그림에는 더 넓은 감
정의 영역이 있고, 이 러시아 미술가는 그림에서 극한의 자기성
찰이 얼마나 감동적이고 보편적일 수 있는지를 보여 준다.

나는 아직 [그림의] 평면을 떠오르게 하는 회화를 본 적이 없
으며, 루소가 호랑이를 그릴 때 평면을 느끼지 않았다고 확신
한다.

1945년이 되자 파버는 완전히 노골적이 되었다. "순수주의
논쟁은 필연적으로 그림을 평평한 면에 디자인된 선과 색의 문
제로 그 의미를 좁혀 가는 것에서 시작한다. 디자인이 어떻게
표현에 의해 지속적으로 추동되고 통제되고 지휘되는가를 보
여 주는 대신에 말이다."

미술 비평은 늘 화가의 기교에 대한 분석과 그 기교가 의미
와 느낌을 어떻게 전달하는지에 대한 고찰 사이에서 균형을 추
구해 왔다. 완성된 작품에서는 이러한 모든 요소가 화가의 개성
을 보여 주는 증거가 된다. 파버가 이러한 전통적인 관점을 고
수했다고 해서 새로운 미술을 인정하지 않았던 것은 아니다. 오
히려 그는 모든 미술을 잠재적으로 흥미롭게 여겼다.

미술가들이 표현 형식을 얼마나 잘 구현하였는지 살펴보기
위해, 파버는 작가로서의 재능을 동원하였다. 퍼거슨이 재즈를
묘사하는 것처럼 파버는 회화적 기법에 생기를 불어넣었다. 플
레처 마틴Fletcher Martin 그림에서는 "말이 카우보이를 하늘 높이 던
져 올리지만, 그림은 편안하고 무겁지 않다. 작가는 리듬이 담
긴 선과 부드러운 색채를 현명하게 사용하는 것만으로도 움직

임을 전달한다." 고야에 대해서는 이렇게 말한다.

> 우화적인 그림을 그릴 때면 고야는 염소, 사람처럼 보이는 당
> 나귀, 친칠라 쥐, 그리고 마녀와 브라우니들(좋은 마녀들)을 사
> 용하여 자연주의에서 초자연주의로 전환했고, 어떤 방법으로
> 접근하든 분명한 인간의 각인, 즉 오해의 여지가 없는 인간의
> 특징을 포함시켰다. 이는 디테일의 문제로, 그는 더 깊고 더 강
> 하게 기이한 디테일로 빠져들어 가장 거칠고 비뚤어진 또는 굴
> 절된 유사성을 구현하였다.

그리고 고야는 순수한 구상주의적 기술을 사용한다: "고야
는 이 세상으로부터 황소를 끌어낼 수 있었다."

하지만 과장된 콘셉트가 형식을 혼란스럽게 만들 때는, 벤
튼의 전쟁 시리즈인 〈위험한 해Year of Peril〉에 대하여 그랬던 것처
럼, 파버는 가혹하게 말했다.

> 그의 그림은 이제 땅으로부터는 파시스트 폭력배에 의해서, 하
> 늘로부터는 메서슈미트Messerschmitt의 빛에 의해서 작살에 찔린
> 듯 십자가에 박힌 예수가 되려는 경향이 있다… 이 그림에는 수
> 십 종의 지배적 색채가 있지만, 그 어느 색도 서로 상관이 없다.
> 오히려 서로를 지운다. 각 형식은 서로 분리되어 있기 때문에,
> 이 그림의 콘셉트는 분열이라 할 수 있다.

독일어로 파버Farber는 염색기술자를 의미하는데, 실제로 파
버는 자신의 이름이 뜻하는 것처럼 특히 색에 예민했다. 유명한

일화로 그린버그는 몬드리안의 이론을 잘못 이해하여 〈뉴욕 부기우기New York Boogie Woogie〉라는 그림에 포함되지 않은 색을 언급한 적이 있다. 반대로 파버는 샤갈의 레몬색 태양과 산딸기색 얼음조각에 대해 이야기할 때면 입맛을 다시곤 한다. 그의 그림 속에서는 "고환처럼 생긴 과일"이 금빛 벨벳처럼 반짝인다. 파버는 종종 "색의 리듬", 즉 하나의 빛깔이 음영에 따라 변화하는 과정을 논한다. 밀튼 에이버리Milton Avery는 한 작품에서 "메인 컬러(성 베드로의 날에 사용하는 벽의 초록색)의 선명함을 투박하고 거의 건조한 초록의 농도를 단계적으로 낮추어 사용함으로써" 확장시킨다. 대부분의 수채화가들이 그러하듯이 화가가 색을 사용하는 데 실패할 때면, 파버는 그 결과를 "회화적으로도 그리고 감성적으로도" 무기력하다고 평가한다.

스포이드의 미학

대중문화의 완고한 적인 그린버그는 몇몇 화가를 "만화가comic-strippers"라 폄하했다. 하지만 파버처럼 당신이 미술에서 감정을 찾고 있다면, 왜 만화는 시도해 보지 않는가? 만화도 결국 웃음을 끌어내기 위한 것이다. 정말 재미있는 만화라면 대사나 지문에 의존할 것이 아니다. 그림도 재미있어야 한다. 에이지가 〈살인광 시대〉를 신비평의 자세히 읽기 기법을 통해 분석했던 것처럼, 파버는 당시 인기를 끌었던 이미지의 가장 통속적인 형식 분석에 전통적인 예술-역사적 방법을 도입하였다. 이런 방법이 학문적 영역에서 모종의 힌트를 제공받았을지라도, 파버의 유연하고도 토착적인 스타일은 전통적인 학문적 개념을 몰

5.1 스탠 맥고번, 실리 밀리. 트랜스/포메이션 1에서, no.2(1951): 96

아냈다.

1944년 그가 만화에 대해 쓴 멋들어진 칼럼은 감식가로서의 기쁨을 드러낸다. 그는 만화의 황금시대가 범용함에 자리를 내줬다면서도, 어니 부쉬밀러Ernie Bushmiller의 〈낸시Nancy〉(캐릭터들이 모두 "소화전처럼 생긴 데다 키는 2피트밖에 안 되고 이름은 1인치 정도로 긴")와 〈벙글스 패밀리The Bungles Family〉(기억에 남을 만한 코를 가진), 그리고 지금은 잊혀진 〈실리 밀리Silly Milly〉를 칭찬한다.

〈실리 밀리〉는 마치 바람을 맞은 듯한 전형적인 맥고번 스타일로 그려졌으며, 손질된 머리와 매우 커다랗고 표정이 풍부한 눈, 그리고 완벽한 계란형의 옆모습을 가진 선사시대의 동물을 등장시킨다. 이 만화는 〈스모키 스토버Smoky Stover〉처럼 생생한 실내 장식과 악수를 하는 가족의 초상을 그린 만화 중 하나이며, 각 컷마다 웃음을 주려 노력하는 만화 중 하나이기도 하다…. 또한 이 만화는 잘난 체하고 진부하며 어설프고 그다지 호감이 가지 않지만, 매일 어김없이 유머를 한 줌씩 떨어뜨린다.

멕시코 출신인 호세 과달루페 포사다José Guadalupe Posada가 취했던 일러스트레이션 형식 역시 인기를 누렸다. 클레멘트 그린 버그는 그가 재능에는 한계가 있지만 괜찮은 기술을 가졌으며, 이는 그가 "순수한 색"으로서의 흰색과 검은색이 가진 힘을 이 해하기 때문이라고 했다. 화가이기도 한 파버는, 포사다의 디 자인의 완전함은 부분적으로 크기(그의 큰 그림도 "빵 한 조각만 한 사이즈"이다) 및 방법(금속활자처럼 분할해 "폐쇄적이고 인색한 형식" 과 "스타카토의 움직임"을 이끌어낸다) 때문이라고 설명한다. 파버는 포사다의 요란스런 장면들의 목록을 제시하며, 주제 문제 역시 잊지 않는다.

> 그는 처형과 살인을 보여 주는 것을 특히 좋아해서, 살인자의 칼이 희생자의 목을 그으러 가는 순간이나 총살대가 총을 막 발사하는 순간을 묘사했다. 하지만 그는 화염과 충돌과 돌발적 인 죽음에도 깊은 관심을 기울였고, 세상의 마지막 순간이 어 떤 모습일지를 그린 훌륭한 일러스트레이션 두 점을 남겼다.

라이오넬 파이닝거Lyonel Feininger는 만화를 그렸던 몇 안 되는 진지한 화가 중 하나였다. 아마도 이 때문에 그린버그는 그를 단 몇 줄로 일축했다. 반면 파버는 비슷한 분량으로, 파이닝거 의 독특한 스타일을 멋지게 요약한다.

> 긁어 낸 선으로 그려진 곤충 같은 인간들, 부채꼴 모양의 다 리, 투너빌 기차(역주-1900년대 초 미국 신문에 실린 인기 연재만 화 「Toonerville Folks」에 등장하는 기차), 영화 〈칼리가리 박사의 밀실〉에 나올 듯한 집과 거리, 초록색 사탕 빛을 띤 바다 위로

떠 있는 네 개의 돛대를 단 범선(이보다 더 경이로운 것은 없다), 그리고 그 위로 보이는, 아이가 가위로 잘라 낸 듯한 글자 C 모양의 노란색 달 등, 어린 소년의 동화 같은 환상의 세계.

정확성에서 파버는 그린버그를 앞지른다. 두 사람이 동일한 쇼나 책을 리뷰할 때면, 요점이 분명하고 재미있는 파버의 분석이 더 좋은 반응을 얻었다. 그린버그는 그림의 피할 수 없는 미래, 좀 더 불길하게는 자신이 리뷰하고 있는 화가의 암울한 종말을 단호하게 선언하거나 독하게 일반화하곤 한다. 두 사람이 윌리엄 스타이그의 책 『외로운 사람들The Lonely Ones』을 어떻게 다루었는지 생각해 보라. 스타이그는 후에 만화가이자 아동문학 작가로 유명해졌지만, 1940년대 중반에는 솔 스타인버그Saul Steinberg와 함께 풍자적인 화가로 명성을 누렸다.

그린버그는 스타이그의 그림이 포착하는 것은 현대인들이 사적인 고백을 마치 무기처럼 사용하는 현상이라 여긴다. 그들은 자신들의 외로움을 시인하면서도 자기를 과장하며 동정을 구한다. 그린버그는 스타이그가 날카롭게 아이디어를 전달한다며 칭찬했지만, 그가 그리는 것은 만화이며, 따라서 "예술은 아니다"라고 결론 짓는다. 그의 그림들은 전형적인 이미지에 의존하고 현대적인 기준을 충족시키지 못한다. 선은 "그 자체로는 별다른 역할을 하지 못하고", 놀랄 때면 눈썹을 들어올리는 것처럼 모든 것이 만화적인 상징으로 표현된다. 그러므로 그린버그는 굳이 스타이그의 기법을 분석하지 않는다.

파버는 이보다 더 깊게 파고든다. 그는 노이로제에 관한 스타이그의 첫 번째 책이 정신병을 다룬 『외로운 사람들』보다

5.2 〈신경Nerves〉(윌리엄 스타이그). 매니 파버, "차임 그로스, 밀턴 애버리, 그리고 윌리엄 스타이그"에서, 〈예술잡지〉 36(1943년 1월): 15

덜 충격적이라고 평가한다. 파버는 스타이그가 종종 만화적 기법에 의존하지만, 최고의 작품들을 보면 그의 선이 표현적 자질을 가지고 있다고 인정한다. 이 선은 "치명적인 순간의 가장 중요한 부분, 교란된 정신의 정수를 날카롭고 냉정하게 표현한다." 그가 사람을 그리고 있지 않을 때에도, 그의 작품에는 불안이 관류한다.

　　5.2보다 더 모호한 그림은 없을 것이다. 하지만 파버는 이렇게 설명한다.

　　'신경Nerves'(테이블 모서리 위에서 위태롭게 균형을 잡고 있는 공)의 관점에서 보자면, 테이블의 기울어짐과 빛과 선이 모두 공이 곧

떨어질 것임을 가리키고 있다. 하지만 언제 떨어질까? 일반적으로는 알아채기도 어려울 만큼 사소해 보이는 디테일을 포착하는 것이 흥미롭다. 테이블 아래의 부자연스러운 음영은 매우 불규칙적으로 윤곽을 따라 뻗어 나가며, 이는 느슨하고 희미하며 균형을 잡지 못하는 신경쇠약의 상태를 연상시킨다. 또한 이는 선명하고 정돈되어 있으며 명확한 테이블의 세계와 대조를 이룬다. 스타이그는 공이 곧 낙하하려 하는 기이하고 실체가 없는 상태를 보여 준다. 테이블 역시 똑같이 흥미로운데, 이는, 여전히 리얼함에도 불구하고, 스타이그가 그리는 모든 것에 혜택받지 못하는 소외된 인간들의 느낌이 스며 있기 때문이다.

내 생각에 1940년대 그린버그의 리뷰에서는 정교함을 찾을 수 없다. 파버는 현역 화가로서 그린버그가 모호하게 스타일과 콘셉트라고 일컫는 것에서 감성적인 특징을 찾는다. 파버 역시 스타이그의 선이 "그 자체로 독자적인 것으로 느껴지지 않는다"는 것에 동의한다. 하지만 그 선은 감정을 위해 사용된 것이다. 이 단순한 그림에서 그가 이렇게 많은 것을 읽어 낼 정도라면, 폴 세잔이나 피에트 몬드리안, 그리고 로버트 마더웰Robert Motherwell의 그림에서는 얼마나 많은 것을 읽어 낼지 짐작할 수 있을 것이다.

형식을 통해 전달된 감정을 가식 없이 강조했기 때문에 파버는 다른 음유시인들이 자신들만의 방식으로 그랬듯, 대중문화 논쟁에서 벗어나 대중예술을 직접 마주한다. 그리고 종종 대중예술을 포용한다. 파버가 고상하건 저속하건 이미지를 그 자체의 의미로 직접 받아들일 수 있었던 것은, 〈파르티잔 리뷰〉 집단의 장광설이나 그린버그의 허세와는 동떨어진 스타일에 힘입어 엄청난 힘을 발휘한다. 파버의 다채로운 언술—형식과 감정의 조우, 디테일의 정밀 탐사, 인화성의 어투—은 그가 영화를 리뷰하기 시작하면서 더욱 강렬해진다.

퍼거슨의 유산

청년 파버가 마주해야 할 또 다른 주요 인물은 제임스 에이지였다. 에이지가 사망한 후 파버는 그를 다소 퉁명스럽게 칭찬하면서도 한편으로는 철저한 미들브로우, "희생양a fall guy", "말로 묘기를 부리는verbal stunting" 데 도가 튼 사람, 그리고 "거만하고 전지전능한 결정"의 수행자라고 불렀다. 어쨌든 당시 파버는 이 경쟁자의 위상을 인정했다. 『이제 유명인들을 칭송하자』가 실패했음에도, 에이지는 뉴욕 문학계에 추종자들을 거느렸다. 파버는 그와 친구가 되었고 자주 어울렸다. 에이지는 살아 있는 동안 자신보다 어린 파버를 종종 언급하며 〈네이션〉에 자신의 후임으로 자리 잡도록 해 주었지만, 파버는 지면에서 에이지를 언급한 적이 거의 없었다. "그는 내가 일자리를 얻는 데 주력했고 나는 그 일자리를 잃는 데 주력했다."

지면에서 둘의 성격은 반대였다. 에이지의 리뷰는 세심하고 유려했으며, 조심스럽고 내성적이었다. 그의 진지함은 『이제 유명인들을 칭송하자』의 페르소나가 확장된 것이다. 파버는 다른 페르소나를 구축했다. 그것은 거리낌없고 직설적이며 세련된 망나니였다. 그러나 둘 모두 유희적이고 퍼거슨의 미학과 가까웠다. 그들은, 예를 들자면, 예술가연하는 영화, 말 많은 영화, "연극적인" 영화에 대한 퍼거슨의 일반적인 반감에 동조했다. 또한 좋은 영화는 흐르는 것이라는 그의 명제를 지지했다. 좋은 영화는 분명하고 선명하게 이야기를 제시하기 위해 이미지와 사운드를 조율하는 것이다.

할리우드의 고유한 미학에 동조하며, 퍼거슨은 관객이 예술적 기교를 알아채면 안 된다고 주장했다. "제일 큰 문제는 언제나 이야기, 이야기, 이야기다. 어떻게 하면 이야기가 진행된다는 사실을 먼저 알아차리지 못하게 그들에게 이야기할 것인가?" 결과는 테크닉의 정교한 종속화를 승인하는 것이었다. 그가 〈시민 케인〉 리뷰에 쓴 것처럼, 환영의 창조는 "환영 자체의 자연스러운 출현에 숨겨져" 있다.

에이지는 순수하게 시적인 현현poetic epiphanies을 선호했지만, 직접적이고도 깔끔한 스토리텔링을 지지했다. 퍼거슨은 파버에게 더 깊게 각인되었다. 파버는 후기의 저술에서 특유의 신랄함 없이 퍼거슨에게 자주 경의를 표하곤 했다. 파버는 1952년 「더 김프The Gimp」라는 고전적 에세이를 쓰면서, 10년 전 퍼거슨이 〈시민 케인〉에 대해 쓴 리뷰에서 아이디어와 구문을 차용했다. 훨씬 후인 1977년에도 그는 마치 모든 독자가 오랫동안 잊혀진 그 옛날 글을 알고 있다는 듯이 "퍼거슨이 〈시민 케인〉의 철책에 관하여 쓴 것"을 언급했다.

퍼거슨의 보이지 않는 스타일이라는 아이디어를 새로운 차원으로 끌어올리며, 파버는 이렇게 말한다.

만일 카메라가 존재하지 않는 것처럼 사건들이 진행된다면, 만

일 카메라가 이 사건들이 어떤 것인지 단순히 지켜보고 기록만
한다면, 내게는 그 영화가 영화의 진정한 본질을 보여 주는 것
이다. 즉 연극적이지 않다는 것이다. 사건의 실행과 절차는 카
메라와 관계없이 오로지 사건 내부의 요소에 의해서만 추진되
는 것으로 보일 것이다.

파버에 의하면 좋은 감독은 언제나 "행동과 동작의 시각적
세계에서 아이디어를 찾는데, 이는 영화에 훨씬 더 적합하며 정
서적으로도 활달한 방식이다." 에이지와 마찬가지로 파버는 무
성영화의 시대에 이 특성이 구현되었다고 여겼다. 둘 모두 그리
피스, 채플린 그리고 무성영화 시대의 또 다른 정전들이야말로
유성영화가 경쟁해야 할 상대로 여겼다.

파버에게는 에이지나 퍼거슨보다 논란거리가 많았다. 보이
지 않는 환영과 내러티브 연속성에 대한 요구는 당시 미술계를
지배했던 모더니즘과 충돌했다. 그린버그와 그의 추종자들은,
앞서가는 화가라면 표층의 가치와 공간적 충돌 같은 반환영적
장치를 탐구해야 한다고 선언했다. 스토리텔링은 빅토리아 시
대의 내러티브 페인팅의 모든 기교를 터득한 노먼 락웰과 같은
미들브로우에게 맡기라고도 했다. 그린버그는 현대 미술이란
이야기를 하지 말아야 한다고 목소리를 높였다. 그러나 퍼거슨
과 파버에 따르면 영화의 핵심은 일러스트레이션illustration, 즉 액
션으로 말해지는 이야기이며, 영화적 기법을 통해서 유연하고
쾌활하며 정서적으로 흥미진진하게 만들어지는 이야기였다.

스타일이 바로 매니 파버다

내가 40년대에 비평으로 하고자 한 것은… 내가 할 수 있는 한
완벽하게 영화를 하나의 지형도로 독자들 앞에 내놓는 것이었다.
관객들을 끌어들일 수 있고, 그들이 인식하지 못하는 사이에 이런
시야를 제공하는 그림, 할 수 있는 한 정확하게 그 영화의 랜드스
케이프를 누설하는 그런 그림을 나는 만들어야 했다. 이는 언어와
통찰에 있어 많은 색채 작업—장식적 자질이라는 면에서의 색채
작업—을 필요로 했다.

— 매니 파버, 1977

글을 쓸 때 퍼거슨은 기준치를 높이 잡았다. 〈필라델피아
스토리The Philadelphia Story〉에 대해 쓴 글을 보자.

그러한 효과에 너무나 많은 힘을 쏟아버려, (이 감독은) 관객들
이 하품을 하거나 몸을 긁거나 서스펜스가 고조되고 있는 건지
그냥 속옷이 말려 올라가고 있는 건지 진지하게 고민하지 않게
만들 수 있는 것은 시 속에 등장하는 영원히 흐르는 개울밖에
없다고 생각했을 수도 있다… 내 생각에 감독은 〈타임라이프
Timelife〉와 그것의 신탁처럼 보이는 산문체 옹알이를 대가로 바
로 그 우스운 일을 확장했을 수도 있다. 심지어 거기 등장하는
예리한 칼날마저 코걸이를 한 채 흥얼거리며 똑같은 가판대로
굴러가는 뭉툭한 버터 한 조각이나마 제대로 벨 수 있을지 모
르겠다. 하지만 누군가가 이미 완수함으로써 이미 끝난 것이라
는 사실을 아주 잘 입증한 뒤에, 무엇을 어떻게 해야 할지를 알

려줄 수 있는 건 없다.

거칠고 까다로운 글이다. 그러나 1940년대를 통틀어, 파버는 퍼거슨의 구어체 산문을 강도에서 몇 단계 끌어올린다. 예를 들면, 남성적 가치(몸을 쓰는 일, 전우애)는 퍼거슨에게 매우 중요하며, 에이지와 파버는 둘 다 "정력virility"이란 단어를 큰 칭찬의 의미로 사용한다. 특히 파버는 더 나아가, 마야 데렌의 영화를 "레즈비언 같다"고 평하고, "호모 같은pansyish 구성과 조명"을 비하한다.

파버는 비평적 수사를 과장되게 사용하기도 한다. 주로 조롱을 할 때 쓰지만, 비판적인 유머를 구사할 때에도 동원된다.

과장: 〈주크 걸Juke Girl〉은 "당신이 본 것 중 가장 호전적인 영화"이다. 〈고독한 마음일 뿐이야None but the Lonely Heart〉는 "할리우드가 만들어 낸 영화 중 가장 뒤죽박죽인 영화"이다. 발 류튼은 "할리우드에서 가장 상업적이지 못한 제작자이다." 〈안녕, 내 사랑Murder My Sweet〉은 "수년간 나왔던 영화 중 모든 면에서 가장 이해하기 힘든 영화"이다.

은유: 〈무방비 도시〉의 주인공은 "젖은 실을 연상"시킨다. 빙 크로스비는 "턱에 제트 추진기가 달린 것처럼 껌을 씹는다."

코믹한 의인화: 히치콕은 "의상 및 장식에 번쩍거리는 광채, 긴장감, 잠복한 악마를 스며들게 만들어, 관객들은 구석진 계단 혹은 넥타이 핀이 눈에 띄는 모두를 살해하기 시작하기를 기대

한다."

코믹한 절제: 〈면도날The Razor's Edge〉의 주인공은 "전쟁 경험으로 깊이 괴로워한다." 〈천국으로 가는 장의사A Rage in Heaven〉 속 주인공의 사무실은 "다소 위축되어stunted… 여덟 또는 아홉 대의 기차밖에 들어갈 수 없다."

코믹한 과장: 앤 블라이스는 "자기 나이보다 약 80년은 어리게 행동한다." 〈님은 가시고Since You Went Away〉에 나오는 집에는 부재 중인 아버지의 "사진 수백 장"이 등장한다. 〈우리는 남이었다We Were Stranger〉에서는 "여섯 명의 프롤레타리아 영웅들이 일주일 만에 홀란드터널 크기의 터널을 판다."

풍자: "하지만 무엇보다도 이 영화는 별로인 데다 MGM이 만들었으며 이 사실로 논쟁은 종결된다."

역설: 〈포스트맨은 벨을 두 번 울린다The Postman Always Rings Twice〉는 "너무 형편없어서 퇴장할 수가 없다."

그에게는 마지막에 반전을 가져오는 문장을 사용하는, 즉 파라프로스도키안paraprosdokian식 표현에 대한 재능이 있다. 퍼거슨은 시큰둥한 반절정적 화법의 대가였지만, 파버는 여기에서 더 나아간다. 가장 유명한 예는 바로 이것이다. "〈제17포로수용소Stalag 17〉는 투박하고 클리셰가 가득한 눈으로 나치 포로수용소를 들여다보았기 때문에 나는 끝나지 않기를 바랐다." 또 다른 예가 있다. "영화를 관람하는 것이 아니라 책을 읽는 듯한 느낌을 주려는 시도였던 것 같은데, 이는 어느 정도 성공한 것 같다고 생각한다. 어쨌든 영화를 효과적으로 망쳤다."

파버의 가장 왕성한 수사적 전략 중 하나는 인칭대명사의 이용이다. 에이지의 글은 그가 판단을 내리기까지 밀고 당기며 몸부림치는 동안 '나'라는 단어를 빈번하게 사용한다. 반면 판단을 내릴 때 고통스럽게 망설이는 일이 전혀 없는 파버는 '나'를 거의 사용하지 않는다. 그는 '당신(you)'의 비평가다. 퍼거슨도 '당신'을 종종 사용하지만 그건 독자들을 직접적으로 지칭하기 위해서다. 파버는 '사람(one)'이라는 단어의 자리에 '당신(you)'을 선택한다. 〈빅 슬립The Big Sleep〉에서는 "인간들에게 동기를 부여하는 것이 무엇인지 당신이 결정한다." 〈무방비 도시〉에서는 "당신에게 수십 편의 다른 영화를 상기시키지 않고는 아무도 입을 열거나 걸음을 옮기지 않는다." 파버의 〈노스 스타North Star〉에 대한 리뷰에는 '당신'이란 단어가 쏟아지는데, 이는 독자가 그의 글을 따라가며 동시에 시각적으로 영화를 보도록 만든다.

이 전략은 영리하다. 평론가가 받는 인상이 가상의 관객(당신)에게 전이되면, 당신은 이미 그에게 반쯤 동의한 것이 된다. 더욱이 평론가가 수십 편의 다른 영화에 대한 지식을 독자에게 당신의 것이라고 돌릴 때 우쭐해진다. 이러한 동료의식은 평등을 암시하는 동시에 권위를 부여한다. 폴린 카엘은 이러한 장치에 의지했다. "당신은 마을로 가고 싶어진다. 영화로 다시 돌아가고 싶어지는 것이다."라는 〈록산느Roxanne〉(1987) 리뷰에서의 그녀의 문장을 떠올릴 때마다 나는 매번 움찔하게 된다.

형식과 감정

파버의 수사적 기교는 종종 우리가 그의 예술 비평에서 발견하는 여러 종류의 디테일을 날카롭게 다듬기 위해 사용된다. 짧은 리뷰에서라면, 평론가는 매 순간들에 촉각을 곤두세워야한다. 이 순간들은 일반적으로 결함이 있거나 아름다우며, 평론가의 눈이 세심한지 은밀하게 드러내기도 한다. 에이지와 파버는 모두 퍼거슨처럼 활력, 정직, 그리고 잘 다듬어진 스토리텔링을 찾으려 했다. 에이지는 더 나아가 특권적 순간에 드러나는 초월적 아름다움을 포착하려 했다. 낭만파가 아니었던 파버는 그가 회화에서 높이 샀던 의미심장한 표현을 영화에서 찾으려했다.

그래서 〈카사블랑카Casablanca〉에서 그는 "어느 때보다 빨리 이마를 찌푸렸다 폈다 하는" 피터 로레나 "입안 가득 피를 물고 있는 듯한" 험프리 보가트에게 매료된다. 〈유리 열쇠The Glass Key〉는 등장인물이 "두개골에 내려치기 직전, 병을 애무하는 장면"을 곱씹게 한다. 파버는 마치 다섯 명이 붐비는 극장에 들어가도 나란히 앉을 수 있는 자리를 쉽게 찾는 것처럼, 믿기 어려운 깔끔함을 비웃는다. 반면 〈사나운 청춘Youth Runs Wild〉은 "(류튼의) 고등학생 아이들처럼 한 그룹의 모든 시각적 어휘, 예컨대 그들이 핸드볼을 하고 담배를 피울 때의 자세와 몸짓을 다룬다." 새로운 디테일은 계획적으로 삽입된 것이 아니라 무심코 포착되었을 때 가장 훌륭하다. 뚜렷한 효과를 위해 애쓰다 보면 카메라에 대한 의식 없이 자연스럽게 움직이는 행동 감각을 해칠 수 있다.

그린버그보다 파버의 미술 리뷰가 더 구체적인 것과 마찬
가지로, 영화의 경우 역시 에이지보다 파버의 리뷰가 더 구체적
이다. 에이지에게 〈카운터 어택Counter-Attack〉(1945)은 곡예와 같은
것이다. 영화는 대부분 명암 구분이 뚜렷한 지하실로 장소를 한
정하는데, 지상에서 전투가 치열하게 벌어지는 동안 여기선 두
명의 소비에트 파르티잔이 일곱 명의 독일 군사들을 감시한다.
에이지에 따르면, 제한된 공간에서 영화에 활력을 불어넣는 것
은 별로 어렵지 않다. 그는 정형화된 결점들과 몇 가지 덕목들
을 거론하며 일반적인 관점에서 이 영화를 칭찬하고 비판한다.

파버는 〈카운터 어택〉에 관해 긴 칼럼을 쓰면서 몇 가지 이
의를 제기했는데, 늘 그러하듯 에이지보다 더 신랄하다. 폴 무
니Paul Muni는 "너무 자주 지나치게 정형화된, 연극조의 러시아 화
신으로 등장한다." 무니의 연기가 "1마일 이내 어디에서 보든,
디테일을 연구할 수 있을 정도로 무겁고 강조된 스타일"이라는
것이다. 중요한 차이는, 그러나, 파버가 세부사항에서 우리를
몰입시킨다는 것이다.

나치는 좀처럼 클로즈 업으로 잡히지 않으며, 그들의 무리
내부에 있는 모습으로도 거의 등장하지 않는다. 무리에서 벗어
나는 그 움직임은 "장엄한 모습으로" 조명을 통해, 그리고 무니
가 적의 접근을 얼마나 허용할 것인가에 대한 긴장을 통해 표
현된다. 무니는 채찍을 휘두르듯 명령을 내린다. 영화는 "춤을
추는 것처럼 최면을 거는 마술사의 퍼포먼스를 제시한다. 여기
엔 이 마술사가 담배를 던질 때 헬멧 내부에 담배가 부딪히는
소음으로 판별되는 교묘한 사운드가 동반된다."

파버의 리뷰는 주제, 형식, 그리고 스타일의 최신 경향에 주의를 기울인다. 그는 영화가 아프리카계 미국인을 어떻게 그리는지에 대해 매우 민감하며, 진지한 영화에서도 흑인 캐릭터의 정체성을 어떻게 축약하는지 살펴보기를 잊지 않는다. 그의 형이 정신과 의사였기 때문에, 그는 유행하는 정신분석적 미스터리에 신랄한 유머를 던질 수 있었다. 의사는 환자를 자극하여 "그가 가진 하나의 트라우마를 떠올리게 한다. 울워스Woolworth 빌딩을 들어올리려는 남자와 같은 안간힘이라는 트라우마 말이다."

그는 (별로 좋아하지는 않지만) 플래시백의 유행, 즉 전쟁 영화의 최신 관습들과 영웅에게 부여되는 여러가지 역할에 주목한다. 그는 프레스턴 스터지스의 〈팜 비치 스토리Palm Beach Story〉의 영민한 오프닝에 감탄하면서, 이를 실험이자 영화의 마지막 쇼트에까지 해당되는 "미니어처 영화"라 칭한다. 할리우드의 전망에 대한 재미있는 에세이에서는 차오르는 눈물, 사람들이 몇 입 먹기도 전에 끝나 버리는 식사, 두어 모금으로 다 타고 마는 담배, 빠른 동작으로 완벽하게 써 내려가는 노트 등 클리셰의 원천을 공격 목표로 삼는다. 대중문화 비평가들이 별 뜻 없는 공식이라고 본 것을 파버는, 그럭저럭 작동하지만 막상 생각해 보면 멍청하게 보이는 익숙한 관습적 즐거움으로 여긴다.

파버는 퍼거슨의 명제를 따라 영화는 감정을 표현한다고 주장한다. 그는 스터지스의 영화들이 "감정을 환기시키지" 못한다고 우려하고, 〈더 클락The Clock〉 속 연인들의 키스 장면이 "수년간 본 것 중에 가장 멋지고 감정적으로도 정확한 장면"이라고 칭찬한다. 심지어 〈천국으로 가는 장의사Rage in Heaven〉와 같이

허약한 영화도 로버트 몽고메리Robert Montgomery가 두려움에 경련
을 일으키는 연기를 보여 준 덕에 구제된다. 〈검은 거울The Dark
Mirror〉은 놀랄 정도로 시각적인 방법으로 감정적 진실을 표현한
다. 여기서 세 명의 남자 주인공들은 각기 다른 키스 스타일로
자신들의 개성이 부각되는 것이다. 파버가 칭찬했던 그림들처
럼, 영화는 감정을 모호하게 강조하지 않고 거침없이 제시할 때
훌륭해진다.

네거티브 스페이스, 2-D 그리고 3-D

이것이 전부일까? 파버가 비평적 논의에 기여한 가장 큰 공
헌은 화가로서 그리고 현대 회화의 비평가로서 가진 전문지식
이 아니었을까? 1940년대의 비평에는 그가 후기에 보여 준 것
보다 미술에 대한 언급이 덜 포함되어 있다. 하지만 그는, 다소
조심스럽긴 했지만, 영화를 회화적으로 보기 시작한다. 그럼에
도 불구하고 그의 접근 방식의 탁월한 점은 영화를 현대회화와
는 다른 것으로 다룬다는 것이다.

파버는 이미지가 영화매체의 예술적 기교의 중심이 된다
고 주장한다. 하지만 그의 미술 리뷰가 회화적 구성의 기하학을
자주 강조한 반면, 영화 리뷰는 그만큼 강조하지 않는다. 무엇
보다 그의 주된 관심은 감독이 사건을 표현하는 방식이다. 〈이
방인The Stranger〉에서 웰스는 "액션의 임팩트를 극대화할 수 있는
각도로 촬영된" 순간들로 흥미를 유발시킨다. 테이 가넷의 〈크
로스 오브 로레인The Cross of Lorraine〉은 전투를 "탁월한 회화적 진
실성, 복합성, 그리고 힘으로 표현한다. 그는 늘 액션에 대한 가

장 명확하고 직접적인 관점을 가짐으로써, 그리고 액션이 지속
적으로 관객들에게 충격을 줄 수 있도록 영화를 편집함으로써
액션의 감정을 불러일으킨다."

파버는 대부분의 영화가 목적을 지닌 이미지가 아니라 무
난한 윤기의 이미지를 목표로 한다고 주장한다. 영화가 약할
때에는 "당신의 눈을 이야기에 집중시킬 만큼 호기심을 불러일
으키는 것이 인물과 옷차림과 연기에 없다." 〈천국은 기다려준
다Heaven Can Wait〉는 카메라를 배우들로부터 먼 곳에 위치시켜 놓
고 눈높이에 맞추어 정면에서 그들을 잡는 데 만족한다. 〈잃어
버린 경계선Lost Boundaries〉은 아프리카계 미국인들에 대한 메세지
가 감탄할 만하지만, 회화적으로는 "바닐라 푸딩만큼이나 흐느
적거린다."

> 전통적인 집단 초상화의 구성, 즉 주요 디테일을 카메라에 가
> 깝지도 않고 멀지도 않게 화면 중앙의 약간 위에 위치시키는 것
> 이 아닌 다른 어떤 것을 시도한다면, 촬영의 구상은 분명히 성
> 공한다.

젊은 시절의 파버라면 웨스 앤더슨Wes Anderson에 대해서 뭐라
고 생각했을까?

파버에게 가장 기억할 만한 이미지는 프레임화와 무대화
를 통해 이야기의 아이디어를 전달하는 것, 예를 들면 〈39 계
단The 39 Steps〉의 정치적 모임이라든가 〈옥스보우 인시던트The Ox-
Bow Incident〉에서 카우보이들이 빗장 위로 그림을 바라보는 장면
과 같은 것이다. 〈미스터 럭키Mr. Lucky〉는 "한 인물의 위치를 그의

환경과 또 그 환경을 그와 함께 점유하고 있는 사람들에게 연관시켜" 포착한다. 파버는 사람들과 파티션으로 가득한 전쟁지원War Relief 사무실 장면이 어떻게 "건축과 팬터마임, 그리고 영화적 장치를… 묘기 부리듯" 결합하는지에 대해 상세히 언급한다. 또한 그는 매체의 특수성에 대해서도 언급한다. 시퀀스 전체가 "이 유동적인 매체의 모든 구성요소를 사용하며, 그 효과는 연극적이거나 문학적이 아닌, 진짜로 영화적인 것이다."

이 유동성은 퍼거슨에게도 중요한 것이었지만, 파버는 그것이 중심화된 구성 및 프레임의 역할에 대한 모더니스트의 요구와 어긋난다는 것을 알아차린다. "(영화는) 목소리와 눈과 다리를 가지고 있기 때문에 다른 매체보다 더 유동적이다. 사람의 마음처럼 영화는 물리적으로 매여 있지 않고 그림도 그릴 수 있다." 영화는 몬드리안이나 말레비치의 그림처럼 프레임 테두리가 스스로의 역동성을 만들어 내는 것이 아니라, 펼쳐지고 있는 그림 족자에서 발견할 수 있는 것과 같은 그 무언가를 그려낸다는 것이다. 제임스 웡 하우가 촬영한 〈에어 포스Air Force〉는 "회화에서 비롯된, 오래된 용어로 말하자면, 탈중심화된 공간을 드러내는데 이 공간은 스크린의 경계를 넘어 모든 방향으로 펼쳐지는 것처럼 보인다"고 지적한다. 파버는, 바쟁의 다공성 프레임porous frame 개념을 예기하는 것이기도 한데, 영화적 공간의 탈경계성이 영화가 가지는 힘의 중심이라고 주장한다.

따라서 너무나 정확하게 구성된 영화적 공간은 고압적으로 감상을 강요하는 것처럼 보인다. 1940년대의 많은 영화들은 심도 원근법의 촘촘한 구성을 보여 준다. 하지만 맨해튼의 현대 미술은 원근법에 의구심을 가지고 있었다. 한스 호프만

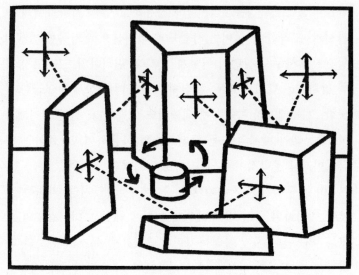

5.3 "점으로 이루어진 분할선은 포지티브한 용량 사이에 존재하는 네거티브 스페이스의 총량을 가리킨다." 얼 로란, 『세잔의 구성』, 버클리: 캘리포니아 유니버시티 프레스, 1943

과 몇몇 이론가들에 의하면, 선형의 구성(예를 들어 직선 투시도법 linear perspective)은 면들planes이나 덩어리들masses에 의한 구성보다 덜 강력하다. 화가 한스 호프만은 면들과 덩어리들로써 "네거티브 스페이스"를 통해 볼륨을 만들어 낼 수 있다.

　　"네거티브 스페이스"라는 단어는 1940년대 미술계에서 화제의 단어가 되었다. 호프만은 자신의 강의에서 이 단어를 강조하기도 했고 얼 로란Erle Loran은 『세잔의 구성Cézanne's Composition』 (1943)이란 책에서 이 단어에 대해 명확한 정의를 내리기도 했다. 로란에게 포지티브 스페이스positive space는 묘사된 장면 안에서의 덩어리들로 구성된다. 네거티브 스페이스는 덩어리들 사이의 깊이를 포함한 관계를 지칭한다.(그림 5.3) 이러한 공간들은 힘으로 느껴져야 하며, 호프만의 표현에 따르면 3차원적인 "밀고 당김push-and-pull"을 이끌어 낸다. 3차원의 네거티브 스페이스는 네거티브 형태shapes를 동반하며, 이는 화면 구성에서 채워지지 않은 직소 퍼즐과 같은 부분이다.

파버는 말년에 "네거티브 스페이스"라는 단어를 폭넓고 은유적인 의미로 사용하지만, 1953년에는 입체 영화의 증강된 깊이와 관련된 명백하게 좁은 의미로 사용한다. 3D 영화의 쇼트가 말의 다리와 마차의 바퀴로 프레이밍할 때, 앞면들과 뒷면들 사이에 "일종의 구멍"을 만들어 내며, 그 결과는 "덩어리들의 좀 더 정확한 인상"으로 나타난다.

파버는 초기에 네거티브 스페이스의 개념을 좀 더 면밀히 적용하는데, 이는 1946년 윌리엄 디털리의 〈서칭 윈드The Searching Wind〉에 대한 언급에 드러나 있다. 파버가 이 영화를 특별히 좋아한 것은 아니지만, 이 영화는 웰스가 좋아하던 "경직되고 작위적인 쇼트"와는 확연히 다른 무언가를 보여 준다. 화면에 커다란 얼굴을 클로즈업하는 등(그림 5.4 와 5.5) 프레임을 빈틈 없이 가득 채우던 웰스의 습관에 파버가 이의를 제기한 것이라고 나는 생각한다.

우리는 이러한 이미지들이 깊이 있다고 말하지만, 덩어리 사이의 긴장을 통해 네거티브 스페이스를 소환하는 대신, 웰스는 콜라주에 좀 더 가까운 것을 보여 준다. 낮은 각도의 웰스적 쇼트는 3차원적인 관계를 덜 구체적으로 만든다. 다른 크기의 형상과 얼굴을 프레임에 오려서 붙여 넣은 것처럼 보이는 것이다. 거리 변화의 감각(3-D 네거티브 스페이스)보다는 크기 변화의 감각(2-D 배치)에 가까운 것이다. 네거티브 형태 역

5.4 〈시민 케인Citizen Kane〉(1941)

5.5 〈위대한 앰버슨 가The Magnificent Ambersons〉(1942)

시 더 적은데, 이는 프레임의 구석구석이 관심사로 가득 차 있기 때문이다.

파버는 우리에게 〈서칭 윈드〉를 대조시켜 보라고 말한다. 이 영화의 구성은 "실제 삶의 흩어진 모양새the dispersed look of real life" (그림 5.6과 5.7)를 보여 준다. 우리는 형상들의 자연스러운 배열을 볼 수 있고, 또 로란의 다이아그램에서 보이는 긴장의 축들을 포착할 수 있다. 여백을 남기며 변화하는 다양한 크기의 네거티브 형태들이 잘 표현된 덕분에 사람들에게는 숨 쉴 공간이 있다. 그 네거티브 형태들은 구성적인 덩어리들에 적절한 볼륨 역시 제공한다. 파버는 덧붙인다. "리 감스Lee Garmes의 촬영은 사람들의 덩치가 커 보이게 한다."

그는 또 다른 중요한 포인트를 이어 간다. 〈서칭 윈드〉의 한 쇼트는 "당신이 마치 행위가 벌어지는 그 방에 있는 것같이 느끼게 만든다."

자연스러운 공간배열에 우리의 현존 감각이 더해진다. 우리는 그 내부에서 무심코 장면을 바라본다. 하지만 웰스의 구성은 우리가 하나의 유리한 위치에서 바라볼 때에만 이해가 되는데, 이는 쇼트가 우리의 시선을 중심으로 디자인되었기 때문이다. 웰스의 이미지에서 카메라를 조금만 왼쪽이나 오른쪽으로 움직여 보라. 구성은 바로 무너질 것이다. 사람들은 서로를 가리게 된다. 〈서칭 윈드〉의 카메라를 움직여 보라. 동작은 회화적인 일관성을 그대로 유지할 것이다. 내 생각에 이것이 파버가 말하고 싶었던 바 같다. 그는 카메라가 포착하지 않더라도 장면이 같은 힘을 가지고 펼쳐지는 것이 가능하다고 주장하는 것이다.

5.6 〈서칭 윈드The Searching Wind〉(1946)

　　요컨대 파버는 현대 미술이 그림의 평면을 고집하고, 일러
스트레이션과 환영을 거부하며, 프레임의 테두리가 적극적인
역할을 하는 것이 정당하다고 받아들였다. 그러나 이 시기에 파
버는 영화가 명확한 스토리텔링의 예술이라고 보았다. 이는 기
예를 숨기는 기예를 필요로 한다.

　　파버는 에이지나 타일러보다 더 강한 회화적 감수성을 가
지고 있었다. 재능을 타고난 그의 눈은 영화가 가진 시각적 가
능성의 크기를 가늠할 수 있었다. 그러나 그는 그러한 가능성
이 현대 미술과 유사한 것이라고 보지는 않았다. 영화는 스스
로의 필요, 즉 스토리, 환상, 정서적인 고양, 무한한 경계, 느슨
하게 구성된 형상들에 대한 필요를 지닌 새로운 시각적 기예의
매체였고, 이 모든 건 맨해튼의 갤러리들이 의심스럽게 바라본

5.7 〈서칭 윈드The Searching Wind〉(1946)

회화적 고려사항들이었다. 영화는 생생하면서도 섬세한 시각적 형식으로써 진정성과 감정을 혼합시켰을 때 최고의 상태가 되었다. 대중예술인 할리우드 영화는 표현적인 자연주의를 통해 번성할 수 있었다.

영화가 모던한 것이 되다

　　파버는 1946년 헨리 월러스Henry Wallace가 트루먼 내각에서 해고당한 후 편집장으로 부임하자 〈뉴 리퍼블릭〉을 그만두었다. 그리고 1949년 〈네이션〉에 칼럼을 기고하며 영화 리뷰로 돌아왔다. 파버의 이력 중 이 시기는 그 자체만으로도 세세하게 들여다볼 만한 가치가 있지만, 나는 이즈음 1940년대에 일어난

일에 대해 그의 미학과 태도가 어떻게 뚜렷한 변화를 보였는지
말하고 싶다.

이 시기 많은 미국의 감독들이 확연한 심도의 공간 연출과
촬영을 하기 시작했다. 〈시민 케인〉이 이러한 경향의 시초가 아
니라고 해도, 적어도 이 경향을 명확하게 보여 주었다고는 말
할 수 있을 것이다. 이 작품이 개봉된 직후부터 많은 1941년도
영화들, 즉 〈말타의 매The Maltese Falcon〉, 〈킹스 로우Kings Row〉, 〈작은
여우들The Little Foxes〉, 〈볼 오브 파이어Ball of Fire〉 등이 대형 전경과
가파른 사선, 그리고 액션의 다양한 면面들을 명료한 초점으로
보여 주었다. 이러한 기법은 할리우드의 흑백 및 컬러 영화의
가장 두드러진 특성이 되어 1960년대까지 이어졌다.

하지만 당시 미국 평론가들 중에 이 경향을 알아챈 사람
은 거의 없었다. 언론이 웰스의 기술적인 혁신을 종종 다루었고
〈시민 케인〉에 대한 리뷰 대부분은 그레그 톨런드Gregg Toland의
역할을 언급했지만, 리뷰어들은 이후 십여 년에 걸쳐 다른 영화
감독들도 받아들인 이 스타일에 대해서는 눈치채지 못했던 것
같다. 파버의 〈뉴 리퍼블릭〉 리뷰들조차 내가 방금 말한 심도
공간 연출을 우회적으로 언급하지만, 렌즈, 필름, 조명, 그리고
오늘날 기술 잡지들이 폭 넓게 논의하는 것들에 대해서는 다루
지 않는다.

그러나 1950년대 초가 되자, 파버는 그가 찬양했던 할리우
드 스타일이 어떻게 변했는지를 말하기 시작했다. 관객을 되찾
으려는 대규모 프로젝트들을 통해 영화는 점점 미들브로우가
되어 갔고, 연기 스타일은 점점 더 과장되어 심지어 신경증적으
로 보이게 되었다. 뿐만 아니라, 영화는 스타일에 있어서 점점

더 공격적으로 변해 갔다. 어느 의미에서는 현대 예술처럼 변해 간 것이었다.

1950: 미국 영화감독들은 이상하고 어색한 방법을 통해 영화가 몬드리안의 그림처럼 유연하게 작동하도록 만드는 방법을 갑자기 배웠다.

1950: 감독들은 스크린을 평면화하고, 프레이밍과 중심화된 액션을 포기하며, 배우의 중요성을 약화시킴으로써, 관객들에게 거의 사적 야만성을 지닌 영화를 보여 주고 있다.

1950년대 초의 딥 포커스 스타일이 점차 평면적이고 얕은 이미지에 밀려났다고 말하는 건 이상하게 들릴지 모르겠다. 하지만 전경의 피사체들과 후경의 형상들을 한 프레임 안에 구겨 넣는 방식은 파버에게 웰스가 남긴 "강퍅한stiff" 쇼트의 유산처럼 보인 듯하다. 감독들은 이제 〈서칭 윈드〉와 같은 영화들의 넉넉하고 분산된 프레이밍을 포기하고 있었다. 인물과 풍경을 균형 있게 배치하면서, 네거티브 스페이스 안에서 견고한 덩어리들과 표현의 긴장을 창출한 영화들은 점점 드물어졌다.

당시 영화들의 공간적인 과장은 수년간 힘을 비축해 온 스타일의 변화를 그에게 깨닫도록 했다. 1952년 그는 다소 다른 두 가지의 역사적 설명을 제시한다. 그중 하나로, 그는 〈시민 케인〉의 과잉이 수용되는 데는 시간이 걸렸다고 말한다. 그는 웰스의 영화가 베테랑 감독들에게 처음에는 거의 영향을 주지 않았다고 주장한다. 1950년대에 이르러서야 〈욕망이라는 이름의 전차A Streetcar Named Desire〉, 〈젊은이의 양지A Place in the Sun〉, 〈말 많은 세상People Will Talk〉 그리고 다른 위압적인 영화들에서 얕은 심도, "낮은 앵글의 은밀한 시선low intimate views", 융통성 없는 공간 연출, 우리 얼굴 속의 수많은 얼굴들("크고, 화려하고, 특이하며, 다소 불길한")에 의해 "직선적인 스토리텔링straight storytelling"이 밀려나 버린 것이다.

또 다른 측면에서, 파버는 이러한 퇴행이 지연된 것이 아니라 1940년대 초 이미 시작되었다고 말한다. 당시의 몇몇 감독들은 유동적이고 열린 스타일을 받아들였다. 예를 들면 발류튼은 늘 자신의 캐릭터와 풍경 사이에 균형을 추구했다. 월시와 혹스 역시 그러한데, 이들은 자신의 최고작들에서 "미국적 삶의 진실과 미국적 운동의 흥미로움the truth of American life and the excitement of American movement"을 전달했다. (파버는 여기서 다시 한 번 퍼거슨을 상기시키는데, 퍼거슨은 할리우드 영화가 "삶의 진실과 운동의 흥미로움the truth of life and the excitement of movement"에 대한 것이라고 말한 바 있다.)

그러나 파버는 1940년대 초 할리우드가 좌파 연극과 소설에 경도된 타임스퀘어 지식인들의 온상 노릇을 했다고 주장한다. 이들의 영화는 상징주의, 정치적 비평, 그리고 파편화된 형식을 강조했다. 이런 역사적 관점에서 보면, 웰스만 문제가 아니다. 스터지스(〈위대한 맥긴티The Great McGinty〉와 카닌(〈맨 투 리멤버A Man to Remember〉)도 마찬가지다. 이들은 모두 "배우와 관객을 코와 코를 맞대는 관계로 몰아넣는 매우 요란한 근접적 제시very close, snarling presentation which put the actors practically in a nose-to-nose relationship with the movie spectator"의 영화를 보여 주었다. 이는 모두, 얕은 공간 속에서 "공간의 전경에 평행으로, 그리고 정적으로 나열된 배우들the actors arranged parallel-fashion and statically on the front pane of the scene"을 보여 주는 윌리엄 와일러의 〈캐리Carrie〉(1952)로 이어진다. 역설적으로 들리겠지만, 미국 영화는 그린버그가 미술에서 칭찬했던 회화적 평면성을 이루었을 때 퇴락하기 시작했다.

몇 년 후 「네거티브 스페이스」 서문에서, 파버는 〈영광의 대가What Price Glory?〉(1927)와 이 영화의 "일러스트레이션" 스타일을 되돌아보며 이 관점에 몇 가지 지적을 덧붙였다. 그에게 이 영화는 "스크린의 공간이 인간의 치수로 측정된scaled in human terms for the space of the screen" 작품이다. 〈빅 슬립〉(1946)의 구성은 더 압축적이고 인색하지만, 〈악의 손길〉의 "혼란스럽고 비논리적이며 우의적인" 공간과는 여전히 현격한 차이가 있다.

파버의 관점에서 보자면 1950년대 미국 영화는 그 어느 때보다도 나빠졌다. 물론 그의 취향에 맞는 예외들도 있었다. 1940년대에 그는 B급 영화들을 부드럽게 옹호하는 정도였지만, 이제는 그런 영화들을 부풀려진 대규모 영화들보다 훨씬 좋아하게 되었다. 〈화이트 타워White Tower〉(1950), 〈유니언 스테이션Union Station〉(1951), 〈캔자스 시티 컨피덴셜Kansas City Confidential〉(1952)은 "저예산과 즉흥성, 현장의 테크닉을 통한 현재 시제의 리얼리즘present-tense realism"을 제시했다. 이후 그는 스튜디오 액션 영화의 대가들을 돌아보며 그의 후기 비평에서 두드러졌던 회화적 용어로 논한다. 예를 들면, 〈그의 연인 프라이데이〉에 대해 입체파적 옷깃과 모자의 챙을 거론한다.

매니와 그 남자

1950년대에 파버가 당시 경향에 대해 맹렬하게 퍼부었던 비난에는 그가 감지하지 못한 모순이 있었다. 1943년, 그는 〈시민 케인〉을 높이 사면서 이 작품이 대부분의 할리우드 영화들이 지닌 "시각적 황폐함visual sterility"에 도전했다고 말했다. 이 작품은 각 장면이 "새롭고 활기찬 시각적 경험"을 제공했다는 것이다. 웰스를 타임스퀘어 좌파Times Square leftist 지식인으로 지칭한 적도 없다. 이와 유사하게 1945년 〈지 아이 조의 이야기The Story of G. I. Joe〉에 대해서는 "진정한 영화적 힘"을 지녔다고 말했으나, 1957년에는 이 작품이 평면적이고 감상적이며 그저 MoMA(뉴욕현대미술관) 클래식에 지나지 않는다고 여겼다. 1943년, 파버는 히치콕이 "뛰어난 영화를 만든다producing movies of high quality"고 반겼지만, 8년 후에 이 감독은 "값싸고 번지르르하며 기계적으로 완벽한 충격cheap, glossy, mechanically perfect shocks"의 대가가 되었다.

종종 이런 반전은 놀랍다. 1946년 〈우리 생애 최고의 해The Best Years of Our Lives〉가 개봉되자 파버는 이 연대의 어느 영화에 대해서보다 일관된 찬사를 퍼부었다. 이 작품은 "현재의 영화들 중 가장 덜 감상적이면서도 가장 인간적이며… 바로 당신의 이야기 같은 삶을 극히 예민하고 날카롭게 들여다보았다." 그러나 10년 후, 이 작품은 "말이 끄는 트럭 한 대 분량의 리버럴한 감상주의 덩어리"이며, "구석구석 예술이라는 딱지를 붙임으로써" 간신히 명맥을 유지하는 "심각한 갑상선종solemn goiters" 중의 하나였다. 물론 평론가들은 마음을 바꿀 수 있지만, 자신들이 그렇게 했던 것을 인정해야만 한다. 본인이 부추겼으면서 과대

평가된 명성을 두고 동료 평론가를 비난하는 것은 어리둥절한
일이다.

　파버가 존 휴스턴에 대해 했던 언급에는 이런 대목이 있
다. "〈말타의 매〉는 감독 존 휴스턴이 스크린 위에 멋지게 펼친
훌륭한 이야기다."(1942) 〈샌 피에트로〉는 "쇼트마다 숨막히는
리얼리티와 풍성한 디테일, 그리고 날카로운 효과"를 보여 준
다.(1945) 그러나 1949년, 리뷰로 복귀한 파버는 휴스턴이 우둔
하다고 여겼다.

　에이지는 우리가 본 것처럼 휴스턴을 드물게 훌륭한 감독
으로 여겼다. 에이지의 〈시에라 마드레의 황금〉에 대한 리뷰는
퍼거슨의 정신을 따른다.

　　이 영화에는 쇼트를 위한 쇼트가 없고, 너무 준비된 것처럼 보
　　이는 쇼트나 너무 오래 머뭇거리는 쇼트 역시 없다. 카메라는
　　늘 있어야 할 자리에 있고, 과시적이지 않고 착취하지도 않으며
　　과장되게 극화하지도 않는다. 단 한 순간도 당신에게 아름다움
　　이나 특별한 의미를 퍼 나르려 하지 않는 것이다… 그의 스타일
　　은 보편적이면서 비가시적이다. 이는 내가 아는 한 가장 남성미
　　넘치는 영화의 스타일이다. 이는 국내든 해외든 현대 영화에서
　　볼 수 있는 것 중 가장 순수한 스타일이기도 하다.

　에이지가 〈시에라 마드레의 황금〉을 칭찬한 것이 파버가
휴스턴을 비난하는 자극제가 되었던 것 같다. 파버는 이 영화
가 개봉되었을 당시(1948) 실직 상태였지만, 〈네이션〉에 취직을
하자마자 〈우리는 남이었다〉(1949)를 본보기로 삼아 "할리우드

의 총애를 받는 청년"을 공격하기 시작했다. 그리고 〈아스팔트
정글The Asphalt Jungle〉(1950)이 개봉되자 그는 비난 수위를 두 배로
높였다.

이와 함께, 파버의 글은 조목조목 에이지를 논박하기 시작
했다. 파버에 따르면 휴스턴의 캐릭터는 지나치게 단순하고, 이
야기는 교훈적이며, 삶에 대한 그의 비전은 돈에 대한 헛된 갈
망으로 요약된다. 휴스턴은 비가시적 스타일과는 거리가 먼, 공
격적인 스타일을 가지고 있다. "파나마 모자의 질감은 너무나
강조되어 휴스턴이 당신의 망막에 가격표를 찍는 듯한 느낌을
준다."

파버는 초기 글에서 논의하던 한 라이트모티프leitmotif, 즉 최
상의 할리우드 영화는 인물과 주위 환경 사이의 균형을 보여
주는 "쪼개지지 않은 액션 시퀀스unbroken action sequence"에 기초한다
는 생각을 다시 거론한다. 고전기 감독들은 "편안한 특권적 관
람 지점, 즉 불필요한 방해가 없어 관객이 카메라를 거의 의식
하지 못하는 지점으로부터" 삶을 바라보았다. 이와는 반대로
휴스턴은 제한적이고 정적이며, 피라미드식 구성과 "세 인물을
담은 클로즈업"에 의존하고 있다.

휴스턴의 연출은 진정 배우들에게 움직일 공간을 주지 않
는다. 〈키 라르고〉의 한 쇼트는 배우들이 각자의 자리로 미끄
러져 들어가며, 웰스를 연상시키는 "강팍한stiff" 구성을 만들어
낸다.(그림 5.8과 5.9) 하지만 휴스턴의 비주얼에서 파버가 싫어
했던 것은 〈시에라 마드레의 황금〉 이전의 몇몇 영화, 예를 들
면 〈인 디스 아워 라이프In This Our Life〉(1942)라든가 〈어크로스 더
퍼시픽Across the Pacific〉(1942)에 이미 잠복되어 있다. 종종 〈말타의

5.8 〈키 라르고Key Largo〉(1948)

5.9 〈키 라르고Key Largo〉(1948)

5.10 〈말타의 매The Maltese Falcon〉(1941)

매〉는 〈시민 케인〉만큼이나 대담한 심도 화면의 영화로 보이며, 웰스가 시도하지 않았던 낯선 비대칭 구도도 과감하게 제시한다.(그림 5.10)

딥 포커스 시네마가 발흥하자, 휴스턴은 대담한 이미지의 면에서 많은 경쟁상대를 만나게 되었다. 안소니 만Anthony Mann과 같이 작업하던 존 알튼John Alton 촬영감독, 그리고 그 이전의 프로덕션 디자이너 윌리엄 카메론 멘지스William Cameron Menzies는 화려한 쇼트를 다양하게 선보였다.(그림 5.11) 파버는 〈야구왕 루게릭The Pride of the Yankees〉(1942)에서 루돌프 마테Rudolph Maté가 보여 준 촬영을 높이 샀다. "마테가 촬영하는 표현적 쇼트는, 당신의 머리 위에서 쿵쾅거리는 종류의 것이 결코 아니다." 하지만 이 언급은 멘지스의 기이한 쇼트 디자인(그림 5.12 와 5.13)을 외면한 것이

5.11 〈로 딜Raw Deal〉(1948)

5.12 〈킹스 로우Kings Row〉(1941)

5.13 〈야구왕 루게릭The Pride of the Yankees〉(1942)

다. 만일 어떠한 이미지가 답답하고 단단히 맞물려 있는 것처럼 보이면서도 멋지게 보인다면, 바로 이러한 쇼트를 두고 하는 말일 것이다. 휴스턴은 공격적인 구도를 좋아하지만, 드라마에 적용할 때는 좀 더 일반적인 딥 포커스 미학에 이끌린다. 대체로 파버는 휴스턴의 복잡한 프레임이 실제로 그런 것보다 더 드물다고 여겼다.

에이지가 1950년 휴스턴의 이력을 〈라이프〉에 소개한 것은 파버의 두 글이 나온 뒤였다. 미리 논박을 당한 에이지는 동료의 의견을 일부 인정한 듯 보인다. 그는 자신의 찬사를 반복하면서도(휴스턴의 프레이밍은 "단순하고 자연스럽다simple and spontaneous"), 최근의 영화들은 휴스턴이 "카메라맨으로서의 면모를 더" 보여주는데, 그 결과 카메라가 종종 이야기를 압도하고 조명은 너무 장식적이며 "스크린은 가끔 딱딱하고 과장된 스타일을 보여 준다the screen at times becomes rigid, over-stylized"고 말한다.

파버는 종종 변덕스럽게 너그러워져서 〈아스팔트 정글〉이 "시각적으로 흥미롭고 정서적으로 복잡하다visually interesting and emotionally complex"고 평하거나 광각의 깊이를 보여 주는 〈전사의 용기The Red Badge of Courage〉(1951)에 대해 많은 칭찬을 하기도 했다. 상관없다. 휴스턴의 영화는 파버가 새로운 할리우드의 침식을 주장하도록 이미 자극한 바 있다. 1949년과 1950년에 이 불편한 감독에 대해 그가 썼던 글은 이후 1940년대를 재평가하게 했고 흰 코끼리 예술론White Elephant Art의 단초를 제공했다.

들끓는 에너지에도 불구하고 당대의 파버는 에이지만큼 명성을 얻지 못했다. 하지만 그의 독창적인 비평적 목소리는 소수의 의견을 형성했다. 이후 파버는 B급 영화를 맹렬하게 옹호하여 독자들의 지지를 받았다. 뒤이은 당대 유럽 영화와 아방가르드 영화에 대한 열렬한 집필이 미술전문가들(〈아트포럼Art Forum〉을 통해)과 시네필들(〈필름 컬쳐Film Culture〉, 〈필름 코멘트Film Comment〉를 통해) 사이에서 그의 새로운 명성을 낳았다.

이 모든 것으로부터 우리는 1940년대의 영화 미학에 대해 무엇을 알 수 있는가? 휴스턴에 대한 엇갈린 평가는 퍼거슨의 유산에 중대한 한 가지 문제를 초래한다. 닮은 점이 너무나 많은 두 예민한 평론가가, 어떤 감독이 부드럽고 투명한 영화를 만든 건지 아니면 과시적 영화를 만든 건지에 대해 의견을 일치시키지 못한다면, 우리가 미국 영화의 스토리텔링이 가지는 뚜렷한 특성을 어떻게 이해할 수 있는가? 1940년대의 할리우드 영화는 겸허한 능숙함으로 세부들을 통합하는 표현적인 자연주의의 시대였는가, 아니면 번지르르한 세공보석의 시대였는가?

아마도 둘 다라고 나는 생각한다. 모든 시대마다 할리우드는 평범한 스타일(기준은 다소 변하지만)의 영화와 함께 자기만족적인 기예(역시 기준은 다소 변하지만)의 영화를 만든다. 에이지와 파버를 통해, 평론가들은 처음으로 리얼리즘의 형식과 책략 artifice의 형식 사이를 오가는 포물선을 보여 준다. 이와 똑같이 중요한 사실은, 파버의 까다로운 눈과 재즈풍 산문이 에이지의 울적한 서정주의를 보완하여 할리우드의 활기 넘치는 창의적 소요의 힘—⟨파르티잔 리뷰⟩의 "매스 컬처mass culture" 평론가들에게는 보이지 않았던—을 드러냈다는 것이다.

한편, 누가 퍼거슨의 유산을 어쨌든 존중해야 한다고 말하는가? 어쩌면 우리는 정직함, 자연주의, "콘티뉴이티", 유동성 그리고 그 외의 모든 것들을 포기해야 할지도 모른다. 파커 타일러가 모종의 시도를 감행한다.

6 파커 타일러
정중하고 조심스러운 게스트

그의 말 상당수는 거슬리고, 소름 끼치고, 분노를 유발할 것이다. 문학에 대한 것이든 혹은 인생에 대한 것이든, 그와 같은 접근방식에 준비된 위대한 청중은 없다. 영화에 대한 것이라면 더욱 그러할 것이다.

— 아이리스 베리Iris Barry, 『할리우드의 환각The Hollywood Hallucination』 서문, 1944

찰스 헨리 포드와 파커 타일러가 쓴 1933년 소설 『더 영 앤 이블The Young and Evil』의 도입부는 앞으로 전개될 일에 대한 적절한 예를 제공한다.

늑대가 빨간 모자Little Red Riding Hood에게 말했고 카렐이 둥근 탁자에 앉자마자 불가능한 일이 일어났다. 그의 앞에 동화 속 왕자와 레즈비언이라고 알려진 신화 속 존재의 하나가 나타난 것이다. 합석하지 않겠습니까? 그들이 입을 모아 다정하게 말했다.
그가 그들 곁에 자리를 잡자 가장 유쾌하고 작은 찻주전자와 행복하게 웃는 얼굴들이 보였다.

한쪽 귀 뒤로 머리카락을 넘긴 작은 소녀가 가까이 다가와서 말하길, 기분 상하지 않기를 바라지만 왜 여자 옷을 입지 않는 거죠?

레즈비언이 말하기를, 맞아요 당신의 얼굴이 너무 아름다워서 처음 보고 우리는 당신이 옷을 바꿔 입은 레즈비언이라고 생각했어요. 두 시간 내내 그들은 그가 여자인 편이 훨씬 더 좋을 것이라고 주장했다.

그는 잠이 들었던 것이 분명한데, 깜짝 놀라 깨어나자 보기 좋게 살이 오른 늙은 황소개구리가 그를 향해 손짓하는 것이 보였다….

이야기 속의 세계는 그리니치 빌리지의 보헤미안 및 그들의 동성애와 이성애를 넘나드는 유혹, 연애, 감정적 배신을 다룬다. 스타일은 거트루드 스타인Gertrude Stein이 가미된 주나 반스Djuna Barnes의 온화한 버전에 가깝다. 포드는 고작 스무 살이었고, 타일러는 스물아홉 살이었는데, 그들은 이미 뉴욕 문학계에서 명성이 자자했다. 『더 영 앤 이블The Young and Evil』은 미국과 영국의 출판사에서 거절당한 뒤, 성애물로 유명한 파리 회사인 오벨리스크 프레스Obelisk Press에서 출간되는 것으로 마무리되었다.

1934년, 타일러는 『모던 씽스Modern Things』를 출판했는데, T. S. 엘리어트 및 포드와 자신을 포함한 동시대 작가들의 시 선집이었다. 타일러의 작품 중 하나는 〈할리우드 드림 스위트Hollywood Dream Suite〉라는 제목의 시로, 박스 오피스의 폭파 이미지로 끝을 맺는다. 타일러는 그가 쓴 시의 목적이 "꿈의 관습a dream-convention" 및 "랭보식 환상Rimbaudian hallucination"을 통해 사랑을 전파

하는 것이라고 선언했다. 초기에 타일러는 동성애, 성적 가면
gender masquerade, 꿈, 환상, 신화를 직조했고, 이는 그의 할리우드
영화 여행의 안내자가 되었다.

고어 비달Gore Vidal이 파커를 알아보았다. 그가 1968년에 쓴
소설 『마이라 브레킨리지Myra Breckinridge』에는 1940년대 미국 영화
에 대해 권위 있는 책을 집필하겠다던 죽은 남편의 뜻을 이어받
은 여성 캐릭터 마이라가 등장한다. 마이라의 안내서는 파커 타
일러의 『영화의 마술과 신화Magic and Myth of the Movies』(1947)이다. 그
녀는 자신의 일기에 기록한다. "타일러의 비전(영화는 아주 오래된
인간 신화의 무의식적인 표현이다)은 아마 이번 세기에 등장한 유일
하게 중요한 비평적 통찰일 것이다."

비달이 타일러에게 취한 태도의 일부는 존경이지만, 일부는
조롱 혹은 캠프적인 태도에 가까운 것이다. 『마이라 브레킨리
지』는 베스트셀러(외설스러움으로 보자면 포드와 타일러의 작업을 훨
씬 뛰어넘었다)였지만, 대중은 해리슨 파커 타일러Harrison Parker Tyler
및 그의 1940년대 비평에 대해서 결코 들어 본 적이 없었다. 비
달은 이렇게 주장했다고 한다. "나는 그를 위해, 에드워드 올비
가 버지니아 울프를 위해 했던 일을 했다."

설령 그랬다고 하더라도, 그 효과는 얼마 가지 않았다. 타
일러는 영화, 회화, 문학에 관한 에세이와 저서들을 출판했고,
꾸준히 시를 썼다. 『마이라 브레킨리지』의 출판 직후, 타일러가
누린 명성은 1970년대 재출판된 『영화의 마술과 신화』 및 『할
리우드의 환각』(원래 출판연도는 1944년)에 비하면 미약한 격려에
불과했고, 이내 사라졌던 것으로 보인다. 초기 그는 포드와 함
께 창간한 잡지 〈뷰View〉를 통해 스스로를 게이/초현실주의적

아방가르드와 관련 지었다. 실험영화를 지지했던 시기에, 마야
데런Maya Deren의 노력을 옹호했고, 1945년 시인이자 감독인 찰스
볼튼하우스Charles Boultenhouse의 평생 반려자가 되었다. 그는 유럽
고전영화와 미국의 시적 신화mythopoetic의 영화들을 옹호했다. 그
러나 뉴욕 예술계가 슈퍼스타예술가인 앤디 워홀의 출현으로
정당화된 언더그라운드 영화의 발흥을 찬미하기 시작하자, 타
일러는 이 새로운 영화들이 유치하다고 주장했고, 책 한 권 분
량의 글을 통해 그들을 거부했다. 1940년대에 그는 시대를 훨
씬 앞서 있었고, 1960년대에 그는 시대의 역행자로 비쳐졌다.
그는 1974년에 죽었다.

랩소드의 일원이 되다

동시대인들과 비교하면 타일러는 여전히 무명이다. 제임스
에이지와 매니 파버는 미국 도서관 총서에서 가장 눈에 띄는 위
대한 비평가들이고, 오티스 퍼거슨도 대한 헌사도 꾸준히 등장
한다. 얼마나 많은 사람들이 타일러의 작업에 대해 모르는지 듣
고 나는 깜짝 놀랐다.

아마 부분적으로는 내가 퍼거슨의 전통이라고 말해온 영역
에 그가 정확히 부합되지 않기 때문일 것이다. 퍼거슨은 내러티
브 재현에 집중된 능력 및 그 능력을 이끄는 우아한 운동, 매끄
러운 콘티뉴이티, 넓은 의미의 리얼리즘을 토대로 할리우드 영
화를 옹호했다. 제임스 에이지와 매니 파버는 생동하는 감정,
시적 초월성(에이지의 전문분야), 내러티브와 영상의 표현적 디테
일(파버)을 통해 이 같은 요소들을 탐구했다.

타일러는 다른 것을 시도한다. 그는 리얼리스트가 아니라 초현실주의자다. 에이지와 파버가 '정확성accuracy' 혹은 '진정성 authenticity'이라고 찬사를 보낸 것들에 그는 거의 관심이 없다. 그리고 스토리조차, 그러니까 적어도 영화가 말하려고 시늉이라도 내는 스토리조차 그에게는 별로 중요하지 않다. 그가 쓴 첫 책의 첫 단락의 제목은 "The Play Is Not the Thing"이다. 영화라는 놀이는 그런 진중한 것이 아니라는 것이다.

그리고 그의 언어라는 문제가 있다. 당시 리뷰어들은 그의 언어를 반대했는데, 한 사람은 그의 언어가 "기껏해야 영어와의 기이한 유사성만 있다"고 표현했다. 실제로도 "헵번스크 가보툰Hepburnesque Garbotoon"(역주-타일러가 로렌 바콜에 대한 묘사로 사용했다. '헵번스럽고 우스꽝스럽게 가르보적인'이라는 뜻.) 같은 그의 표현은 〈뉴요커〉의 편집자를 괴롭히기 십상이다. 그러나 그가 나의 열광자 클럽에 포함된 건 부분적으로는 그의 시에 비하면 훨씬 덜 관습적인 이 야단스런 산문 때문이다. 가장 단순한 음률과 미뉴에트만으로도 그는 최고의 리프riff를 할 수 있다.

예컨대, 베로니카 레이크Veronica Lake는 그저 유령을 연기하는 것이 아니라, 실제 유령처럼 보인다.

그녀가 살아 있음에도 불구하고, 그녀가 평범한 생명체를 가장하는 역할들에서조차, 나는 그녀에게서 섬뜩함을 발견한다. 예를 들어, 만약 마네킹 갱스터가 있고, 그가 〈더 글래스 키The Glass Key〉의 앨런 라드Alan Ladd라고 가정해 보자. 그가 위로 손을 뻗어 보스의 정부 마네킹을 끌어내린 뒤 자신의 마네킹 총을 장전하려 한다. 이때 그 마네킹 정부가 바로 베로니카 레이크일

것이다. 덜 초자연적인 분위기에서 일종의 절제처럼 보이는 것
은, 사실 레이크 양의 생동감 결여일 뿐이다. 사람들은 그녀가
말도 한다는 사실에 놀라게 될 것이다.

타일러는 시나트라의 매력을 지르박jitterbug에 비유한다.

그것은 어떻게든 여학생들의 꿈에 끼어드는데, 감로주와 같은
nectarish 점액이 뚝뚝 떨어지는 목소리가 횡격막에서 솟아나온다.
횡경막 위로, 딱 맞는 스크린이 하나의 스웨터에 둘러싸인 커다
란 학교처럼 보일 것이다

무성코미디에 대한 에이지의 책이 나온 해에 출간된 책에서
채플린에 관해 이렇게 말한다.

하늘을 나는 채플린의 이미지에 대해서 우리는 얼마나 잘 알고
있는가. 돛단배처럼 모퉁이를 돌 때, 미친 듯 모자를 꼭 쥐고,
한쪽 다리를 고정 축 삼아 회전하면서, 다른 다리는 높이 들었
다 굽혔다 하며 다음 걸음을 위해 태세를 갖추고, 손은 균형 유
지를 위해 지팡이를 팔 뻗는 거리에 움켜쥐고 있는 모습.

에이지를 회상하는 단순한 구절에서도, 타일러는 『베르나
데트의 노래Song of Bernadette』의 조작적 경건함조차 살상과 훼손이
없는 세상을 환기시킬 수 있다고 생각한다.

정교하게 배열된 영화의 감각에 의해 구현되는 평화, 삶의 정상

속도, 휴식과 활동의 느슨한 리듬, 제의는, 전쟁과 끊임없는 사회적 위기에 처한 이 세계에서, 진정 초자연적인 것이 아닌가? 때로 영화가 상영되는 극장의 침묵은 멋들어진 면책의 표현처럼 보인다. 그리고, 좌석 깊숙이 파고들면서 미국 도시에 있는 우리가 폭탄으로부터 안전하다고 느낄 때, 일종의 비정상적인 금기의 감각이 우리를 침범하는 것도 이상하지 않은 일이다. 정확한 속도를 선택하는 특권을 지닌, 그리고 매우 조심스럽고 성실한 스크린의 배우들은, 디졸브에서 정확하게 멈추며 결코 서두르지 않는다… 그들은 멋지고 숭고한 예술의 시간 속에 존재하기 위해서, 초자연적인 여유를 갖고 있는 것처럼 보인다.

모든 비평은 수행적performative이지만, 다른 랩소드들과 함께 놓고 보면, 타일러는 1940년대 영화에 대한 논의를 현란한 곡예로 만든다. 그를 다시 읽어야 할 때다.

거울, 거울들

타일러는 에이지, 파버와 직접 대화하지는 않았지만, 그의 작업은 그의 시대(그리고 우리 시대) 영화에 대한 주요 사고방식 중 하나와 밀접한 관련을 갖고 있다. 그것은 우리가 반영론reflectionism이라고 부르는 것으로, 대중문화가 어떤 면에서 사회 상태를 반영한다는 생각이다.

만약 영화가 거울이라면, 무엇을 반영할 것인가? 가장 단순한 대답은, 다른 대중 매체와 마찬가지로, 관객들의 취향을 반영한다는 것이다. 감독들이 그런 취향을 공유하든, 냉소적으

로 보여 주든, 할리우드 영화의 형식과 내용은 구매자의 요구
에 부응한다. 대개 관객들의 취향은 놀랄 만큼 속물스럽다. 특
히 클레멘트 그린버그의 에세이 「아방가르드와 키치Avant-Garde and
Kitsch」에서 정리된 이런 관점은 1940년대 지식인들 사이에서 매
우 흔한 것이었다.

　　보다 정교한 관점은 영화가 좀 더 광범위한 것으로, 시대정
신zeitgeist, 시간의 정령spirit of a time, 순간의 지배적인 분위기pervasive
mood of the moment를 반영한다는 것이다. 미국인들은 2차대전을 치
르면서 초애국적ultrapatriotic이 되었고, 아마 그런 요구가 작동한
탓에 감독들은 그들을 위해 적을 악으로 묘사하고, 미국의 방
식American Way을 신성화하는 영화들을 제작했다. 이따금 시대정
신과 연관된 다른 주장도 등장한다. 영화는 시대의 성질을 선명
하게 반영하지 않으며, 오히려 그에 대해 말하기를 거부하는 방
식으로 반영한다는 것이다. 할리우드는 자신들의 문제를 잊고
싶은 사람들에게 "도피주의escapist" 엔터테인먼트를 제공한다. 현
존 혹은 부재의 방식으로, 영화 속에는 시대정신이 구현된다.

　　반영주의의 또 다른 버전은 영화가 한순간의 분위기 전달
이 아니라 오히려 국가적 특성과 같은 해당 사회의 지속적 특징
을 구현한다고 주장한다. 다른 예술에서, 이것은 독일 작곡가의
"묵직함heaviness" 대 프랑스 작곡가의 "가벼움lightness"의 대결처럼,
특정한 국가적 특질에 대한 오래된 설명으로 등장한 바 있다.
초기 영화 역사가들은 독일 표현주의 영화 혹은 스웨덴의 풍경
영화landscape films를 각 국가의 기질을 반영하는 것으로 인식했다.
이런 입장에서 할리우드 영화는 미국인의 낙관주의, 특히 사유
재산에 대한 존중과 함께 여성 및 유색인에 대한 남성 및 백인

의 우월성과 같은 보다 논쟁적인 가치를 함께 "반영"한다고 파악할 수 있을 것이다. 이런 입장은 루스 베네딕트Ruth Benedict와 같은 인류학자 및 데이비드 리스먼David Riesman과 같은 사회학자들이 국가적 특징이라는 개념을 보다 탄탄한 토대에 놓으려고 시도했던 1940년대를 거치면서 더 복잡한 형태로 부활했다.

1940년대에는 반영주의의 또 다른 버전이 두드러졌다. 영화는 대중의 취향 혹은 당대의 관심사 혹은 국가적 특징을 거의 구현하지 않았다. 반영되었던 것은 숨겨진 무언가 혹은 부정되는 대상이었다.(아마도 엑스레이 기계가 거울보다 더 적절한 은유가 되었을 것이다.) 부지불식간에 사회의 불안, 우려, 해결되지 않은 문제들이 대중적 오락물 안에서 활로를 개척했다.

이런 관점과 관련된 비평은 증후적symptomatic이라고 명명되었는데, 영화를 사회가 무시하거나 억압하는 대상의 불수의적 표현involuntary expressions으로 간주했기 때문이다. 영화가 드러내는 것은 취향과 가치에 대한 분명한 지지가 아니라, 보다 불안한 무엇인가의 흔적이다. 비평가는 이런 흔적을 해독할 필요가 있다.

예를 들어, 1946년 지그프리트 크라카우어는 〈의혹의 그림자Shadow of a Doubt〉, 〈이방인The Stranger〉, 〈다크 코너Dark Corner〉를 비롯한 스릴러 작품들이 이웃에 대한 공포와 심리적 붕괴에 대한 매혹을 누설한다고 주장했다. 그는 "내적 붕괴는, 무대가 무엇이든, 실제로 만연한 현상"이라고 추정했다. 영화관객이 아무리 즐거워 보여도, 마음속 깊이 그들은 두려움에 가득 차 있다. 당대의 관객들은 전후 시대의 계획경제 및 그것과 나치 전체주의의 관련성을 두려워한다고 크라카우어는 주장했다.

증후적 해석의 다른 사례는 정신분석에서 도출된다. 1910

년대부터 미국 내에서 지그문트 프로이트의 영향력이 증가했고, 문학 해설에도 영향을 미쳤는데, 가장 잘 알려진 것은 앨프리드 존스Alfred Ernest Jones의 『햄릿과 오이디푸스Hamlet and Oedipus』(1910)이다. 프로이트 학파는 1940년대에 특히 영향력을 발휘했다. 독일과 같은 국가가 어떻게 "광기"에 사로잡혔는지, 또한 내적 혼란에 빠진 이들과 정신적 외상에 시달리는 재향군인을 도울 수 있는 치료 기술은 무엇인지에 대해 대중적인 설명을 제공했다. 마사 울펜슈타인Martha Wolfenstein과 네이선 라이츠Nathan Leites의 저서 『영화: 심리학적 연구The Movies: A Psychological Study』(1950)가 오이디푸스 콤플렉스와 기타 증후군과 연관된 반복적인 캐릭터 유형의 연구에 매달려 있었던 것도 놀랄 일이 아니다.

반복되는 캐릭터 유형 및 플롯에 집중함으로써, 증후적 접근은 반영주의 색조의 또 다른 유행과 교차한다. 세기 초부터, 여러 문화권의 신화를 연구한 인류학자들은 공통된 요소를 발견하고 있었다. 제임스 조지 프레이저James George Frazer 경은 기념비적 연구의 모음집인 『황금가지The Golden Bough』(1890~1915)를 통해 종교적인 것을 비롯하여, 풍요를 기원하는 제의fertility rituals에 이르는 위대한 다수의 신화들을 추적했다. 이 아이디어는 다양한 학자들을 통해 문학에 적용되었는데, 제시 웨스턴Jessie Weston의 『제의에서 소설까지From Ritual to Romance』(1920)가 단연 돋보였다. 반복되는 스토리 패턴에 대한 프레이저의 비교문화 연구는 이후 로드 래글런Lord Raglan의 에세이 「더 히어로The Hero」(1936)와 조셉 캠벨Joseph Campbell의 『천의 얼굴을 가진 영웅Hero with a Thousand Faces』(1949) 같은 작업에서 인기를 얻었다.

모드 보드킨Maud Bodkin이 쓴 『시의 원형적 양식Archetypal Patterns in

Poetry 』(1934)은 신화와 정신분석을 융합한다. 그녀는 칼 융의 정신 모델model of mind을 통해 신화의 반복을 설명하려 시도했다. 보드킨은 플롯, 인물의 성격 묘사, 시적 이미지까지 고대 이야기와 제의를 반복하는 상징 패턴의 재현으로 파악했으며, 그들은 보편적인 정신적 과정universal psychic processes의 전형이었다. 보드킨과 같은 융의 지지자들은 그러한 패턴이 세대를 넘어 상속되는, 우리의 두뇌에 새겨진 것이라고 주장했다. 더욱 순수한 프로이트 학파의 관점에서, 비평가들과 케네스 버크 같은 이론가들은 우리의 무의식적인 욕구를 만족시켜 주는 상징으로 작용하면서 원형들이 지속된다고 믿었다. 어느 쪽이든, 정신분석과 신화적 해석 사이의 통합을 상상할 수 있었다.

아방가르드 뉴욕 화가들과 시인들의 동조자로서 타일러는 이 통합에 긍정적이었다. 신화학과 프로이트 이론이 프랑스 초현실주의를 가득 채웠고, 미국 화가들과 시인들이 뒤를 따랐다. 〈뷰View〉 및 동인지 〈키메라Chimera〉는 1930년대 뉴욕에 몰려들었던 수많은 초현실주의자 망명자들에게 많은 것을 빚졌다. 초현실주의자들이 "자동 기술법"으로 시도한 즉흥 창작은 추상표현주의 화가들에 의해 복제되었다.

타일러는 정신분석학과 신화 연구가 대중문화, 특히 영화를 조명할 수 있다고 생각했다. 그러나 그는 어떤 통설도 받아들이지 않았다. 그는 존스와 보드킨의 끈기 있는 설명 및 버크의 이론적 비약을 거부했다. "1945년 9월 1일 이후 1년간 뉴욕에서 개봉한 현대 도시 배경의 모든 미국 A급 영화들"을 조사한 울펜슈타인과 라이츠의 체계적인 방법을 제외하면 타일러의 프로젝트보다 더 나아간 연구는 없었다.

타일러는 통계의 정확성 혹은 개념의 엄격한 적용을 가장
하지 않는다. 예를 들면 대부분의 반영주의자들과는 달리, 그는
꿈이 하나의 이미지 혹은 요소를 다른 것으로 대체한다는 프로
이트의 아이디어에 관심을 보인다. 그러나 이내 그는 대체라는
아이디어를 관객으로, 카메라 위치 변화로 그리고 또 다른 영역
으로 자유롭게 확장한다. 작업 전반에 걸쳐서, 그는 밀주 맛이
날 위험을 무릅쓰고 유행하는 지적 아이디어들을 뒤섞어 강력
한 혼합주를 빚어낸다.

그에게는 또한 사심이 없었다. 크라카우어, 바바라 데밍
Barbara Deming을 비롯한 다른 연구자들과 달리, 그는 혀를 차는 일
이 없었다. 타일러는 비록 영화가 세계를 왜곡하고 있을 때조차
여전히 영화를 좋아했던 평론가다. 다른 이들이 암울한 거울을
보고 있는 동안 그는 화려한 신기루를 보았다.

과시

혹자에게 이것은 소년과 그의 개 이야기가 될 것이다. 다른 이에
게는 그 이상의 것이 될 것이다. 소년과 개의 이야기라고 생각하
는 이들에게는 전체관람가, 그 이상이라고 생각하는 이들에게는
청소년 관람 불가.

— 1970년대 시네필의 농담

타일러의 작업은 다른 이유 때문에 독특하다. 그는 정기적
으로 영화를 비평했지만, 극소수의 잡지와 계간지만 그의 준-
학문적quasi-academic 어투를 환영했다. 그는 영화에 대해 단행본 분

량의 글을 썼는데, 이는 에이지나 파버가 하지 않은 일이었다.
그는 책을 통해서 자신의 아이디어를 분량의 제약 없이 전개했
고, 일반 저널리스트 평론가들과 달리 자유롭게 반전과 결말을
누설했다. 하지만 그의 아이디어는 전적으로 1940년대 영화들
과 연관되었기 때문에, 그의 대표작 2권에는 당대의 리뷰 기사
와 같은 느낌이 있다.

  『할리우드의 환각』(1944) 및 『영화의 마술과 신화』(1947)는
장황해 보이긴 하지만 몇몇 핵심 아이디어를 제기한다. 내가 보
기에, 타일러의 관심은 기본적으로 할리우드의 집단창작 구축
Hollywood's cultivation of collective moviemaking에 있었다. 그는 어떤 매체든 순
수예술이라면, 작품의 윤곽과 함의를 신중하게 통제할 한 사람
의 비전이 필요하다고 말한다. 미국 외의 지역에서 만들어진 몇
몇 작품들은 이런 조건을 충족시킨다. 할리우드는 그렇지 않다.
미국 영화는 집단의 창조물이자, 산업적으로 생산되었고, 자주
가볍고 엉성했다.

  이런 관점 때문에 타일러가 대중문화를 무시하는 지식인들
중의 하나로 보일 수도 있다. 그러나 그는 미국 영화에 대한 비
난을 거부했다.

  할리우드는 생동감 있고 흥미로운 현상이며, 매일의 날씨가 물
  리적 기후에 대해 지니는 정도의 중요성을 정신적 기후에 대해
  지니고 있다… 스크린의 제의적 중요성, 그것의 바로크적 활기
  및 변화무쌍한 상징주의를 모르는 이런 판사들(고급문화 비평가
  들)은 기본적으로 영화라는 매체에 대해 무지한 상태에서 부당
  한 판결을 내린다.

수많은 대중을 목표로 하는 할리우드 영화는 탐욕스러운 거물과 영악한 관료들에 의해 관리됨에도 불구하고, 현대 민중 예술이 그러하듯, 관객들의 창조적 역할을 허락한다.

"변화무쌍한Protean"이 이 구절의 핵심 단어다. 무성영화 시대에 D. W. 그리피스 혹은 세실 B. 드밀은 각자의 상상력을 영화의 매혹을 위해 도입할 수 있었지만, 토키의 시대가 도래한 뒤 영화는 버라이어티 쇼revue에 가까워졌다. 타일러는 현대의 할리우드가 과시적show-offish이라고 생각했다. 세트, 의상, 연기, 대화, 멋진 영상, 심지어 "리얼리즘"까지 모든 것이 이제 판매 포인트다. 타일러 박사는 할리우드를 극도의 나르시즘 사례로 진단한다. 할리우드는 자신이 하는 모든 것에 끝없이 매혹되어 있으며, 그 자기도취self-absorption를 즐기라고 우리를 초대한다.

그의 주장에 의하면, 고전적 예술이든 아방가르드 예술이든 형식의 순수성은 "충만함 혹은 깊은 감정" 그리고 해당 매체의 모험적 사용을 종종 경시해야 한다. 이건 할리우드가 성취하기 좋은 것들이다. 할리우드는, 대개 진부하긴 하지만, 정복할 무언가를 늘 찾으려 하고, 자신을 위한 책략을 실행한다. 그 과정에서 예기치 않게 우리의 감정을 고양시키며, 영화라는 매체가 지닌 중요한 능력을 드러낸다.

스튜디오 제작의 과정을 거쳐라. 문화산업 논문의 주장과 반대로, 그것은 완벽히 통제되지 않는다. 각 단계에, 작가, 프로듀서, 감독, 배우, 편집자들은 변덕스럽게 요소를 추가하거나 제거한다. 타일러가 발견한 결과는 기묘하게도 "입체파적"인 것으로, 많은 것들이 뒤섞여 있다. 영화가 진행되는 과정에서, 전체를 훼손시키면서 세부요소들이 튀어나오고, 장면들은 탈선, 새치기, 순간적인 매력으로 풍부해진다. "많은 쇼트들은 일종의 쓰리링 서커스(역주-세 장면을 동시에 진행하는 서커스)로, 분장 담당, 대사 작가, 스타의 개성이 관심을 얻기 위해 경쟁한 다."

할리우드의 나르시시즘은 다른 방식으로도 드러난다. 할 리우드는 영화 속에서 스스로의 태도와 활동을 언제나 재연하 고 있다. 오스카 와일드 소설이 옮겨진 영화에서 도리안 그레이 의 운명은 모든 영화의 남자주인공과 마찬가지로, 젊은 신에서 쭈글쭈글한 노인으로 전락하는 것이다. 혹은 돈 많은 거물들이 존경받는 예술인 연극을 어떻게 대하는지 생각해 보라. 모두 알 다시피, 할리우드는 자체 공식에 맞춰서 연극을 갈아 부순다. 타일러는 〈비소와 오래된 레이스Arsenic and Old Lace〉의 영화 각색을 예로 들었다. 우리는 드라마 비평가인 주인공의 무력함이 제공 하는 재미를 즐기도록 초대받는다. 곤란하게도 그는 첫날 밤 발기 불능의 공포를 품고, 계속해서 자신의 신부를 쫓아내야 한다. 더 나쁜 것은 그는 손발이 묶이고 재갈이 물린 채로, 경찰 이 되는 인물이자 극작가를 꿈꾸는 이의 수준 낮은 대사 암송 을 들어야만 한다.

게다가, 원래 연극 버전에서 이 비평가는 영화를 싫어한 다. 그래서 할리우드는 그를 최악의 악몽에 가두는 것으로 처 벌한다. 그가 나쁜 영화라고 간주할 영화를 우리는 보고 있으 며, 즐긴다. 영화 자본은 뉴욕의 잘난 척하는 속물들에 대한 복수를 가한다.

그들은 했나, 안 했나?

효과가 있는 것이면 무엇이건 붙잡고 과시하려는 충동 때문에, 할리우드 영화는 순간들의 영화cinema of moments라고 타일러는 주장한다. 아도르노는 대중문화가 전통적인 예술 형식을 와해시켰다고 생각했다. 타일러는 그 논지를 긍정하지만, 결과를 면밀히 검토한다. 틈이 벌어진 텍스처라는 결과 말이다. 할리우드 영화 만들기는 "배우, 대사, 작가, 영화적 트릭 쇼트 혹은 감독의 판타지 안에 존재하는 그 무엇이라도 뻗어 나가 꽃을 피울 수 있는 틈"을 창조한다.

틈의 대표적인 예는 영화가 기본적인 사실을 생략하는 방식이다. 그들은 성관계를 가졌는가, 아닌가? 그와 그녀가 객실 혹은 침실에 단둘이 함께 있다. 만약 숲이 울창한 교외라면, 아마 그들은 소낙비를 만나 피신처에 이를 것이다. 페이드 혹은 디졸브. 이후, 그들은 이전처럼 옷을 입고 있지만, 무언가 벌어졌다.

오늘의 영화라면 우리에게 그 무언가를 직접 보여 줄 것이다. 엄격한 검열 덕분에, 1930년대와 1940년대의 미국 스튜디오 영화는 그럴 수 없다. 그러나 전체적인 플롯은 이 개별 사건의 도덕성Morality of the Single Instance을 다루는 방식에 따라 달라질 수 있다. 〈나의 사랑스런 아내My Favorite Wife〉(1940)에서 7년 동안 무인도에 고립되었던 랜돌프 스코트Randolph Scott와 아이린 던Irene Dunn이 섹스하지 않았을 것이라고 믿는 사람이 있을까? 이 작품뿐 아니라 다양한 여러 영화에서 커플들은, 그들이 그러지 않았다고 타인들을 설득하려 안간힘을 쓴다. 그러나 우리는 결코 확신할 수 없다. 할리우드의 터무니없는 내숭이라고 생각할지도 모르지만, 타일러는 이를 즐긴다. 두 가지 선택을 열어 놓는 것으로, 영화는 우리의 상상력을 해방시킨다. 한 부류의 관객을 위해 하나의 플롯이 있지만, 그 이상을 원하는 또 다른 관객을 위해 더 모호한 두 번째 플롯이 있는 것과도 같다.

스타 페르소나, 카메라, 음악, 이야기의 반전과 불일치, 이 모든 것이 "욕망의 도착적 유희perverse play of desires"를 작동하지만, 결말이 한없이 열려 있는 것은 아니다. 타일러는 우리에게 주어진 소재를 재구성하는 것에는 한계가 있다고 믿는다. 이런 한계 중에는 할리우드가 이미 우리를 위해 직조한 판타지들이 있다. 우리가 봤던 다른 영화들, 우리가 읽은 팬 잡지들, 대중오락의 거대한 유령의 집이 이 영역들을 구성한다.

우리는 이 모든 핀볼 게임의 불순성에 저항하지 않는다. 이것이 모종의 원초적인 감정을 불러일으키기 때문이다. 영화는 진정한 예술작품이 지닌 통일성과 힘이 결여될 수도 있지만, 매체가 가진 환영의 힘과 뜨거운 질료가 함께 뒤섞이면서 일종의 "슈퍼 아트super-art"를 만들어 낸다. 할리우드의 트릭은 누구든 꿰뚫어 볼 수 있지만, 그 트릭들이 본질적인 문제를 건드리고 있다는 것을 알아채는 것은 더 어렵다. "이것은 인공물이다. 그러나 이 놀랍도록 투명한 인공물 아래에는… 인간의 삶, 인간의 욕망, 인간의 움직임, 인간의 예의에 대한 궁극적 사실이 있다."〈한 여인의 얼굴A Woman's Face〉의 썰매 타기가 이야기 속 상황과 무관하게 공포를 불러일으키는 것처럼, 이따금 단순한 동작이 불쑥 어떤 느낌을 표출한다. 그러나 다른 궁극적인 사실들은 더 심오하다. 할리우드 영화의 슈퍼 아트에는 우리가 자연스럽게 받아들이는 "투명한 책략들transparent artifices"이 무수하다.

타일러가 할리우드 환상성의 중심으로 지목하는 배우에서 시작하자. (그는 감독에 대해서 거의 말하지 않는다.) 스타들은 연기acting하고 있는가? 대개 아니다. 그들은 샤레이드charades 게임을 하고 있다.

샤레이드는 당신에게 단어, 이름, 캐치프레이즈 혹은 제목을 할당한다. 소리를 사용하지 않고, 무언극을 통해 당신의 팀이 답을 추측할 수 있는 단서를 제공해야 한다. 타일러는 영화 속에서 일어나는 일이 이와 마찬가지라고 생각한다. 우리는 배우가 진짜 게리 쿠퍼 혹은 조안 크로포드라는 사실을 알고 있으면서, 연기자들의 흉내를 기반으로 그들의 마음과 머리에서 진행되는 일이 무엇인지 간파해야 한다. 귀를 당기는 것이 비밀이라는 단어의 힌트를 지시하는 것처럼, 샤레이드는 약속된 신호들에 일부 의존한다. 배우들 또한 인상을 찌푸리고, 희미하게 웃는 등, 감정에 관한 스테레오타입의 신호를 내보낸다.

샤레이드 게임에서, 당신의 친구가 발레리나 혹은 테니스 선수의 흉내를 낸다 해도, 당신은 그 혹은 그녀가 누구인지 결코 잊지 않는다. 또한 게임 참가자의 개성이 모방의 표현에 영향을 미친다. 애서가는 유명한 소설을 힌트와 연관시키는 경향이 있다. 영화 스타도 비슷하다. 그들은 플롯을 동작과 표정으로 제시하지만, 종종 역할에 자신의 스타 페르소나를 부과한다. 대본의 요구에 따라 루 게릭Lou Gehrig을 연기하는 게리 쿠퍼는 곧 야구 선수 이미지를 약화시켜 "다시 게리 쿠퍼"가 된다. 그러나 이같은 드라마적 호소력의 협소화 가능성(모든 영화 캐릭터는 스타 페르소나의 변주가 된다)는 "재미, 영화적 샤레이드 게임의 심각함의 결여"로 상쇄된다.

샤레이드는 협력에 의지하기 때문에 더욱 재미있다. 팀 동료들이 이상하고 어리석은 대답을 남발하는 것이 즐거움의 핵심이다. 타일러는 우리가 영화를 볼 때 같은 일이 발생한다고 생각한다.

동작을 보고 단어를 맞춰야 하는 동료들처럼, 우리는 "유동적인 추측게임a fluid guessing game"에 몰두한다. 할리우드 감독들은 우리를 구슬려, 정도의 차이는 있지만 방대한 양의 분리된 의미와 느낌을 한데 소환하게 만든다. 일단 당신이 이렇게 맴도는 암시를 통해 무언가를 알아차리면, 판토마임으로 '방콕'을 표현해야 하는 팀 동료를 지켜보는 것만큼이나 즐거워지고, 짓궂은 마음의 상태에 빠져들게 된다. 사실 이 짓궂은 상태에 빠져드는 것이야말로 개별 사건의 도덕성처럼, 정확히 타일러가 현명한 비평가의 일이라고 생각하는 것이다.

샤레이드의 아이디어는 목소리로도 확장된다. 그는 영화를 보는 동안 눈을 감으면 "예술적인 환영을 제공하는 하나의 독립적인 매체"를 떠올리게 될 것이라고 말한다. 짐작하건대 이는 유성영화 시대의 도래 이후 미국 영화가 더 많은 이종교배mélange에 이른 한 가지 이유일 것이다. 목소리는 스타의 "샤레이드 실루엣"을 강화시킬 뿐 아니라, 아마도 플롯의 작동이라는 항로를 이탈하는 부수적 쾌락이라는 새로운 영역을 허용한다.

가끔 음성은 당대에 위대한 목소리the Voice로 알려졌던 프랭크 시나트라의 경우처럼 배우를 초과한다. "그 위대한 목소리는 복화술이며, 그에 비하면 프랭크 자신은 그저 화려한 모형dummy일 뿐이다." 타일러에게 로렌 바콜Lauren Bacall의 탁한 억양("특별한, 마치 소화기 같은 매력"을 지닌)은 마를렌 디트리히, 그레타 가르보,

메이 웨스트Mae West에 가수인 엘라 매 모스Ella Mae Morse("카우 카우 부기Cow Cow Boogie"로 유명하다)를 혼합한 것이 된다. "모스 양의 반복되는 콘트랄토contralto의 서정성이 휘감기며 과묵하고 세련된 산문과 같은 것이 되었다."

샤레이드에서 이와 같은 연계의 그림자를 추적하는 것은 비평가가 맡은 역할의 일부다. 바콜의 배역과 〈소유와 무소유To Have and Have Not〉에서 보여 준 그녀의 데뷔 연기는 완벽하게 스튜디오에서의 오디션을 재연했고, 스크린 바깥에서 보가트 인생에 새로운 여주인공이 된 그녀의 역할을 예기했다. '할리우드의 환각'은 끊임없이 스스로에게로 회귀하며, 우리의 상상력은 화면 내부와 외부에서 대량생산된 다른 이미지들과 유희하도록 고무된다.

타일러는 영화의 세계가 아니라 이따금 우리의 삶을 향해 틈이 열리는 순간에 예민하다. 그는 프랑켄슈타인의 괴물에 대해 대담하게 묻는다. "그는 우리들 사이에 육체적으로, 정신적으로 혹은 사회적으로 변형된 퇴역 군인으로 악마처럼 다시 나타나지 않는가?" 이는 퍼거슨, 에이지, 파버가 상찬했던 진정성이 아니다. 훨씬 더 교란적이다.

수많은 전쟁 영화들에 아직 스타 이미지가 고착되지 않은 배우들이 등장한다고 타일러는 쓴다. (이는 수많은 남자 스타들이 입대했고, 그래서 스튜디오는 새로운 얼굴을 발굴해야 했다는 사실을 반영한다.) 타일러는 3단계의 과업, 즉 임무를 수행해야 하는 캐릭터, 자신을 증명해야 하는 배우, 미국정부의 잠재적 총알받이라는 세 가지 과업 앞에 선 초보 연기자들의 공포를 카메라가 기록하고 있다는 것에 감동받는다.

할리우드에서 가장 확신에 찬 연기를 보여 준 몇몇 배우들은 신병 역할을 맡은 젊은이들이었다… 마담 투소 박물관에서나 어울릴 법한 밀랍인형 같은 영웅이 되려 하는 이 젊은이들은 그들의 상상을 통해 실제 전투에 소집되었을 때 목숨을 바쳐야 할 지도 모를 희생의 정신적 비용을 계산할 수 있었다… 그들이 야심적 배우였다는 사실을 감안하면, 출정을 대비해 훈련받는 신참 병사들의 서투르고 마지못한 듯한 태도와 배우로서의 자신의 현재 모습과의 유사성을 그들은 직감할 수 있었다.

몽유병 환자들과 좋은 악당들

할리우드의 샤레이드는 배역에 관해 몹시 한정된 레퍼토리를 제공하는데, 타일러는 첫 영화 저서에서 상당 부분을 할애하여 그 레퍼토리를 추적한다. 가장 순수한 남성 영웅은 여주인공과 로맨스를 나누는 오염되지 않은 젊은 연인이라고 그는 주장한다. 이 남성 영웅은 결함이 있지만, 인간적으로 용서할 만한 것이다. 또 다른 영웅적인 인물은 인류의 후원자Benefactor of Mankind, 자기 희생적인 발명가와 과학자 혹은 헌신적인 의사다.

더욱 흥미로운 주인공은 좋은 악당Good Villain 즉 "연민을 불러일으키는 나쁜 인간"이다. 래플스Raffles 혹은 돈 후앙처럼, 갱스터 혹은 매력적인 사기꾼에 해당하는 좋은 악당은 찬탄을 자아내게 만드는 활기찬 인물이다. 그는 자신의 욕망과 감정을 직접적인 행동으로 표현한다. 그는 법을 어기지만, 자신이 왜 처벌을 받아야 하는지 이해하지 못한다. 어느 선까지는 우리도 이해하기 어렵다. 타일러는 주인공의 결함의 원인(불운, 사회적 조건)이 모호하게 드러남으로써, 우리가 그것을 상상하도록 내버려 두는 편이 낫다고 쓴다.

그리고 나쁜 영웅, 중대한 결함을 가진 인물이 있다. 부드러운 판본의 예로 게리 쿠퍼가 연기했던 수줍음 많은 시골뜨기와 그의 동료들이 있다. 산간벽지 출신의 무식자이지만, 기묘하게도 할리우드는 어수룩함을 최상의 인간미로 취급하기 때문에 그는 우리에게 매력적이다. 더 철저하게 나쁜 영웅은 할리우드에 드문데 그 이유는, 해피엔딩의 요구 때문에 고전적 비극의 결함 있는 비운의 주인공을 할리우드가 감당할 수 없는 탓이다. 오이디푸스는 환영받지 못한다.

타일러는 몇몇 영화들을 통해 좋은 악당에서 나쁜 영웅을 창조하려는 시도를 포착한다. 〈말타의 매〉에서 샘 스페이드는 사실상 "주인공의 위치에 있는 흔한 악당"으로 보이는데, 이것은 험프리 보가트가 초기에 맡았던 갱스터 역할들 때문은 아니다. 법의 위반과 수호를 조심스럽게 오가는 탐정으로서, 결말에서 순진하고 감상적으로 변하긴 하지만, 스페이드는 도스토예프스키와 카프카의 인물과 유사한 "복잡한 감정적 분투"를 제시하기 때문이다.

타일러는 이와 유사한 또 다른 전형적인 주인공으로 찰스 포스터 케인을 지목한다. 퍼거슨과 파버는 〈시민 케인〉이 뻣뻣한 테크닉muscle-bound technique의 차원에 머물러 있으며, 감정적으로 냉혹하다고 비판했다. 에이지는 웰즈를 진지한 예술가가 아니라 숙련된 엔터테이너에 가깝다고 생각했다. 타일러의 비판은 이들의 견해와 어느 정도 겹친다. 그는 스튜디오의 기획으로 케인이 거대한 규모로 부풀려진 것에 불만을 토로한다. 더 중요한 것은, 이 영화가 무자비한 업계 수장인 전형적인 나쁜 남자에게 비극적 깊이를 부여하려고 시도하는 데 있다. 케인은 실연에 낙담하고, 좌절과 고독만 남은 인간이다. 영화는 초반의 괴팍하고 무례하지만 좋은 악당 찰스를 고집불통의 케인 즉 운명적으로 자초한 결말을 맞는 나쁜 영웅으로 전환시키려 한다. 타일러가 보기에는, "로즈버드"는 기계적 장치mechanical gimmick에 불과하다. 닥치는 대로 예술품을 수집하고 연인을 디바diva로 출세시키려는 행동은 그의 천박한 정신을 드러낸다. 이 같은 캐릭터화는 압도적인 격정이라는 할리우드의 멜로드라마적 콘셉트를 드러낸다. 타일러는 이 영화가 채플린의 〈위대한 독재자〉의 플롯 장치를 효과적으로 빌려서 케인을 두 가지로 분리할 수도 있었을 것이라고 주장한다. 군림하는 백만장자와 그를 흉내 내는 젊은 배우. 물론 웰즈가 둘 다를 연기하는 것이다. "그랬다면, 최소한 코미디는 완성되었을 것이다."

　여성들에게도 그들의 샤레이드 배역이 있다. 무성영화 시대에는 요부와 카나리아the Vamp and the Canary(흔들리는 처녀)가 지배적이었지만, 유성영화의 도래와 함께 새로운 부류가 등장했는데 그것은 몽유증 환자somnambule 혹은 몽유병자sleepwalker이다. 가사 상태로 영화 속을 떠다니는 이 여성은 성적 결합을 꿈꾸듯 예비한다. 그녀는 가르보 혹은 디트리히처럼 외래의 존재일 수도 있다. "신경증에 걸린 몽유증 환자" 베티 데이비스, 쇼걸인 헤디 라마르Hedy Lamarr 그리고 몽유증 환자를 위한 "최소의 역할"이라 할 수 있는 스트리퍼 등을 예로 들 수 있다. 메이 웨스트의 경우는, 이 모든 것을 결합한 데다 여자를 흉내 내는 배우female impersonator가 추가했다고 타일러는 기발하게 주장한다.

울펜슈타인과 라이츠가 쓴 1950년 저서는 좋은 나쁜 여자 Good Bad Girl 같은, 더 단조롭고 더 근엄한 스테레오타입의 영화캐 릭터들을 제시한다. 이 일상적인 인물들은 '아빠와 엄마 그리고 나'의 프로이트식 촌극을 상연한다. 타일러의 유형 레퍼토리는 전술한 배역들을 이에 앞서 패러디한 것처럼 보이지만, 그는 더 욱 수수께끼 같은 단서와 더 음침한 성적 병리학을 모색한다. 남성 캐릭터들은 공격적인 남성성을 보여 주는데, 타일러는 이 를 "여성의 성적 과잉"에 대한 반응으로 본다. 극단적으로, 프랑 켄슈타인의 괴물은 강간의 느슨한 상징이다. 몽유증 환자들은 몽환적인 상태로 남성에게 성적 투항을 할 준비가 되어 있다. 강력한 의지의 여인 스칼렛 오하라조차 애쉴리 윌키스의 옷, 악 센트, 머리를 보여 주는 테크니컬러Technicolor에 도취되어 있다.

타일러의 두 번째 책 『영화의 마술과 신화』는 샤레이드의 목록에 코미디언과 광대를 추가한다. 그들은 성적 불확실성을 공개적으로 이용한다. 레드 스켈튼Red Skelton, 밥 호프Bob Hope, 대 니 케이Danny Kaye는 비겁하고 유약한 신경증적 남성을 연기한다. 그러나 이상하게도 그들은 여성에 대해 강한 욕정을 느낀다. 그 맞은편에 시끌벅적한 베티 허튼Betty Hutton, 담백한 마사 레이Martha Raye와 같은 자신만만하며 남성적인 여성 광대들이 있다.

요약하자면, 타일러는 오이디푸스 탱고에 발을 맞추는, 전 통적인 프로이트 지지자가 아니다. 그는 한 편의 영화를 관류 하며 솟아나는 모종의 흐름을 조명함으로써 정신 분석의 개념 을 시적으로 취한다. 그는 기이한 가능성들을, 마치 그것들로부 터 자신의 꿈을 구성할 수 있다는 듯, 가지고 논다. 〈생쥐와 인간Of Mice and Men〉에서 레니가 사랑이 아니라 강간의 대상을 찾는 괴물이며 조지가 자신이 가학적으로 통제할 수 있는 괴물을 갖고 있는 프랑켄슈타인 박사라는 사실은 분명하지 않은가? 혹은 조지가 지배하는 남자이고, 레니가 모호한 동성 커플에서 순종적인 여성에 해당하는 존재라는 사실 또한 분명하지 않은가?

〈이중 배상Double Indemnity〉의 네프는 왜 키스에게 자신의 죄를 고백하면서 그것을 기록하는가? 그들의 우정에는 강력한 남성적 경쟁의식이 동반되는데, 지독하게 못생긴 키스는 분명히 여성에게 매력이 없다. 이 남성 커플을 헤어지게 만든 필리스에 관해 말하자면… 그녀는 돈을 벌기 위해 성을 이용하기보다는, 성을 쟁취하기 위해 돈을 쓴다. 그리고 밀드레드 피어스는 모든 관객들이 다 알고 있는데도, 자신의 딸이 버릇 나쁜 계집애라는 사실을 왜 알지 못하는가? 〈밀드레드 피어스〉라는 영화는, 두 번째 남편과 끔찍한 자식을 자신의 인생에서 제거하고, 그녀가 그의 이름을 자신의 이름에서 지우지 않았던 첫 남편에게 안전하게 돌아가는 것이 밀드레드의 소원이 성취된 영화라고 보는 것이 최선 아닌가?

평범한 시민조차 은밀한 살의를 품고 있다는 것을 보여 주고 싶어 안달이라도 난 것처럼, 할리우드의 1940년대 영화 플롯에는 정신의학이 만연해 있다. 그래서 타일러는 영화산업의 나르시시즘 강조를 정당한 것이라고 느낀다. 대중문화 비판자들과 달리 그는 미국 문화의 어두운 측면을 까발리지 않는다. 그는 "할리우드가 스스로 인식하고 있는 것보다, 영화에 더 육중한 엔터테인먼트 가치가 있음을 드러내기 위해" 비평가가 할 수 있는 모든 일을 함으로써, 그 자신뿐 아니라 우리에게도 충격과 즐거움을 준다.

바바라 데밍은 그와 같은 경박함을 거북하게 여겼다. 타일러는 자신의 할리우드 주인공들에게서 "사회와의 역동적 관계의 결핍"을 알지 못했단 말인가? 그의 일회성 연인들single-instance lovers은 중요한 커뮤니티에서 축출된다는 것을 알지 못했단 말인가? 데밍은 할리우드의 클리셰를 비난하려 했지만, 타일러는 이 클리셰들에서 진실하고, 시적이며, 유쾌하게 사악한 무언가를 발견한다. 해석을 비판이 아니라 게임으로 취급함으로써, 그는 〈비소와 오래된 레이스Arsenic and Old Lace〉에 대해 다음과 같이 주장할 수 있게 된다. "섬뜩한 괴물 영화의 패러디로서, 이 영화는 엉뚱한 재미의 외형적 차원 안에서, 엉뚱한 재미의 내적 차원을 지닌다."

불운한 사람들과 주술사들

『할리우드의 환각』은 학자들보다 한편으로 더 진지하게 다른 한편으로 덜 진지하게 영화의 개념을 꿈으로 다룬다. 타일러의 다음 책인 『영화의 마술과 신화』 역시 신화의 개념에 대해서 같은 작업을 수행한다.

영화에 관한 첫 글에서 그는 스타를 고대의 신에 비유한다. 단순히 대중들이 숭배하기 때문이 아니다. 그는 현대 종교와는 달리 스타들이 지속적인 필요를 만족시킨다고 주장한다. 우리 같은 이들에게 그들은 일종의 불멸의 존재다. 스크린 속에서 그들은 살고 죽고 다시 살아난다. 호머의 신들처럼, 그들은 우리에게 변장을 하고 나타난다. 카우보이가 되었다가, 탐정이 되었다가, 여왕이 되고 작부가 된다. 그러나 우리는 언제나 그들을 알아본다. 그들은 자신의 배역을 재연하고, 그래서 각각의 영화는 고대 드라마와 유사한 제의가 된다. 상징적으로 살해당했든 시복諡福되었든 우리의 신들은 할리우드 영화라는 이야기들, 그러니까 현대 기독교 사회에 맞춰 재단된 마술의 주문에 다름 아닌 이야기들 속에서 살아간다.

타일러는 신화가 "근본적이자, 원형적인 패턴"으로 "상상적 진리imaginative truth"를 드러낸다고 설명한다. 그는 프레이저의 작업에 대해 잘 알고 있으며, 많은 종교가 이교도의 전설과 제의에서 출발했음을 인식한다. 모드 보드킨과 케네스 버크처럼, 그는 신화가 인간의 원초적 욕망에 대해 말하는 원형적 이야기라고 보았다. 그런 욕망을 이야기하는 것이 또한 할리우드의 사업이므로, 양자의 교통은 유혹적이다.

매우 학문적인 말들이다. 그러나 타일러는 거기서 멈추지 않는다. 그는 세속적인 사회가 새로운 신화를 낳는다고 주장한다. 영화는 예를 들면 정신 나간 교수 혹은 발명가의 원형을 우리에게 제공한다. 능률성을 조롱하면서 동시에 바보라도 민주주의에서 성공할 수 있음을 입증하는 어설픈 과학자의 아슬아슬한 성공담은, 사냥의 여신 디아나Diana the virgin huntress(종종 인간의 모습으로 나타나는데 우연히도 대개 캐서린 햅번이 맡는다) 이야기만큼 신화적이며, 할리우드의 목적에 부합한다.

현대의 옷을 입은 신화에서 타일러가 가장 좋아하는 것은 주술사에 관한 신화다. 옛날, 아주 먼 옛날 왕은 모든 권력을 가진 존재였다. 결국 그는 통치자 및 다른 두 존재로 분리된다. 주술사the medicine man와 바보였다. 현대의 광대는 양쪽 기능을 공유한다. 바보로서, 그들은 심각한 문제를 가볍게 만들며, "보통 사람의 감정에 면역된" 것처럼 보인다. 그들은 조심성 혹은 사회적 품위 없이 우둔하게 행동한다. 그러나 심각한 문제를 견딜 만하게 만들어 우리를 위로한다. 그들은 우리의 악덕을 떠맡는 희생양이고, 그래서 우리는 그들을 보고 웃게 된다. 그리고 그들에게는 감정적 깊이가 있다. 찰리 채플린의 부랑자는 변함없는 가면을 착용할 수 있지만, 그는 광대 팔리아치Pagliacci처럼 고통받는 진짜 인간이며, 그래서 입을 내밀고 의기양양하게 어깨를 으쓱한 뒤 뒤뚱거리며 새롭게 시작할 수 있다.

타일러의 숨 가쁜 서술은 비교 신화학 연구에 이르러 느슨해지지만, 그는 자신이 연구하는 현상에 비하면 자신의 비평이 더 뒤죽박죽은 아니라고 자신을 변호한다. 스크린에 등장한 신화라는 현상 말이다. "정신분석학적-신화적 접근"에서 그는 "나는 개방적이며, 독창적인 발명인 할리우드 고유의 유동성 법칙law of fluidity을 준수해 왔을 뿐이다."라고 설명한다. 전통적인 예술보다 모자라기도 하고 풍부하기도 한 할리우드 영화는, 프로이트 학파건 프레이저 학파건 간에, 엄격한 교리로부터 자유로운 비전을 요구한다. 영화가 가진 꿈의 논리는 원형들을 예측불가능한 방식으로 재작업한다.

1940년대 영화들이 정신분석학에 눈을 돌린 것처럼 마술에도 손을 댔다. 천사, 유령, 마녀, 그 외의 초자연적인 존재들이 보통 사람들의 삶 주변을 돌아다닌다. 왜일까? 이런 존재들이 영화감독들로 하여금 조르주 멜리에스가 보여 주었던 환상과 같은 초기 영화의 영화적 트릭을 재생할 수 있게 했고, 코미디 및 멜로드라마 분야에서의 컨벤션과 결합할 수 있도록 해 줬기 때문이다.

작가 쏜 스미스Thorne Smith(《토퍼》)의 내숭을 떠는 추잡한 인물로부터 만들어진 〈턴어바웃Turnabout〉은 현대의 특수 효과를 사용하여 미신에 기반해 젠더의 가면gender masquerade인 남녀의 몸을 뒤바꾼다. 남편은 "특정 유형의 동성애자를 흉내" 내고, 아내는 "경마에 열중하는 여자"가 된다. 베로니카 레이크는 유령의 형상으로 〈나는 마녀와 결혼했다 Married a Witch〉에서 아버지와 딸의 근친상간 플롯을 흥미진진하게 제공한 적이 있다. 유령이 된 다음, 그녀와 그녀의 아버지는 별개의 포도주병으로 빨려들어 가지만, 영혼이 영혼에게 스며들고, 현대의 특수 효과는 감금된 요정이라는 고대의 모티브를 소생시킨다.

이들 동화는 도착적이지만 코믹하다. 어떻게 마술이 드라마틱한 장르로 스며들었을까? 타일러의 증거물 1호는 〈도리안 그레이의 초상The Picture of Dorian Gray〉이다. 이 작품은 이미지로 사람의 영혼 포착이 가능하다는 고대 미신에 근거한다. 타일러는 이 영화에서 그가 좋아하는 모든 주제들이 매혹적으로 혼합되어 있는 것을 발견한다. 허드 햇필드Hurd Hatfield의 아름답고 공허한 얼굴 즉 "수동적이고, 꿈꾸는 가면"에는 나르키소스가 있다. 할리우드는 통상적인 둔기의 수술blunt-instrument surgery을 시행해, 와일드의 미적 추구로서의 사랑이야기를 도리안과 "인형처럼 생긴 여자아이a doll-faced chit" 사이의 흔한 로맨스로 전환시킨다.

그러나 영화는 "아름다운 최초의 에로틱한 남성 몽유증 환자"의 창조로 보상한다. 도리안은 자신의 저택을 마치 유령처럼 표류하는 이미지가 된다. 이 초상화는 놀랍도록 천박한 윤기로 가득하며 드라큘라를 비롯한 밤의 생명체들의 도상학을 연상시킨다. 다른 한편 도리안의 몰락은 여자에게 인기 있는 모든 남성들의 운명을 묘사한다. 여전히 할리우드는 오래된 신화와 새로운 신화를 끌어들이고 모든 시대의 마술과 미신을 활용해, 자신의 보물창고 안에 있는 다른 이미지와 다른 이야기를 향해 우리의 감각을 유혹하는 매력적인 순간들을 폭포처럼 쏟아 낸다.

이런 모든 원천으로부터 할리우드는 자기도취적인 에너지를 공급받는다. 신화와 미신을 재단하여 그들의 스타와 시나리오에 맞춰 나간다. 그러나 신화의 어두운 면은 축소하기 마련이다. 신의 아들이 고통을 구원한다는 기독교적 가치에 고취된 할리우드는 해피 엔딩을 철저히 고수한다. 드라마의 맥락은 사회적이지만 보편적이지는 않다. 갈등은 도덕적으로 불안정한 자기인식이 아니라, 한낱 법규, 관습, 증거와 연루된다. 우리의 주인공은 유죄인가? 소년은 소녀를 차지할 것인가? 누가 진짜 살인범인가? "로즈버드"의 의미는 무엇인가? 사회적인 조화는 비극적 운명보다 더 중요하다.

그 결과, 예측 가능한 할리우드의 결말에는 많은 힘이 축적되어 있지 않다. 다시 한 번, 진정한 예술에 요구되는 엄격한 형식의 순수성은 과시의 충동으로 대체된다. 어쨌든 할리우드 영화의 이야기는 오지jumping-off place이므로, 마무리도 겉치레일 뿐이다. 〈의혹Suspicion〉과 같은 영화들이 우리를 애태우는 이유는 진정한 액션, 씬 내부와 씬 사이에 숨겨진 것들에 대한 질문을 요구하기 때문이다. (리나가 조니를 의심하기 시작했을 때, 그를 침대에서 거부하지 않았던가?) 엉터리 결말로 그럭저럭 때울 수도 있다. "리얼리티와 오락이 동일한 것으로 작동될 때, 모든 결말은 전

적으로 관습적이고, 형식적이며, 샤레이드가 그러하듯 종종 유
치한 논리를 보여 준다."

스스로 신화를 만드는 남자

1940년대의 평론가들에게 그리피스와 채플린은 미국 무
성영화의 최고봉이었다. 1948년 그리피스가 사망했을 때, 그
는 진정 역사적 인물이었다. 그러나 채플린은 여전히 활동하고
있었다. 그에게 큰 성공을 안겨 주었던 최초의 유성영화 2편인
〈시티 라이트City Lights〉(1931) 및 〈모던 타임즈Modern Times〉(1936)와
〈황금광 시대The Gold Rush〉(1925)의 1942년 사운드 버전도 여전히
극장에서 상영되고 있었다. 〈위대한 독재자〉(1940)에서 채플린
은 세 인물로 분리된다. 히틀러 같은 힌켈Hynkel, 그를 닮은 유대
인 이발사, 관객들의 아량을 간청하는 채플린 그 자신.

〈살인광 시대〉(1947)는 전 세계에서 가장 인기를 끌었던
영화 캐릭터가 영원히 사라졌다는 신호였다. 미국 평론가들이
존경했던 무성영화의 시대는 확실히 끝났다. 그렇다면, 이제
떠돌이Tramp를 외로운 여성들을 죽이는 냉소적 살인마로 전환
하는 영화를 어떻게 생각해야 할까? 파버는 〈살인광 시대〉를
칭찬했고, 에이지는 3페이지짜리 상찬 기사를 썼다. 가장 큰
찬사를 바친 것은 타일러로, 그는 배우와 그의 페르소나에 대
해 한 권의 책을 썼다. 타일러의 『채플린: 마지막 광대Chaplin: Last
of the Clowns』(1948)는 채플린의 이력에 바쳐진 하나의 역설적인 영
예였다.

그 책은 우리가 『할리우드의 환각』 및 『영화의 마술과 신

화』에서 얻는 것보다 훨씬 더 서정적이고, 장황한 숙고를 제공한다. 파편적이고 반복적인 이 책은 수사학적인 질문과 정리되지 않은 아이디어들의 마지막 도피처, 점 세 개의 허망한 말 줄임표로 넘쳐난다. 고백하자면 나 역시 이 책을 읽으며 몇 장 넘기지 못하고 혼란스러웠으며 재미를 잃었다. 그럼에도 불구하고 여기엔 기지 넘치는 문장들이 가득하다. 타일러는 이 책을 부랑자 채플린, 코미디언 채플린, 찰리 스펜서 채플린이라는 인간, 그리고 이 모든 것으로 구축된 신화를 상세히 설명할 기회로 삼는다.

그의 영화 상당수는 연속된 대하소설의 한 장으로 간주하기 쉬웠던 터라, 채플린을 신화 창조자로 받아들이는 분위기가 당대에 만연했다. 타일러의 책이 출판된 지 얼마 지나지 않아, 또 다른 시인 로버트 페인Robert Payne은 채플린을 이교 신의 환생으로 간주하는 『더 그레이트 갓 팬The Great God Pan』(1952)을 출판했다. 타일러는 채플린의 세계에 보다 복잡한 계보학을 적용하면서, 고대적이면서 동시에 현대적인 신화라는 개념을 고수한다. 채플린의 부랑자는 여러 종류의 광대가 혼합된 결과라는 것이다.

그는 바보로 변신해서 우리의 병을 치료하기 위해 희생양이 된 주술사다. 꼽추 혹은 벙어리 어릿광대처럼 그는 신체적인 결함이 있고, 체구는 작지만 발이 크다. 채플린 역시 피에로이며, 사랑을 찾아 헤매지만 배신당할 운명을 가진, 하얗게 분칠한 얼굴의 광대이다. 그러나 영화 덕분에 채플린은 그의 전임자들을 뛰어넘었다. 다른 광대들은 부족들의 신성한 공간 혹은 무대에서 공연을 하지만, 그의 신발은 카메라에 포착된 삶의 장소, 즉 우리의 시대와 공간으로 그를 이끌었다. 그곳에서 그는 우리가 아는 곳들 즉 번잡한 거리, 온천, 롤러 스케이트장, 연극 무대 혹은 영화 세트를 누빌 수 있다. 마지막 광대를 위해서, 영화는 세계를 무대로 제공한다.

찰리의 전설은 채플린의 신화 같은 삶과 평행을 이룬다. 전기 작가들에 의하면, 그는 어린 시절 헤티라는 소녀와 사랑에 빠졌는데, 그녀는 차를 타고 가야 하는 먼 곳에 살았다. 이것은 타일러에게 출발점으로 충분했다. 채플린의 인생과 이야기에서 그의 욕망을 불러일으킨 아름답고 젊은 여성들 가운데 헤티는 영원한 이동의 첫 번째 고리가 되었다. 고급창녀들은 〈파리의 여인〉과 〈살인광 시대〉에서 리무진을 타고 편하게 멀리 떠나지만, 종종 여성들은 궁핍하거나, 불구이거나, 학대당한다. 삶과 예술 양쪽에서 채플린은 둘시네아를 터무니없이 이상화하는 돈키호테를 자처하지만, 주인공 여성들에 대한 그의 마술적 통제에는 또 다른 문학적 신화인 스벵갈리Svengali와 트릴비Trilby의 이야기가 더해진다. 그는 자신의 전설과 삶을 도시, 기계, 산업 자본주의 및 나치의 독재와 같은 이미지로 현대에 적용하려 한다. 이 과정 내내 지속되는 완벽한 사랑에 대한 채플린의 꿈은 그의 예술과 마찬가지로 사생활에서도 실패한다.

우리는 이미 정신분석의 영역을 탐험했지만, 타일러는 채플린의 삶으로부터 숨겨진 프로이트적 시나리오를 찾아내 그것들을 그의 영화에 녹여내는 데 두려움이 없다. 젊은 채플린은 이웃의 흉내를 즐겼던 그의 어머니에게서 판토마임을 배웠다. 실패한 음악 연주자였던 아버지는 그가 다섯 살이던 해, 과음으로 사망했다. "아버지-경쟁자father-rival는 그의 의무를 이행하는

데 실패했다." 그러나 아들은 성공할 것이다.

무엇에서 성공한단 말인가? 큰 돈을 벌고, 전 세계의 사랑을 받고, 여성을 정복하는 것. 그러나 타일러는 이 모든 것이 불완전하다고 생각한다. 채플린은 점차 찰리가 추구했던 꿈에 대해 면밀히 검토하기를 요구받았다. 부랑자는 어쩌면 화면의 암전 이후에 사랑을 찾았을지도 모르지만, 이 예술가는 그러지 못했다. 그래서 〈살인광 시대〉의 찰리는 다정한 숙녀 살인범이 되는데, 이는 〈파리의 여인〉(1923)에 나오는 피에로의, 그리고 우리의 부랑자로부터 여자를 빼앗은 모든 난봉꾼들의 새로운 버전이다. 이제, 여인을 잃는 대신, 베르두가 된 찰리는 그녀를 야수적으로 쟁취한다. "세상의 남자는 여자를 갖고 놀고, 망쳐 놓고 버린다. 이상화의 대상은 이제 버려진 장난감이 된다."

다른 한편으로, 책의 거의 끝부분에 이르면 타일러는 연대기를 역전시키면서, 〈살인광 시대〉를 끝이 아니라 부랑자 대하드라마의 시작으로 다룰 것을 제안한다.

> 베르두가 그의 양면적 모습 안에 하나 이상의 가능성을 숨기고 있었다고 가정해 보자. 이 또 다른 에고가 베르두만큼 절박했지만 베르두의 저속한 모험심을 갖고 있지 않아서, 여성을 희생자로 삼는다는 생각을 거부했다고 가정해 보자. 그는 어쩔 수 없이 집과 가족을 떠나야 했고 그래서 진정한 꿈의 보금자리와 작별을 고한 뒤, 살인자가 아니라 순결한 찰리의 기원이 되는 것이다.

이런 말이다. 찰리는, 아마도, 만개한 상태로full-blown 태어나지 않았을 것이다. 그도 다른 사람처럼 어떤 과거를 지녔다… 베르두가 있다… 이렇게 찰리가 된 것이다.

책은 이렇게 끝난다.

크라카우어는 분노했고, 리뷰를 통해 이 책의 저자는 자기 도취적 나르시시트이며, 내용은 "터무니없는 허구"라고 말했다. 아마 타일러도 동의했을지 모르겠다. 초현실주의자들은 자신들이 본 영화를 "비이성적으로 부풀려" 말했다. 타일러는 자신의 상상력을 샅샅이 뒤져 또 다른 채플린 영웅담을 만들어 낸다. 이 영웅담은 한편으로 영화가 그에게 불러일으킨 허기를 만족시키고, 다른 한편으로 다시 한 번 그에게 퍼포먼스로서의 비평을 펼치도록 한다.

엄마의 사랑스러운 아들

관객은 정중하고 조심스러운 게스트여야 한다. 심오하며 순진하고도 세련된 음모의 학교에서 교육받아 그 자신이 감당할 수 있는 만큼 보는 사람이다.

— 파커 타일러, 『할리우드의 환각』, 1944

마침내, 극장에서 우리는 무엇을 하는가? 이상적으로는, 우리는 게임에 참여해 샤레이드 놀이를 한다. 전문적인 비평가들은 너무 쇠약해서 이 놀이에 끼어들 수 없다. "우리는 예술적 판타지의 리얼리티에 에워싸인 유령임이 분명하다."

정중하고 조심스럽게 놀이에 참여할 때, 우리는 전적으로 신기루에 휘둘리지는 않는다. 채플린에 관한 책에서 밝혔듯이,

타일러는 그 자신을 증거로 제시한다. "그렇다. 나는 스스로 집
단적 신화를 만들어 냈다. 고백한다. 나는 그런 작업을 하면서
할리우드를 철저하게 표절해 왔다." 그의 말을 따라, 그가 만든
판타지 중의 하나를 추적해 보자.

　　1934년 『모던 싱쓰Modern Things』에 수록된 시 「할리우드 드림
스위트Hollywood Dream Suite」와 함께 그는 「어드레스 투 마이 마더
Address to My Mother」를 발표했다. 시는 이렇게 끝난다.

　　너는 죽어간다, 세상이 그렇게 말한다, 하지만
　　you dying, that the earth say so, but
　　나는, 언제나 멈추고
　　I, always pausing,
　　가벼운 전율을 느끼고
　　feeling the weak quiver
　　내 눈은 너를 똑바로 향한다
　　my eyes straight at you
　　알고 있다, 기념비는 없다, 없다
　　know a, no monument, no
　　신호도, 그러나 감은 눈 너는
　　sign, but closed eyes you
　　너의 육체를 이전에 잃고: 산다
　　having lost your flesh before: live;

　　이 애가의 정서는 그의 아버지와 "에바 파커 타일러, 나의

어머니의 기억"에 헌정된 『영화의 마술과 신화』에서 다시 불려
나온다.

우연하게도 에바라는 이름을 지닌 어머니는, 공상을 좋아
하는 우리가 보기에 어떤 의미에서 영화와 등치된다. 『영화의
마술과 신화』에서 타일러가 보여 준 죄책감에 대한 가상의 예
를 보자. 엄마가 들어오는 순간, 한 어린 소년이 잼을 훔쳐 먹고
있다. 돌이켜 보면, 타일러는 채플린의 천재적인 판토마임의 원
천이 어머니를 기쁘게 하기 위한 흉내 충동이라고 파악했다.

그런 다음 타일러의 1940년대 비평에서, 내가 아는 한 가장
온화한 구절을 떠올려 보자. 이것은 일본군과의 격전지로 향하
는 잠수함에 탑승한 해병대 소대의 이야기를 다룬 〈경호!Gung
Ho!〉(1943)의 한 순간을 묘사한다. 그들은 밀실 공포증을 유발
하는 열기 속에서 땀을 흘리며 말다툼을 벌인다. 그들은 웃
통을 벗고 침상에서 몸을 뻗는다. 움직임의 훈련을 받은 그들
은 이 장면에선 반드시 "가만히 앉아 끓어올라야 한다sit tight—and
simmer." 이 상황을 일컬어 타일러는 "독특하고 도발적인 시peculiar
and suggestive poetry"라고 표현했다.

벌거벗은 젊은이들의 땀 범벅이 육체는 그들의 가슴에 걸린 군
번 줄의 우연한 존재로 인해 부드러워져, 그들의 군사적 형상
은 느긋해 보인다. 마치 폐쇄된 잠수함의 열기가, 그들의 몸의
일부가 된 전쟁의 저항력 약한 금속을 녹이는 것처럼 말이다.
또한 그 열기가 전쟁의 엄격한 외피 그러니까 그들의 녹지 않는
군용품 제거를 명령한 것처럼 말이다. 전쟁의 정령이 그들을 하
나의 물질로 축소시킨 것처럼 보였다…

6.1 〈경호!Gung Ho!〉(1943)

아기처럼 수동적인 상태에서 그들은 근심과 공포를 드러내기 시작한다.(사진 6.1) 닥칠 전투에서 자신이 죽을지도 모른다는 것을 모두 알고 있다.

그들은 유년기 상태로 돌아갔다. 이 소년들에게는 그들의 자애로운 어머니에게 너그러움과 애정 어린 보호를 요구하곤 했던 무렵으로 돌아가는 것이 자연스러웠다. 그래서 어린 소년이 특히 엄마의 호의와 친절을 얻으려 지어낸 결백하고 천진한 가면이 그들의 얼굴에도 나타났다. 이 자동적 가면에는 대단히 계산적이고 위선적인 무엇이 있다… 그러나 뭔가 호소하려는 충동은 아주 강하다. 그래서 잠수함으로 은유된 자궁을 통해 그

들은 자신들의 어머니에게 다가가고, 어머니를 통해 환기된 자
연의 이미지, 말하자면 파란 하늘, 따뜻한 햇살, 상쾌한 공기
같은, 그 어느 때보다 더 멀리 떨어진 것들에 다가간다. 그리곤
가련하게 호소한다. 모성의 존재 앞에서 그들이 실행했던 순수
의 연출이라는 유형의 충동이 자동적으로 작동해, 자신의 어떤
소망도 다 들어주는 엄마의 소중한 아이라는 즉각적 샤레이드
를 벌이는 것이다.

이와 관련해 나는 우리가 메이 웨스트에 대한 타일러의 지
적을 숙고해야 한다고 생각한다. 그는 "스캔들을 불러일으키는
웨스트 양의 엉덩이 흔들기, 이것은 내게 오직 요람의 움직임만
을 연상시킨다."라고 헌사를 바친다. 명백히 메이는 자신의 어
린 아이에게 잔인하다. 여장 남자female impersonator로 가장하여, 그
녀는 그 인물에게서 코미디를 빼앗고 "오직 그의 파토스pathos만
남긴다." 그런 제스처를 통해 메이는 또한 상연한다.

여성의 최고의 희생: 자신의 아들의 동성애적 성향에 대한 인식
과 용납. 이것은 물론, 인생에서 거의 일어나지 않는다. 그런 이
유로 예술에서 최소한 한 번은 발생해야 했다.

이 구절은 『할리우드의 환각』에 등장하며, 헌정의 문장으로
이어진다. "내 어머니, 영화 스크린의 이쪽 편을 나와 함께 환히
비춰 주던 황금빛 자연을 기억하며."

7 사후

> 모든 것이 정확하게 옳은 순간이 오면, 당신에게 나타나는 것이
> 있다. 그것은 아마 매우 아름다운 무언가, 혹은 매우 이름 붙이기
> 어려울 정도로 불쾌한 무언가일 것이다. 다른 모든 것들과는 차별
> 화되는 황홀경이 그 내부에 있다.
>
> — 길버트 셀데스Gilbert Seldes,
> 『7가지 활기찬 예술들The Seven Lively Arts』, 1924

나는 이 책을 1940년대로 한정시키되, 퍼거슨을 정확하게
평가하기 위해서 1930년대 후반도 다뤘다. 이제 이 평론가들의
후기의 작업 및 장기적인 업적들을 가늠해야 할 때다.

나는 모두 뉴욕에 연고를 둔 네 평론가들이 잘 어울려 지
냈는지 정확히 알지 못한다. 그들은 보헤미안 예술과 정치라는
공통의 영역에 관여했다. 퍼거슨은 예술가연하는 이들에 둘러
싸인 타이러의 환경을 비웃었을지 모른다. 하지만 그들이 같은
MoMA 혹은 극장 시사회에 참석하는 게 불가능한 일은 아니었
다. 파버와 에이지는 친구였지만, 그들이 영화를 함께 보러 갔
을까? 두 사람 모두 1946년 그리니치 빌리지에서 상영된 마야

데렌의 작품들에 대한 리뷰를 남겼다. 타일러는 〈뭍에서At Land〉
및 〈변형 시간의 의례Ritual in Transfigured Time〉에 출연했으므로, 시사
회에 참여했을 가능성이 높다.

　우리는 출판된 기록물에 대부분 의지해야 한다. 이 시기의
파버는 자신의 카운터파트들에 대해서 결코 언급하지 않았으
나, 10년쯤 지난 다음에 에이지와 퍼거슨에 대해 논할 것이 생
겼다. 타일러 역시 다른 이들을 무시하다가, 1971년에 에이지는
미국의 가장 위대한 영화 팬이라고 칭한다. 1946년 파버는 데
렌의 작품에 대해 모욕적인 리뷰를 작성했고, 이것은 왜 타일러
가 그 이후 그를 무시했는지 설명해 준다.

　에이지는 훨씬 더 관대했다. 그는 정기적으로 파버를 거론
했으며, 이따금 파버를 연상시키는 문장을 쓰기도 했다. "(〈스테
이지 도어 캔틴Stage Door Canteen〉은) 모든 가족들이 함께 볼 수 있는
무해하고 좋은 작품이다. 그리고 잘못된 정신으로 접근하려는
이들에게는 금광이다."(반전과 역설의 수사) 에이지는 데렌의 영화
를 이야기할 때 직접 타일러를 인용했다. 타일러가 할리우드의
신인 여배우들을 몽유증 환자라고 가정했던 시기에, 에이지는
그가 애정했던 엘리자베스 테일러가 "타고난 몽유병자의 위장
술"을 가진 것으로 묘사했던 걸 보면, 타일러에게 영감을 받은
것 같다.

뒤따라가다

　비평가로서 에이지의 명성은, 그의 사후인 1958년 『에이지
영화평론 모음집Agee on Film collection』과 함께 널리 퍼졌다. 이미 본

것처럼, 이는 1960년대와 1970년대의 다른 모음집의 출간을 촉발시켰고, 이런 분위기는 타일러와 파버에게도 도움이 되었다.

타일러와 파버 모두 영화뿐 아니라 다른 분야에 대한 글을 계속 썼다. 늘 실천적인 순문학 연구가belletrist였던 타일러는 다양한 책을 썼다. 프랑스 화가들에 대한 얇지만 전문적인 논문을 비롯하여 시인인 폴로리네 슈테트하이머Florine Stettheimer에 대한 전기(1963), 문학에 등장하는 영웅들에 대한 연구(『모든 예술가는 자기만의 추문이 있다Every Artist His Own Scandal』, 1964), 파벨 첼리체프Pavel Tchelitchew의 소문 무성했던 삶에 대한 기념비적인 글 등이 있다. 영화에 대한 관심도 지치지 않았다. 화보집인 『외국영화 클래식Classics of the Foreign Film』(1962)을 통해 프랑스, 이탈리아, 스웨덴 영화들에 대한 미국의 관심을 드러냈으며, 이는 수많은 베이비붐 세대 시네필에게 영감을 주었다.

그는 에세이 모음집 출간에서도 민첩했다. 에이지의 선집이 출간된 지 불과 2년 만에, 타일러는 『영화의 세 가지 얼굴The Three Faces of the Film』(1960)을 내놓았다. 그는 1967년에 개정판을 만들었고, 이어 『영화 속의 섹스, 프시케, 그 밖의 것들』(1969)을 출간했다. 오래 절판되었던 『할리우드의 환각』과 『영화의 마술과 신화』는 1970년에 다시 출판되었다. 1971년, 타일러는 『영화의 마술과 신화』의 영국 판에 격식 없는 소개문을 덧붙이면서, 자신을 꿈 지향적인 영화해석의 창시자라고 표현했다.

미술 작업을 하면서도, 파버는 이따금 리뷰로 돌아왔다. 〈네이션〉과의 계약이 끝나고, 〈타임〉에 잠깐 머물면서, 그는 〈뉴 리더New Leader〉(1957~1959), 〈카발리에Cavalier〉(1966), 〈아트포럼Artforum〉(1967~1971)을 비롯한 다양한 잡지에 예술 비평

과 영화 리뷰를 기고했다. 또한 〈코멘터리Commentary〉, 〈코먼윌
Commonweal〉, 〈필름 컬쳐Film Culture〉 등 다양한 곳에서 장문의 에세
이를 발표했다. 그가 작가주의auteurist 세대라고 소개된 문집 『네
거티브 스페이스』(1971)에 이르기까지, 1950년에서 1971년까지
의 작업을 통해 그는 거의 모든 것에 손을 뻗었다. 「더 김프The
Gimp」, 「강매의 영화Hard-Sell Cinema」, 「흰 코끼리 예술 대 흰개미 예
술White Elephant Art vs. Termite Art」과 더불어 하워드 혹스, 라울 월쉬, 존
스터지스에 대한 에세이를 통해서 파버 스타일의 에토스와 미
학을 구축했다.

두 비평가는 1970년대에 그들의 비평 경력을 마감했다. 패
트리샤 패터슨과 공동으로 아방가르드 영화와 뉴 저먼 시네마
에 대한 에세이를 쓴 이후 파버는 1977년 절필하고, 이후 교육
과 그림에만 전념했다. 그의 몇몇 회화에는 영화와 그의 영화
비평에 대한 언급이 시각적으로 묘사되어 있다. 타일러는 「언
더그라운드 영화: 비판적 역사Underground Film: A Critical History」(1969)
로 아방가르드의 분노를 불러일으켰고, 『비행기 그림자가 엠파
이어스테이트 빌딩을 오르다: 영화에 대한 세계의 이론The Shadow
of an Airplane Climbs the Empire State Building: A World Theory of Film』(1972)으로 영
화의 시적인 힘에 대한 기묘한 해설을 시도했다. 성 풍속이 변
화함에 따라, 그는 솔직하고 놀랍게 다양한 에로티시즘을 다룬
『스크리닝 더 섹스: 영화 속의 동성애Screening the Sexes: Homosexuality in the
Movies』(1973)를 출판했고, 이어 『화보로 본 영화 속 섹스의 역사A
Pictorial History of Sex in Films』(1974)을 냈다. 이 마지막 책에는 어디서도
본 적 없는 가장 음란한 사진들과 설명이 수록되었다.

놀이 울타리로서의 패드

이 두 사람의 후기 저술은 매혹적인 방식으로 서로 얽혀 있다. 타일러의 스타일은 훨씬 단순해졌지만, 말이 많아졌고 현학적이기도 했다. 형용사와 톱니바퀴처럼 엇물린 표현으로 가득한 파버의 글은 더 조밀하고 정교해져서, 읽다 멈추거나 건너뛸 수 없게 만든다. 그에 따르면, 오즈의 "엄격한 형식화, 진기한 검소함"은 "캘빈 쿨리지Calvin Coolidge, 블론디Blondie, 미스Mies의 신조형주의 미학의 혼합"이다. 미스와 블론디(혹시 이것이 신문 만화에 나오는 일상적인 가정의 위기, 여성의 지혜, 고정된 카메라 위치를 말하는 것인가?)까지는 대략 짐작이 간다. 하지만 쿨리지의 의미는 나도 포기했다.

그럼에도 불구하고 타일러와 파버 사이의 가장 흥미로운 비교지점은 스타일이 아니다. 그들은 각자 유럽 영화와 아방가르드에 더욱 몰두했고, 이것이 그들의 1940년대 화두와 여러 면에서 공명을 일으킨다.

2차대전이 끝난 이후 찾아온 미국 내의 외국영화 르네상스는 타일러의 관심을 끌었지만 그는 전형적인 비판자의 길을 걸었다. 1950년 에세이를 통해 그는 〈무방비 도시〉의 "싸구려 멜로드라마", 〈자전거 도둑〉의 "표피적일 뿐인 자연주의"를 비판한다. 대신, 비평가들이 찬사를 보내기 훨씬 이전에 〈게임의 규칙〉에 주목하여, 놀라운 작품이며, 사회 풍자이자 희비극적인 도덕 이야기라고 평가했다. 그는 콕토의 〈무서운 부모들Les parents terribles〉은 "복수심에 불타는 추방된 가모장의 영혼의 시a poetry of the deposed and vengeful matriarchic spirit"로서 오이디푸스 신화를 독창적으로 재해석한 작품이라고 주장했다.

그 이후 수년 동안 타일러는 할리우드에 대항하는 하나의 유럽적 전통을 구축하려 했다. 이 전통은 『외국영화 클래식』에 가장 개괄적인 형태로 제시되었다. 목차를 보면 MoMA 클래식(〈칼리가리 박사의 밀실〉〈마지막 웃음〉〈전함 포템킨〉〈메트로폴리스〉〈잔 다르크의 수난〉)에서부터 전후의 해외 작품들(네오리얼리즘 영화들, 〈라쇼몽〉〈우게츠 이야기〉〈히로시마 내 사랑〉〈산딸기〉〈정사〉〈달콤한 인생〉)에 이르는, 1960년대 영화광들의 정전을 포괄하는 것처럼 보인다. 사실 타일러는 공인된 고전을 자신의 해석적 취향에 끼워 맞춘다. 〈거미집의 성Throne of Blood〉에서 원시적 마술을 발견하는가 하면 〈제복의 처녀Mädchen in Uniform〉에서 "섹슈얼리티에 바치는 순결한 송가a chaste ode to sexuality"를 본다. 『외국영화 클래식』은 네오리얼리스트에 대한 그의 1950년대 견해를 수정하지만, 여전히 자신의 관점을 크게 벗어나지 않는다. 〈자전거 도둑〉의 가치는 리얼리즘이 아니라 "명료한 도덕적 우화"로서의 기능이며 이 영화는 "입문 의례an initiation rite"라는 고대의 인장도 지니고 있다. 가장 자연주의적 작품조차 숨겨진 형식, 인위성, 시적인 환기를 가지고 있으며, 바로 이것들이 타일러가 일컫는 고전을 만든다.

1970년대 초반, 그는 당대 할리우드 작품들과 함께 당대의 유럽 영화를 다시 논의했고, 섹슈얼리티에 바치는 '불순한' 송가를 발견했다. 영화 속 섹스와 젠더에 관한 그의 저서들은 1940년대 할리우드에서 그가 파헤쳤던 갖가지 형태의 도착적 주제로 회귀한다. 그는 도발적인 독법을 지속했다. 그래서 〈대탈주The Great Escape〉와 〈남편들Husbands〉이 "동성애 미스터리 이야

기"가 되며, 〈저주받은 아이들The Damned〉은 게이 샤레이드가 된
다. 그런데 영화감독들은 타일러의 초기 책들을 읽은 것 같다.
그 책들은 비밀스런 즐거움이었던 추한 욕망을 드러내 과시하
고 있었다. 그는, 삐딱한 쾌감을 즐기며, 〈센소Senso〉, 〈아이 엠
큐리어스(옐로우)I Am Curious(Yellow)〉, 〈왼편 마지막 집The Last House on the
Left〉, 그 외 많은 영화들에 나타난 성애 본능의 우여곡절을 탐색
했다. 『화보로 본 영화 속 섹스의 역사』는 자신의 파일들을 자
랑스럽게 뒤적이며 눈에 번쩍 띄는 이미지들을 발굴하고 거기
에 황당한 코멘트를 덧붙이는 늙은 에로티카 전문가를 보여 준
다. "당신이 테이프로 감기거나 끈으로 묶여 있는데, 성전환한
의사가 당신을 딜도dildo로 강간하려는 마음을 품고 있다면, 당
신은 이제 끝장이다." 이 책은, 간단히 말하면, 비명a scream이다.

할리우드 영화에 대해 그가 쓴 글의 모티프의 상당수는 미
국 아방가르드에 대한 수사가 되었다. 할리우드 영화를 떠돌던
공허하고도 흥미진진한 남자 혹은 여자인 몽유증 환자는 수많
은 1940년대 영화에 다시 등장해, P. 아담스 시트니P. Adams Sitney
는 "무아지경 영화trance films"라는 장르 전체를 묘사하기 위해 타
일러의 공식을 빌려 왔다. 마찬가지로, 고전적 신화에 대한 그
레고리 마르코풀로스Gregory Markopoulos의 탐구 및 케네스 앵거
Kenneth Anger의 마술에 대한 매혹도 타일러의 『영화의 마술과 신
화』에 빚지고 있다. 아마 타일러는 창시자라기보다 예술 문화
에 순환하는 아이디어의 전달자였겠지만, 1940년대 및 1950년
대 미국 아방가르드와 할리우드 사이에는 타일러가 묘사했던
것처럼 뚜렷한 친연성이 있다.

타일러는 조심스럽게 형성된 클래식 아방가르드의 정신역

학과 신화적 차원이 실종될 수도 있다고 우려했다. 〈게임의 규칙〉을 옹호하는 1950년 에세이는 시네마 16에서 상영된 실험 영화들을 칭찬했지만, 경고도 남긴다. "실험주의 숭배의 위험성은 무정형성formlessness 그리고 폭넓은 예술 문화의 결핍에 있다. 훈련과 보다 지적인 힘이 필요하다."

타일러는 1960년대 영화 감독들이 자신의 경고를 무시했다고 생각했다. 『언더그라운드 필름: 비판적 역사』는 "클래식" 아방가르드와 관련 있는 앤디 워홀, 잭 스미스, 켄 제이콥스Ken Jacobs, 마이클 스노우 및 기타 인물들의 출현을 탐사한다. 타일러의 저서는 아방가르드의 완전한 파괴가 아니다. 그의 언더그라운드 정전 목록은 〈할롯Harlot〉부터 〈소멸하는 별빛Star-Spangled to Death〉에 이르는 1960년대 클래식을 포함하며, 이 책에서 그는 예술적 기준, 세련됨, "윤곽의 견고함firmness of outline"을 호소한다. 그는 언더그라운드 영화들이 한없이 늘어진prolonged 탈형식의 즉흥성에 의지하기 때문에 지나치게 엉성하다고 주장했다. 초기 워홀의 치기 어린 노출증과 〈파장Wavelength〉의 "끝없는 지루함boredom unlimited"의 놀이터인 "패드 필름pad film"이 이렇게 탄생했다.

모든 나르시시즘, 성애적 상징주의, 1940년대 스튜디오 영화의 틈 속에 잠복해 있던 캠프Camp는 언더그라운드 영화의 장으로 잽싸게 움직였다. "내가 처음에 집중했던 삐딱함이 이제 영화를 보는 사람들이 아니라, 영화를 만드는 사람들을 장악하고 있다." 조 달레산드로Joe Dallesandro와 잭 스미스Jack Smith, 타일러 미드Taylor Mead와 폴 아메리카Paul America, 에디 세즈윅Edie Sedgewick과 슈퍼스타로 알려진 다른 이들은 고전적 연대의 신들을 조롱하며 마약과 같은 안개 속에 있었다. 이런 비판 속에서 타일러는 영화 감독들이 진정한 아방가드르 전통과 전체 역사에 대한 자신들의 책임감을 유기하고 있다고 믿었다. 1974년 70세로 사망할 때까지, 그는 자신의 역사서를 제출했지만, 언더그라운드는 그를 시대에 뒤떨어진 것으로 간주했다.

이중공간

타일러와는 달리, 매니 파버는 전후에 등장한 외국 영화들에 크게 매혹되지 않았다. 그는 파뇰Pagnol, 르누아르, 로셀리니의 단편을 모은 〈웨이즈 오브 러브Ways of Love〉(1950) 개봉은 반겼지만, 〈밀라노의 기적Miracle in Milan〉("바보스럽게 과잉단순화된moronically oversimplified"), 혹은 〈라쇼몽〉("느리고, 자기만족적이며, 루브르를 의식하고Louvre-conscious, 수상을 고대하는")에는 전혀 동조하지 않았다. 타일러가 가장 좋아했던 〈게임의 규칙〉과 〈무서운 부모들〉을 비롯해, 동시대인들이 부지런히 논평을 내놓았던 펠리니, 비스콘티, 미조구치, 클레르, 카르네 등의 작품은 파버의 리뷰 대상이 되지 못했다. 이유는 늘 그렇듯 취향이었다.

최악의 할리우드 B급 영화조차 대개의 영국 혹은 프랑스 영화보다 더 영화적 아드레날린이 많으며, 영국 감독 올리비에Olivier보다 더 절충적이거나, 프랑스인 파뇰Pagnol보다 더 반동적이거나, 이탈리아인 데 시카De Sica와 로셀리니Rossellini보다 안일한 감수성으로 더 깊이 훼손된 사람은 없다.

파버의 혐오는 1960년대 중반까지 이어진다. 고다르는 "복잡한 지루함complex boredom"을 제공했고, 펠리니는 연기자들을 "소모적인 잡동사니wasteful clutter"로 다뤘으며, 〈붉은 사막Red Desert〉은 "멍청한 영화"라는 식이었다. 그는 1967년 뉴욕 영화제가 "패션 광고계 사람들보다 더 깊이도 없고, 더 발전되거나 준비되지도 않았으며 설명되지도 못하는" 캐릭터로 특징 지어지는 새로운 유럽 엔터테인먼트의 황량한 뷔페라고 평했다.

그러나 이내 파버는 워홀과 마이클 스노우를 발견했다. 타일러가 피상적이고 자기도취적이라고 본 패드 필름이 1968년의 파버에게는 모험적으로 보였다. 워홀은 놀랍게도 "그의 클로즈업은 정력적이다virile"라는 파버의 찬사를 얻었다. 파버는 조이스 윌랜드Joyce Wieland의 영화가 마네와 카라바조를 연상시키며, 〈파장Wavelength〉은 "순수하고, 강인한 45분"이라고 평가했다.

1967년 〈아트포럼〉의 영화평론가라는 새로운 책무와 함께 생겨난 파버의 아방가르드에 대한 관심은 유럽영화들에 대한 재평가로 이어졌다. 그는 패트리샤 패터슨과 더불어 고다르, 브뉘엘, 파스빈더(그가 워홀과 유사하다고 평가했던)의 작업에 찬사를 보냈다. 이후 두 사람은 헤어초크, 뒤라스, 스트라우브Straub를 옹호했다. 파버는 독일의 젊은 영화 감독들에 관한 저서를 기획했지만, 완성하지 못했다.

훌륭한 유럽 감독들을 미국 실험주의자들과 연결시킨 것은 공간의 새로운 표현에 대한 관심이었다. 문자 그대로의 그리고 은유적인 의미 모두에 있어 공간에 대한 자의식적 감각이 동시대 영화를 정의하는 특징이라는 주장은 파버 비평의 핵심이 되었다.

파버는 1940년대 말부터 복잡한 비주얼에 대한 할리우드의 관심이 내러티브의 명확성과 표현성을 초과하기 시작했다고 주장했다. 이는 휴스턴, 스티븐스, 카잔 그리고 다른 김프/흰 코끼리 스타일리스트들Gimp/White Elephant stylists에 대한 그의 비판의 요지였다. 이제 "평방인치당 어느 때보다 많은 통제more grip per square inch than ever before"의 이미지가 할리우드와 대안 영화 양쪽을 지배하고 있다. 〈졸업〉, 〈페르소나〉, 〈붉은 사막〉 그리고 여타의 영화에서 "디자인의 유희가 이야기 주제만큼 중요한 것이 되었다. 1960년대 이전의 자연주의에서는 드물었지만, 영화는 이제 주된 것과 보조적인 것이 경쟁하는 패턴을 요란하게 양산하고 있다."

이런 유행과 반대로, 파버는 각각의 프로젝트에 특정 공간을 설정하는 감독들에게 주목한다. 〈악의 손길Touch of Evil〉이 방향 상실과 그로테스크한 것들의 알레고리적 공간을 제시하는 반면, 샤브롤은 〈부정한 여인La femme infidèle〉에서 "계측된 유량measured flow"을 발견한다. 파스빈더는 "평면적이고, 대담하게 단순한 포맷"을 사용하며, "파스빈더의 강렬한 그림자 없는 이미지는 누구의 것과도 같지 않다." 가장 훌륭한 것은 고다르의 작업으로 "영화 하나하나마다 다른 이미지를 탐사한다."

기묘한 방식으로, 프레임 공간에 대한 파버의 관심이 돌출하는데 이는 타일러가 수동적인 언더그라운드 카메라는 편집에 의해 새로운 공간(과 시간)의 형식을 창조할 수 있는 길을 무시한다고 비판했던 것과 같은 시기다. 그러나 파버는 영화의 공간이 스크린에 보이는 시야 이상을 포함한다고 주장한다. 이는 배우의 퍼포먼스("심리적 공간")와 "영화가 다루는 경험과 지리의 영역"를 아우른다. 네거티브 스페이스에 관해서는, 이것이 감독이 제시하는 것과 관객들이 추가하는 것의 일종의 통합이라며, 1940년대의 개념을 재정의한다. 나는 이것을 화가 한스 호프만Hans Hofmann의 작품을 말할 때 파버가 사용한 표현인 '견고한 덩어리들 및 역동적 관계the solid masses and dynamic relationships'와 은유적 평행의 표현으로 받아들인다.

또 다른 반전. 타일러가 후기 인상파 회화를 다룬 책을 출판하는 동안, 파버는 미술 비평을 중단하고 자신의 예술-역사적 감수성을 영화에 쏟았다. 그의 후기 에세이들에는, 초기 영화비평에서는 볼 수 없었던 고전기 화가와 현대 화가 십여 명이 여기저기 등장한다. 할리우드의 표현적인 자연주의는 다른 시각 예술과 뚜렷한 차이를 당당히 만들어 냈다. 이제 영화감독들은 각 쇼트의 외양을 꾸미는 데 정신을 팔게 되었고, 이런 경향 때문에 파버는 로스코Rothko, 존즈Johns, 베르메르Vermeer와 또 다른 조형의 대가들을 계속 떠올리게 되었다.

1940년대와 1950년대의 흰 코끼리 감독들white elephant directors의 허세로부터 벗어난 새로운 세대의 공간 감각이 그들을 회화적 전통의 정당한 후계자로 만들었다. 그러나 이 세대가 지닌 모더니즘의 예술-역사적 채무가 그들을 영화적 유산으로부터 이탈시킨 건 아니었다. 1940년대 영화는 파버의 여전한 평가기준이 되었다. 〈와일드 번치Wild Bunch〉는 "정력이 넘치는 리본 이미지a virile ribbon image"를 생산한다. 〈카스파르 하우저의 수수께끼Kaspar Hauser〉는 스터지스를 연상시킨다. 〈택시 드라이버〉의 한 순간은 〈가망 없는 내일Odds Against Tomorrow〉의 반향이며, 또 다른 씬은 트레비스 비클을 캐리 그랜트로 바꿔 놓는다. 이 같은 비교들은 과거의 할리우드와 오늘의 영화 사이의 돌출적 대화를 창조한다.

파버는 1940년대와 다른 방식으로도 관계를 유지한다. 1977년 절필 전에, 그와 패터슨은 하워드 혹스, 라울 월쉬, 돈 시겔, 새뮤얼 풀러에게 바치는 헌사를 썼는데, 여기서 그는 자신의 김프-흰개미 논의와 공간기획자라는 감독의 새로운 역할을 혼합했다. 이 에세이들에서 두 평자는 당대의 작가주의 논쟁에 참여한다. 그와 함께 이 에세이들은 이 감독들을 영화 외부의 예술적인 전통과 연관시킨다. 월쉬는 브뤼헐Brueghel을 불러오고, 시겔은 로버트 프랭크Robert Frank를 환기시킨다.

추정

고전적 아방가르드 대 맨해튼 언더그라운드 아방가르드의 대결. 전후의 외국 영화 대 1960년대 후반의 새로운 유럽 영화의 대결. 이 같은 재편성은 타일러와 파버에게 새로운 명성을 제공했다. 주로 그들의 초기에 주목함으로써, 그들이 후기에 누린 더 큰 명성에 대해선 내가 너무 짧은 설명을 제공한 것인지도 모르겠다. 하지만 잘 알려진 그들의 "성숙한mature" 지위의 근원을 그들의 초기 작업에서 탐색하는 것은 가치 있는 작업이라고 생각한다.

그 시절, 퍼거슨 및 에이지와 함께 평론가들은 미국 영화에 대한 미학적 접근을 시도했다. 할리우드가 대중을 현혹시키는 공장이라고 매도하던 모든 회의론자에 맞서, 상상력의 활동과 걸출한 산문을 통해 그들은 스튜디오 영화의 근저에 예술적으로 심오한 무언가가 있다는 주장의 정당성을 입증했다.

그들은 진부하고 부당한 것들로 보이는 많은 것들을 비판
했다. 그러나 또한 유연한 스토리텔링의 방법(퍼거슨), 신랄한
표현(에이지), 잘난 체하지 않는 회화적 지성(파버), 신화와 흑마
술과 성애적 판타지를 누설하는 틈(타일러)을 발견했다. 그들은
컨벤션에 대한 우리의 일상적 지식을 흔들었는데, 거친 탈신화
화의 방식이 아니라, 컨벤션을 깊이와 활력과 충격을 생성하는
계기로 다룸으로써 그렇게 했다. 인위성과 리얼리즘 사이를 오
가는 전통 속에서 할리우드 감독들은 언제나 인위성의 새로운
방법 및 리얼리즘의 새로운 접근법을 발견했고, 우리의 네 평론
가들은 비판적 지지로 응답했다.

과거와 현재의 균형 잡힌 할리우드 영화를 위해 네 명 모
두의 생각을 살피는 일이 중요하다고 생각한다. 스튜디오 시절
에 대한 오늘의 노스탤지어는 딱딱하고 냉소적인 영화들에 우
호적인 경향이 있다. 누아르와 살인자 악녀에 대한 숭배는 〈해
피 랜드Happy Land〉와 〈애정The Yearling〉의 온화함을 위한 여지를 거
의 남기지 않는다. 우리는 〈덤보Dumbo〉와 〈사막의 침입자Intruder in
the Dust〉를 떠올릴 필요가 있다. 만약 지금 더 많은 사람들이 포
드보다 혹스를, 혹은 클라렌스 브라운Clarence Brown보다 라울 월쉬
를, 혹은 〈모퉁이 가게The Shop around the Corner〉보다 〈그의 연인 프라
이데이His Girl Friday〉를 즐긴다면, 부분적으로는 우리의 취향이 온
화함의 미덕(〈주먹왕 랄프Wreck-It Ralph〉, 〈벌들의 비밀생활The Secret Life of
Bees〉, 〈우리는 동물원을 샀다We Bought a Zoo〉)보다 과시적인 공격성에
혹하기 때문이다.(마틴 스콜세지에서 폴 토마스 앤더슨에 이르는, 오늘
날 우리의 만신전을 보라.) 네 평론가 중에서, 지금 가장 인기 있는
인물이 파버라는 사실도 놀랄 일이 아니다. 그의 1950년대 페

르소나는 거친 영화를 선호했다. 그러나 초기의 그는 몇몇 작품들의 감동과 낭만적인 열정에 활짝 열려 있었다. 퍼거슨은 영화를 달콤하다, 혹은 사랑스럽다고 말하기를 결코 부끄러워하지 않았으며, 에이지는 〈인간 희극The Human Comedy〉을 옹호했고, 타일러는 평범한 관객들에게 감동을 줄 수 있는 〈베르나데트의 노래The Song of Bernadette〉와 〈경호!Gung Ho!〉에 찬사를 보냈다. 지금의 우리 대다수보다 이들 네 명이 스튜디오 영화의 부드러운 면에 보다 우호적이었다.

이들은 고전기 영화들의 다양한 면모에 활기를 불어넣고, 잊혀졌던 놀라운 영화들에 대한 관심을 열정적으로 불러일으킨다. 하지만 그러면서도 우리의 눈에 두드러지는 다른 요소들을 거론하지 않은 것은 놀랍다. 그들은 대부분 딥 포커스, 롱 테이크, 카메라 움직임이 빚어낸 스타일 혁명을 놓쳤다. 우리에게 강박적인 플롯 패턴으로 보이는 것들, 예컨대 도주하는 남자, 함정에 빠진 여자, 전쟁영화와 후방영화 그리고 신경증적 코미디의 주인공을 괴롭히는 의심과 죄의식을 놓쳤다. 그들은 남성성의 위기에 대한 학계의 논의를 전혀 감지하지 못했고, 전후 드라마가 여성을 주방과 침대로 밀어 넣는 방식도 알아차리지 못했다. 타일러는, 웰즈와 아방가르드 작가들을 제외하곤 모든 감독들에게 초연할 정도로 무관심했고, 에이지와 파버는 프레민저Preminger, 만Mann, 시오드마크Siodmak, 서크Sirk, 풀러Fuller, 오퓔스Ophüls를 무시했다.

한편 파리에서는 더 밀도 높고 철학적이며 분석적인 영화 비평이 등장했다. 나치 점령 시기 할리우드 영화는 금지되었지만, 전쟁 직후 미국 영화가 홍수처럼 앙드레 바쟁과 그의 추종자들에게 밀려들었다. 방대한 교양과 뛰어난 지성으로 무장한 그들은 롱 테이크, 심도 공간, 내러티브의 복잡성 등 새로운 할리우드 스타일을 간파했다.

그 당시 미국에는 클로드-에드몬드 마그니Claude-Edmonde Magny의 『미국 소설의 시대: 두 전쟁 사이의 극영화 미학Age of the American Novel: The Film Aesthetic of Fiction between the Two Wars』(1948) 혹은 피에르 베일리Pierre Bailly의 웰즈와 히치콕의 긴 고정 쇼트의 가치에 대한 통찰에서 발견할 수 있는 이론적 성과에 견줄 만한 비평적 성취가 없었다. 프랑스 비평가들은 미국인들이 범죄 멜로드라마라고 부르는 것이 필름 누아르라는 프랑스적 전통으로 파악될 수 있다는 것을 지적했다. 타일러가 채플린을 정신분석하고 에이지와 파버가 휴스턴에 대해 논쟁하는 동안, 바쟁은 웰즈와 와일러에 대한 전례 없이 깊고 정밀한 분석을 시도하고 있었다. 크리스토프 고티에Christophe Gauthier는 프랑스의 시네클럽이 다수의 16mm와 35mm 프린트를 보유하고 있다고 적는다. 그 결과 바쟁과 그의 동료들은 영화를 반복해 보고, 미국인들이 하지 못했던 수준까지 연구할 수 있었다. 1940년대 할리우드의 예술성에 대한 승인의 상당 부분은, 영화를 면밀하게 검토하는 것을 문학 텍스트의 해석처럼 자연스러운 것으로 받아들인 프랑스 시네필로부터 유래했다.

아마 네 평론가들도 보다 좋은 환경 아래에 있었다면, 동일한 작업을 했을 것이다. 그들의 저술을 읽으면 우리는 그들이 더 깊은 탐색의 야심을 가졌음을 알 수 있다. 파버는 미술학교 형식주의를 거리 화가lightning-sketch의 방식으로 응용했다. 퍼거슨의 〈작은 여우들The Little Foxes〉에 대한 쇼트 단위 분석과 〈살인광 시대〉에 대한 에이지의 해설은 시의 질감을 탐사하려는 신비평의 충동과 공명했다. 신화와 정신분석에 대한 타일러의 추적은 1950년대 학계를 지배하기 시작했던 예술과 문학의 "외래적extrinsic" 해석을 예기했다.

그러나 그들은 추상적인 이론가가 되지 않았는데, 부분적으로는 각자가 순수한 영화적 요소에 곧 익숙해졌기 때문이라고 나는 생각한다. 타일러는 영화에 출연했고, 배우이자 영화감독인 찰스 볼튼하우스Charles Boultenhouse와 수십 년 동안 함께 살았다. 제스 스테이시Jess Stacy의 피아노 세례를 받았던 퍼거슨은 촬영 세트장을 방문해 영화 테크닉을 배우며 자신의 취향을 다듬었다. 가상의 각본을 쓰던 에이지는 진짜 각본을 썼는데, 양쪽 다 눈부신 디테일이 담겨 있다. 파버가 샌디에고의 캘리포니아 대학교에서 강의를 시작했을 때, 그는 마치 음반을 재생하는 DJ처럼 분석적으로 영사기를 다뤘다. 훌륭한 비평가는, 그들이 그랬던 것처럼, 가능한 한 세밀하게 매체에 대해 알 필요가 있다.

나는 이 책의 모든 장에서 비평가들에게 너무 많은 것을 전가할 위험을 무릅쓴 건 사실이다. 영화적 스토리텔링의 한계를 시험하는 영화가 없었다면, 가장 영민한 평론가들도 이토록 열의를 갖고 글을 쓰지는 못했을 것이다. 대릴 자눅Darryl Zanuck과 도어 쉐어리Dore Schary, 할 월리스Hal Wallis가 없었다면, 험프리 보가트와 바바라 스탠윅Barbara Stanwyck에서 클리프턴 웹Clifton Webb과 이브 아덴Eve Arden에 이르는 걸출한 배우들이 없었다면, 더들리 니콜스Dudley Nichols에서 베라 카스파리Vera Caspary에 이르는 놀라운 작가들이 없었다면, 카프라, 스티븐스, 스터지스, 웰즈, 휴스턴, 와일러, 히치콕, 와일더, 웰먼, 월쉬, 랑, 프레민저, 맨키비츠, 류튼이 없었다면, 〈도리안 그레이의 초상〉, 〈춤추는 살로메Salome Where She Danced〉와 〈턴어바웃Turnabout〉과 같은 괴팍한 영화들이 없었다면, 〈시민 케인〉과 〈지 아이 조 이야기〉 같은 야심적인 영화들이 없었다면, 그리고 수많은 A급 영화와 황당한 야심의 B급 영화들이 없었다면, 우리의 네 랩소드들도 할 일이 거의 없었을 것이다. 1930년대와 1940년대의 압도적이고, 활기 있고, 날카롭고, 심드렁하게 미친 영화들이 분명 그들 모두를 밀고 갔다.

영화 저널리스트가 지식인이 될 수 있다는 것을 깨달은 후, 우리는 뒤늦게 이 평론가들을 발견했다. 나는 그들이 남긴 훌륭한 유산을 보여 주고 싶었다. 마감 시간에 쫓기고, 마지막까지 원고를 고치면서, 구글의 시대에 사는 우리로선 상상하기 어려운 제한된 조건에서, 네 명의 특별한 평론가들은 할리우드라 불리는 현상에 대해 대담하고도 섬세하게 사유하고, 강철 같은 열정으로 글을 썼다.

감사의 말

이 책은 2013년 가을, 위스콘신 대학교 매디슨 캠퍼스에서 제프 스미스Jeff Smith와 함께 진행했던 세미나 "내러티브 이론과 1940년대 할리우드Narrative Theory and 1940s Hollywood"의 일환으로 시작되었다. 제프와 세미나에 참여한 이들 덕분에 즐거운 세미나가 되었다.

이 에세이들은 크리스틴 톰슨Kristin Thompson과 나의 블로그 'Observations on Film Art'(www.davidbordwell.net/blog)에 처음 공개되었다. 이 시리즈는 뛰어난 비평가인 켄트 존스Kent Jones의 정보와 이미지에 엄청난 도움을 받았다. 매니 파버와 관련된 웹 이미지를 제공한 패트리샤 패터슨Patricia Patterson에게도 감사를 전한다. 이 원고의 독자로서 제임스 내러무어James Naremore와 찰스 몰랜드Charles Maland는 더할 나위 없었다. 뛰어난 학자로서 두 사람 모두 책을 훌륭하게 개선할 수 있는 조언을 제공했다. 시카고 대학 출판부의 로드니 포웰Rodney Powell은 고전 영화에 대한 끊임없는 애정으로 프로젝트를 신속히 처리해 주었다. 능력 있는 교열 담당자 앨리스 베네트Alice Bennett 덕분에, 내가 하려고 했던 말을 이해하게 되었다. 여기 매디슨에서, 나의 오랜 친구 제

260

프 스미스, 레아 제이콥Lea Jacobs, 벤 브루스터Ben Brewster, J. J. 머피J.J. Murpy와의 토론을 통해 많은 것을 얻었다. 출처의 정리에 도움을 준 에릭 디엔스트프레이Eric Dienstfrey에게도 감사한다. 응원과 사랑이 필요한 모든 순간에 크리스틴 톰슨이 곁에 있어 주었다.

옮긴이 후기

영화를 공부해본 적이 있는 사람이라면 분명 입문 과정에서 데이비드 보드웰이 쓴 책을 한 권쯤 읽었을 것이다. 미국의 영화학계를 대표하는 인물 중 하나이자 거대이론에 맞선 역사적 시학의 주창자인 보드웰은 20여 권의 저서를 펴낸 열성적 학자이자 비평가이다. 한국어로 번역된 그의 저서만 해도 영화 개론서의 표준으로 평가되어온 『영화 예술^{Film Art}』을 비롯해 5권에 이른다. 보드웰은 위스콘신 대학 교수직을 은퇴한 이후에도 davidbordwell.net을 통해 여전히 왕성한 활동을 이어가고 있다. David Bordwell's website on cinema라는 타이틀로 운영되는 이 웹사이트는 훌륭하고 믿음직한 최신 버전의 온라인 영화 교과서라 부를 만하다. 본인의 다양한 저서를 비롯하여 수많은 학술 에세이, 강의 영상, 인터뷰 및 고전 영화에서 최신 개봉 영화까지 보드웰과 크리스틴 톰슨이 함께 쓴 리뷰가 총망라되어 있다. 주제별, 시기별로 정리된 카테고리, 추천 영화 관련 사이트의 방대한 목록에 이르면 웹사이트의 내용과 구성에 대한 감탄을 넘어, 이 압도적인 웹사이트에 고스란히 담겨 있는 것이 성실한 학자가 영화에 바친 인생 그 자체라는 사실에 숙연해질 정도다.

2014년, 보드웰은 자신의 웹사이트에 1940년대 영화 평론가들에 대한 시리즈를 연재하기 시작했다. 고대 그리스 시대에 신의 계시를 받아 서사시를 낭송했던 음유시인에 비유하여 그가 랩소드라 명명한 평론가는 오티스 퍼거슨, 제임스 에이지, 매니 파버, 파커 타일러다. 각 비평가들에 대한 전반적인 소개로 시작하여, 미국 영화 비평사에서의 위치, 당대의 영화를 바라보는 개별적 관점 등을 골고루 논했는데, 그 시리즈를 발전시켜 출판한 것이 바로 이 책이다.

오티스 퍼거슨은 할리우드의 황금기로 일컬어지는 1930년대 영화에 대해 진지한 글쓰기를 시작한 비평가이자, 음악 저널리스트 로버트 크리스트가우가 '최초의 록 비평가'로 손꼽을 만큼 재즈 및 재즈가 대중문화에 미친 영향에 대해 다수의 훌륭한 글을 남겼다. 기존 비평가들과 달리 그는 감독, 각본가, 배우 이외에도 영화 현장을 지탱하는 다양한 형태의 노동자들에 주목했고, 프로듀서, 편집자, 세트 디자이너 등의 작업과 공헌까지 세심하게 살폈다. 제임스 에이지는 영화 비평가 겸 시나리오 작가, 소설가, 시인, 르포라이터 겸 저널리스트로 다양한 분야에서 활동했다. 당대에도 특유의 탁월한 문장력으로 인정받았으나, 요절 이후 더 큰 명성을 얻었다. 자전적 소설이자 유작인『가족의 죽음』은 2015년 한국에 번역, 출판되었다. 매니 파버는 화가 겸 비평가로 활동했으며, 그에게는 자주 '인습 타파적'이라는 수식어가 따라붙었다. 고유의 독특한 산문체로 유명했고, 수잔 손택은 매니 파버를 일컬어 '미국에서 가장 생기 있고, 가장 영민하며, 가장 독창적인 영화 평론가'라고 상찬했다.

보드웰이 그 중요도에 비해 너무 알려지지 않았다고 안타까워
하는 독창적 문사 파커 타일러는 시인이자 작가 겸 영화 비평
가로 활동했으며, 미국 실험 영화 및 언더그라운드 영화에 주목
한 몇 안 되는 비평가 중의 하나였다.

　보드웰은 네 선구자들의 비평적 연대기를 재구성하며 이들
이 이끈 1940년대 미국 영화비평의 새 물결이 누벨바그 혁명의
전조였던 1950년대 프랑스 영화비평에 비견될 만한 중요성을
지닌 것으로 부각시키려 한다. 하지만 이 책은 전문적 연구서라
기보다 오히려 흥미롭고 재기 넘치는 에세이에 가깝다. 연구자
가 아닌 독자들도 아카데믹한 영역에서의 영화사적 평가와는
별도로 이들의 분방한 언어와 뜨거운 태도에서 잊혀졌거나 경
시돼왔던 영화체험의 흥분과 관능성을 되새기고, 해석과 정보
의 과잉이라는 독으로부터 벗어나는 하나의 출구를 발견할 수
있을지도 모르겠다.

　이 책의 번역은 예상보다 훨씬 어려운 일이었다. 데이비드
보드웰은 독창적인 방법으로 자신만의 글쓰기를 개발한 이 평
론가들을 묘사하는 과정에서 여타의 저서에서와는 달리 의도
적으로 발랄하고 다양한 비유를 자주 활용했다. 하지만 '음울
한 퍼그' 혹은 '맛있어 보이는 아이스크림 위에 올려진 세 개의
토실토실한 체리' 같은 표현들은 아쉽게도 번역 과정에서 희석
될 수밖에 없었다. 무엇보다 가장 까다로웠던 건 인용된 네 비
평가의 창의적인 문장들을 옮기는 일이었다. 보드웰 스스로도
몇 대목에서 독해의 어려움을 토로하고 있는, 시적이고 기발한
비유가 출몰하며 미묘한 뉘앙스로 가득한 그들의 문장은 정확
한 번역은커녕 개략적 의미를 이해하는 것조차 쉽지 않은 일이

었다. 허문영 선생의 감수가 없었다면 이 어려움들은 거의 해결하기 힘들었을 것이며, 역자의 이름을 달고 출간할 수 없었을 것이다. 물론 그렇다 해도 여전히 남아 있을 수 있는 오역은 모두 역자의 책임이다. 이 책의 출간을 위해 애써주신 모든 분들에게 감사드린다.

찾아보기

〈12명의 성난 사람들〉 154
〈20세기〉 98
〈39 계단〉 180
I. A. 리처즈 66, 143
P. 아담스 시트니 247
T. S. 엘리어트 55, 202
W. H. 오든 11

ㄱ

〈가망 없는 내일〉 252
가슨 카닌 100
〈거미집의 성〉 246
거트루드 스타인 73, 202
〈검은 거울〉 179
〈검은 분노〉 94
〈경호!〉 237, 255
게리 쿠퍼 218, 222
〈게임의 규칙〉 245, 248
〈결백〉 129
〈고 웨스트〉 101
〈고독한 마음일 뿐이야〉 173

〈교수와 미녀〉 16
〈구두닦이〉 117
〈구원의 사냥꾼〉 126
〈국가의 탄생〉 30, 58
그레고리 마르코풀로스 247
그레그 톨런드 188
그레이엄 그린 10, 13
그레타 가르보 219
〈그림자 없는 남자〉 98
〈그의 연인 프라이데이〉 62,
    153, 191, 254
길버트 셀데스 12, 56, 95, 241

ㄴ

〈나는 마녀와 결혼했다〉 229
〈나의 계곡은 푸르렀다〉 92,
    101
〈나의 사랑스런 아내〉 216
나치즘 47, 56
〈남편들〉 246
〈내셔널 벨벳〉 113

〈낸시〉 164

네거티브 스페이스 155-157, 179, 182-183, 189, 191, 244, 252

〈네버 기브 어 서커 언 이븐 브레이크〉 101

네오리얼리스트 시네마 93

네이션 라이츠 210

〈네이션〉 11, 20, 29, 45, 67, 78, 86, 114, 134-135, 137-138, 140, 154, 159, 169, 187, 193, 243

〈노스 스타〉 175

〈뉴 리퍼블릭〉 16, 27, 29, 78, 80, 82, 84-85, 88, 100, 154, 157, 187-188

뉴욕 아트 저널리즘 83

〈뉴욕 헤럴드 트리뷴〉 45

〈님은 가시고〉 174

ㄷ

〈다크 코너〉 209

〈닥터 스트레인지러브〉 12

단도직입적인 스토리텔링 190

〈달콤한 인생〉 246

대니 케이 224

대릴 자눅 257

〈대탈주〉 246

〈더 레인보우〉 58

〈더 로드 투 잔지바르〉 101

〈더 마스크 오브 디미트리오스〉 33

〈더 콰이어트 원〉 129

〈더 클락〉 178

〈더 파워 앤 더 글로리〉 87

〈더 하우스〉 127

더들리 니콜스 257

〈덤보〉 101, 254

데 시카 249

데이비드 리스먼 69, 209

데이비드 셀즈닉 86

도로시 맥과이어 133

〈도리안 그레이의 초상〉 35, 229, 258

〈도버 백악절벽〉 57, 117

도어 쉐어리 257

돈 시겔 253

돈 아매치 16

듀크 엘링턴 82

드 쿠닝 159

드와이트 맥도날드 10, 32, 50, 53, 56, 114, 116

딕 파월 85

딥 포커스 189, 196, 198, 255

ㄹ

〈라쇼몽〉 246, 249

라울 월쉬 117, 244, 253

라이너 베르너 파스빈더 155

라이오넬 트릴링 45

라이오넬 파이닝거 165
〈라이프보트〉 130
래리 리버스 154
랜달 재럴 45
랜돌프 스코트 216
〈랩소디 래빗〉 41
〈레닌을 위한 세 개의 노래〉 90
레드 노보 82
레드 스켈튼 224
〈레이디 이브〉 101
레이먼드 더그냇 13
〈로 딜〉 197
로드 래글런 210
로렌 바콜 41, 205, 219
로렌스 버그린 137
로버트 몽고메리 75, 179
로버트 영 133
로버트 페인 232
로버트 펜 워렌 66
로살린드 러셀 153
로우브로우 아트 52, 54
로저 에버트 9
록 허드슨 156
〈록산느〉 175
루돌프 마테 196
루스 베네딕트 209
루엘라 파슨스 85
루이 암스트롱 82
루이스 멩켄 73
르네 클레르 30, 57

리차드 와츠 주니어 86
리차드 콜리스 153
리처드 시켈 13
〈립타이드〉 74
링 라드너 73

ㅁ

마사 레이 224
〈마사 아이버스의 위험한 사랑〉
  67
마사 울펜슈타인 210
마샬 맥루한 49
마야 데렌 173, 241
마이어 샤피로 67
〈마지막 웃음〉 126, 246
마크 반 도렌 13, 46
막스 호르크하이머 60
〈말 많은 세상〉 190
말콤 카울리 78
〈말타의 매〉 101, 145, 188,
  193-194, 222
매스 커뮤니케이션 리서치 51
매스 컬처 22-23, 200
맥스 웨버 160
〈맨 투 리멤버〉 190
〈맨 헌트〉 101
메리 맥카시 45-46, 53
〈메트로폴리스〉 246
〈면도날〉 174
명연기 89, 104

〈모간 크리크의 기적〉 132
〈모던 타임즈〉 140, 231
모드 보드킨 210, 227
〈모퉁이 가게〉 254
모티머 아들러 69
몽유병자 223, 242
몽유증 223-224, 229, 242, 247
〈무방비 도시〉 117, 134, 173,
  175, 245
〈무서운 부모들〉 245, 249
무성영화 시대 98, 171, 214,
  223
문화 산업 이론 61
〈물에서〉 242
〈미니버 부인〉 57
미들브로우 아트 52, 54, 58
〈미션 투 모스크바〉 117
〈미스터 럭키〉 180
민중 예술 18, 51-52, 56, 58,
  69
〈밀라노의 기적〉 249
밀턴 애버리 167

ㅂ
〈바람과 함께 사라지다〉 56
바바라 데밍 32, 58, 226
바바라 스탠윅 257
바첼 린지 10
반영론 207
밥 호프 49, 224

버논 영 13
〈버라이어티〉 126, 134
〈버마 침공!〉 67
버스비 버클리 89
버제스 메레디스 33
버지니아 울프 203
버질 톰슨 45
〈뱅글스 패밀리〉 164
베네데토 크로체 64
베니 굿맨 81-82
베라 카스파리 257
〈베르나데트의 노래〉 255
베티 데이비스 96, 101, 105,
  223
베티 허튼 224
〈변형 시간의 의례〉 242
보슬리 크로우더 10
〈부정한 여인〉 251
〈붉은 사막〉 250-251
〈뷰〉 29, 203, 211
〈브로큰 슈즈〉 73
〈비소와 오래된 레이스〉 215,
  226
비평의 시대 66
〈빅 슬립〉 58, 175, 191
빅스 바이더벡 65
빈센트 마넬리 117
빌리 와일더 117
빙 크로스비 82, 173
〈빛이 있으라〉 145

ㅅ

〈사나운 청춘〉 176

〈사막의 침입자〉 254

사회주의자들 48

〈산딸기〉 246

〈살인광 시대〉 12, 20, 115,
    140-141, 144-145, 163, 231,
    233-234, 257

〈상어 섬의 죄수〉 95

새로운 대중 56

〈샌 피에트로 전투〉 145

〈생쥐와 인간〉 224

〈서칭 윈드〉 183, 185, 189

세실 B. 드밀 214

소비에트 몽타주 104

〈소유와 무소유〉 41, 220

솔 스타인버그 166

수잔 손택 10, 13, 153, 156

순수주의 158, 160-161

스웨덴의 풍경 영화 208

스타크 영 84, 133

스탠리 카우프만 10, 13

〈스트리트〉 129

슬랩스틱 56, 95

〈시민 케인〉 92, 101-103, 108,
    110, 117, 170, 188-189, 192,
    196, 222, 258

〈시에라 마드레의 황금〉 67,
    115, 145-149, 193-194

〈시티 라이트〉 231

신비평 66, 69, 143-144, 163,
    257

〈실리 밀리〉 164

실험 영화 248

심층독해 144

〈싱 앤 라이크 잇〉 35

〈쌍두독수리〉 46

ㅇ

아방가르드 17-18, 22, 31, 50-
    53, 56, 60, 64, 67, 98, 104,
    154, 158, 199, 204, 208, 211,
    214, 244-245, 247-248, 250,
    253, 255

〈아스팔트 정글〉 194, 199

〈아이 엠 큐리어스〉 247

아이다 루피노 105

아이리스 베리 201

아이린 던 216

〈아트 뉴스〉 36, 45

아트 저널리즘 83, 85

〈아프리카의 여왕〉 115, 137,
    145

〈악의 손길〉 191, 251

〈안개로부터〉 104, 107

〈안녕, 내 사랑〉 173

안소니 만 196

알렉산더 도브첸코 126

〈알류샨 열도에서의 보고〉 145

알프레드 케이진 57, 114
알프레드 히치콕 117
앙드레 바쟁 24, 57, 98, 256
〈애정〉 254
〈애틀랜틱 먼슬리〉 52
앤드류 새리스 9-10, 13, 77
앤디 워홀 204, 248
앨런 라드 205
〈야구왕 루게릭〉 196
〈어느 날 밤에 생긴 일〉 98
〈어느 벵골 창기병의 생애〉 88
어니 부쉬밀러 164
어니스트 헤밍웨이 73
어빙 하우 45
언더그라운드 영화 155, 204,
  244, 248
에드먼드 윌슨 28, 45, 47, 79
에디 세즈윅 248
에롤 플린 93
에르빈 파노프스키 69
에른스트 루비치 103
에릭 벤틀리 144
〈에어 포스〉 181
에즈라 굿맨 137
엘라 매 모스 220
엘리자베스 테일러 115, 132,
  242
〈역마차〉 98
〈영광의 대가?〉 191
예술 비평 44-45, 176, 243

〈옐로우 잭〉 75
〈오래된 친구〉 134
〈오명〉 130
오손 웰즈 61, 64
오스카 와일드 31, 215
〈오페라의 밤〉 96
〈옥스보우 사건〉 138
〈와일드 번치〉 252
〈왼편 마지막 집〉 247
〈요크 상사〉 101
〈욕망이라는 이름의 전차〉 189
〈우게츠〉 246
〈우리 마을〉 53
〈우리 생애 최고의 해〉 57, 67,
  192
〈우리는 남이었다〉 147-148,
  174, 193
〈우리에게 내일은 없다〉 10, 12
〈우리의 삶에서〉 145
워즈워스 119
워커 에반스 114, 121
웨스 앤더슨 180
〈위대한 독재자〉 140, 223, 231
〈위대한 맥긴티〉 190
〈위대한 앰버슨 가〉 184
윌리엄 S. 펙터 13
윌리엄 깁슨 153
윌리엄 사로얀 135
윌리엄 스타이그 166-168
윌리엄 스톳 122

윌리엄 엠프슨　66, 144

윌리엄 와일러　19, 105, 191

윌리엄 트로이　86

윌리엄 포크너　116

〈유니언 스테이션〉　191

〈유리 열쇠〉　176

유사차별화　62, 64

〈의혹〉　209, 230

〈의혹의 그림자〉　209

〈이방인〉　179, 209

이브 아덴　257

〈이중 배상〉　225

〈이지 라이더〉　12

〈이탈리아의 맥고 모자〉　30

〈인간 조건〉　117

〈인간 희극〉　134-135, 138, 255

〈잃어버린 경계선〉　180

ㅈ

자넷 테러스　157

자세히 읽기　18-19, 66, 163

〈자전거 도둑〉　245-246

자크 바전　45

〈작은 여우들〉　75, 96, 101,
　105, 188, 257

〈잔 다르크의 수난〉　246

장 뤽 고다르　155

장 르누아르　52, 249

장 비고　130

장 콕토　31, 46, 245

잭 스미스　248

〈저주받은 아이들〉　247

〈전사의 용기〉　199

전쟁 영화　15, 178, 220

〈전함 포템킨〉　30, 56, 126, 246

〈젊은이의 양지〉　190

〈정사〉　246

〈제17포로수용소〉　174

〈제복의 처녀〉　246

제스 스테이시　81, 257

제시 웨스톤　210

제임스 내러무어　259

제임스 조이스　45, 50, 52, 53,
　64

제임스 조지 프레이저　210

제임스 캐그니　93, 95

조르주 루퀴어　128

조셉 캠벨　210

조셉 콘래드　64, 124

조이스 윌랜드　250

조지 거쉰　52

〈존 도우를 찾아서〉　57, 101

존 메이슨 브라운　13

존 베리먼　48

존 사이먼　10, 13, 156

존 알튼　196

존 쿠알른　105

존 포드　95

존 휴스턴　12, 20-21, 115, 145,
　156, 193

〈졸업〉 12, 251
좋은 악당 221-223
주디스 크리스트 13
〈주크 걸〉 173
〈즐거운 이혼〉 98
〈지 아이 조의 이야기〉 131, 192
지그문트 프로이트 210
지그프리트 크라카우어 박사 58
진저 로저스 76, 101

ㅊ
찰리 채플린 20, 56, 115, 140, 228
찰스 볼튼하우스 204, 257
찰스 헨리 포드 201
〈천국으로 가는 장의사〉 174, 178
〈천국은 기다려준다〉 180
초현실주의 19, 21, 29, 158-159, 203, 205, 211, 235
추상미술 158, 160
추상적 표현주의 156
〈춤추는 살로메〉 258

ㅋ
〈카르멘 존스〉 52
카메론 멘지스 196
〈카사블랑카〉 176
카스파르 하우저 252

칼 샌드버그 10
칼 샤피로 45
〈칼리가리 박사의 밀실〉 30, 56, 165, 246
〈캐니언 리뷰〉 13
캐럴 리드 117
캐리 그랜트 31, 130, 252
〈캐리〉 191
캐서린 햅번 227
〈캔자스 시티 컨피덴셜〉 191
〈캣 피플〉 56
케네스 버크 211, 227
케네스 앵거 247
켄 제이콥스 248
코멘터리 157, 244
코미디언과 광대 224
콘티뉴이티 92, 106, 108, 111, 200, 204
〈크로스 오브 로레인〉 179
크리스토프 고티에 256
클라렌스 브라운 254
클레멘트 그린버그 20, 45, 50, 67, 157, 165, 208
클로드-에드몬드 마그니 256
클리프턴 웹 257
클린스 브룩스 66
〈키 라르고〉 148, 194
〈키티 포일〉 101
〈킹스 로우〉 188

ㅌ

〈타라와의 해병대〉 129

〈타잔〉 86

탈룰라 뱅크헤드 75

〈탐욕〉 126

〈태평양을 건너서〉 145

〈택시 드라이버〉 252

〈턴어바웃〉 229, 258

테디 힐 81

테오도어 아도르노 51, 59-67, 216

테이 가넷 41, 179

토마스 밋첼 105

토마스 하트 벤튼 159

〈톰 소여의 모험〉 86

〈톰, 딕, 해리〉 93, 101

트로츠키주의 48

ㅍ

〈파르티잔 리뷰〉 18, 46, 49, 54, 157, 159, 169, 200

파벨 첼리체프 243

파블로 피카소 52, 64

〈파장〉 248, 250

〈판타지아〉 38, 53

〈팜 비치 스토리〉 178

패드 필름 248, 250

패트리샤 패터슨 155, 244, 250, 259

〈페니 세러네이드〉 101

페데리코 펠리니 249-250

페르소나 141, 169, 217-218, 231, 251, 255

펫 오브라이언 93

〈포스트맨은 벨을 두 번 울린다〉 39, 174

〈포춘〉 121, 124, 136

폴 로사 30

폴 토마스 앤더슨 254

폴로리네 슈테트하이머 243

〈품행제로〉 130

풋라이트 퍼레이드 89-92, 95

프란시스코 고야 162

프란츠 카프카 60, 222

프랑크푸르트 학파 51, 64-65

프레스턴 스터지스 117, 178

프리츠 랑 19, 100, 117

플래시백 103, 178

플레처 마틴 161

플레처 핸더슨 82

피에르 베일리 256

피터 비어틸 146

〈필라델피아 스토리〉 172

필름 누아르 15, 256

필립 라브 59

ㅎ

하워드 혹스 117, 153, 244, 253

하이 모더니즘 18, 23

〈하이 시에라〉 101

하이브로우 아트 52

하인리히 쉔커 67

〈하퍼스〉 52

〈한 여인의 얼굴〉 217

한스 아이슬러 67

한스 호프만 159, 181-182, 252

할 윌리스 257

〈할롯〉 248

해럴드 로즈 77

해외 특파원 32

〈해피 랜드〉 254

해피엔딩 222

허드 햇필드 229

허만 웨인버그 13

허버트 마샬 74, 96, 105

험프리 보가트 176, 222, 257

헤디 라마르 223

헤럴드 로젠버그 23

헨리 사이들 캔비 46

헨리 월러스 187

헨리 제임스 114, 125

〈홈 오브 더 브레이브〉 34

〈화이트 타워〉 191

〈황금광 시대〉 231

흰 코끼리 감독들 252

〈히로시마 내 사랑〉 246

영화의전당 시네마테크총서 2

미국 영화비평의 혁명가들

1940년대 평론가들은 미국 영화 문화를 어떻게 변화시켰는가

초판 1쇄 발행 2019년 2월 28일

지은이 데이비드 보드웰
옮긴이 옥미나
펴낸이 강수걸
편집장 권경옥
편집 윤은미 이은주 강나래
디자인 권문경 조은비
펴낸곳 산지니
등록 2005년 2월 7일 제333-3370002510020005000001호
주소 부산시 해운대구 수영강변대로 140 BCC 613호
전화 051-504-7070 | 팩스 051-507-7543
홈페이지 www.sanzinibook.com
전자우편 sanzini@sanzinibook.com
블로그 http://sanzinibook.tistory.com

ISBN 978-89-6545-574-5 03680

＊책값은 뒤표지에 있습니다.
＊이 도서의 국립중앙도서관 출판예정도서목록(CIP)은 서지정보유통지원시스템
홈페이지(http://seoji.nl.go.kr)와 국가자료공동목록시스템(http://www.nl.go.kr/
kolisnet)에서 이용하실 수 있습니다.(CIP제어번호: CIP2018041602)